胡智锋影视理论书系
Film & Television Theory Series

电视传播艺术学

胡智锋◎著

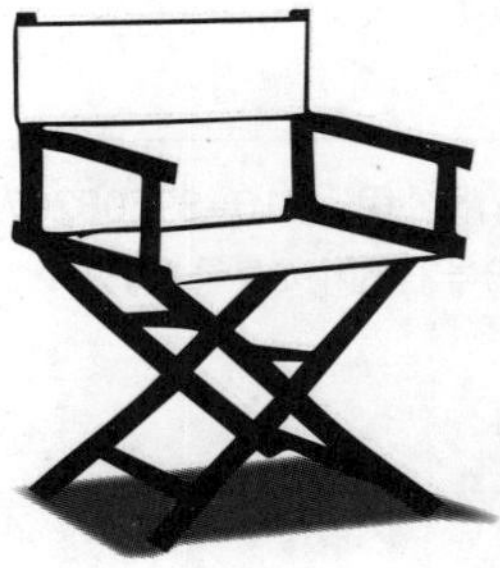

中国国际广播出版社

图书在版编目（CIP）数据

电视传播艺术学 / 胡智锋著. —北京：中国国际广播出版社，2022.1
ISBN 978-7-5078-5058-1

Ⅰ.①电… Ⅱ.①胡… Ⅲ.①电视—传播媒介—研究—中国 Ⅳ.①G229.2

中国版本图书馆CIP数据核字（2021）第234018号

电视传播艺术学

著　　者	胡智锋
责任编辑	尹春雪
校　　对	张　娜
版式设计	邢秀娟
封面设计	赵冰波
出版发行	中国国际广播出版社有限公司［010-89508207（传真）］
社　　址	北京市丰台区榴乡路88号石榴中心2号楼1701 邮编：100079
印　　刷	河北文盛印刷有限公司
开　　本	787×1092　1/16
字　　数	330千字
印　　张	17.25
版　　次	2022 年 2 月　北京第一版
印　　次	2022 年 2 月　第一次印刷
定　　价	48.00 元

目 录

上 篇

中 篇

下 篇

上 篇

第一章　电视传播艺术的界定与意义

电视传播艺术，存在于电视生产与传播的全过程中。它既是一个学术名词，又是一个实践活动领域；既指向电视传媒，又联结着更广阔的社会生活空间；既是中国的，又是世界的。经过60余年的历史积累，中国电视传播艺术收获了丰富而宝贵的经验，但面对"信息时代"各种媒体的竞争角逐，面对日益"全球化""国际化"的生存环境，面对"知识经济"时代中国社会政治、经济、文化格局的新变化，如何从技术、社会、思维各个层面上，如何从微观、中观、宏观各个视角上，来制定、设计出科学、有效而又符合中国国情的战略、策略与战术，是摆在中国电视理论和电视实践从业者面前的十分艰巨而又重要的任务。"电视传播艺术"理论与实践的深入探索，将是完成上述任务的重要保证。

本章将从不同的方面，力图对"电视传播艺术"这一学术命题进行新的理论梳理与整合。

第一节　问题的提出

"电视传播艺术"作为一个学术命题，它所依托的理论与实践根据何在？换言之，我们之所以提出"电视传播艺术"这一学术命题，在理论和实践方面的依据是什么？这是我们探讨"电视传播艺术"的前提。正如许多学者所言，提出问题在某种意义上比解决问题也许还要重要。那么，就让我们在展开"电视传播艺术"这一学术命题的全面论述之前，去到电视实践和电视理论的世界中做一番巡礼扫描，去看一看那里事实上存在着怎样的"问题"需要我们提出，并需要我们去寻求"电视传播艺术"的解释与解决。

一、电视实践：两种传播内容的对立统一

一个明显的事实摆在所有电视观众的面前，这就是：电视荧屏上存在着两种截然不同性质的传播内容——“非虚构”的与“虚构”的。所谓“非虚构”的传播内容，通俗浅白地讲，就是电视荧屏上那些“真”的内容，是对现实生活世界中真实发生的事件、事情、情形的记录与再现。而所谓“虚构”的传播内容，通俗浅白地讲，就是电视荧屏上那些“假”的内容，是对现实生活世界中并未发生的，人为编制、编造出来的故事、情节与情形的创作与表现。

这两种性质完全不同的传播内容——“非虚构”的、“真”的与“虚构”的、“假”的，也带来了生产这两种内容的电视从业者完全不同的电视实践或电视工作状态。“非虚构”的、“真”的传播内容的生产，需要到现实生活世界中即时地、及时地、迅疾地去捕捉并记录、再现；而“虚构”的、“假”的传播内容的生产，则需要从现实生活世界中跳出来，用充满情感的想象，重新构筑出另一个“世界”，这需要创作激情、灵感、想象力，是人为编造的“表现”。

两种性质迥然不同的传播内容、两种不同的电视实践或电视工作状态，相互对立、对峙，却又有机地被统一在一种电视媒体、一种电视生存环境与生存空间之中，组成统一的“信息传播链”，呈现于同一的电视荧屏上。这就给我们提出了以下一系列问题。

（1）从传播内容自身来看，除了典型的“非虚构”和“虚构”类传播内容外，是否还存在着中间形态的传播内容，即同时包含着“非虚构”与“虚构”元素的传播内容？

（2）从传播方式来看，“非虚构”与“虚构”这两种完全不同的传播内容，是遵循着各自的规则在运行，还是遵循着一种统一的规则在运行？

（3）如果有一种共同的规则及思路、方式、方法能将这两种不同的传播内容和谐地编排在电视传媒之中，并构成统一的“信息传播链”，那么这种规则及思路、方式、方法应如何表述？

从电视具体实践来看，除了典型的“非虚构”和“虚构”类传播内容外，的确存在着大量的中间状态的传播内容，即同时包含着“非虚构”与“虚构”元素的传播内容。如果说电视新闻是典型的“非虚构”类传播内容，电视剧和其他电视艺术

作品是典型的“虚构”类传播内容，那么介于二者之间的，如电视纪录片、电视专题节目、电视综艺节目、电视谈话节目、电视娱乐节目等大量节目，都应属于中间状态的传播内容。而“非虚构”类内容的“虚构”元素的渗透，和“虚构”类内容的“非虚构”元素的渗透，也日益成为一种现实存在。

正因此，一方面我们可以看到：“非虚构”类内容与“虚构”类内容各自有其遵循的一般规则，如素材和题材来源，传播者的生产和创作特征，产品的形态、构成特征，产品的传播形式及特征，电视观众在接受过程中的心理感受特征等都是完全不同的；另一方面，毕竟又是在同一种电视传媒，同一种电视生存环境、生存空间，同一个电视荧屏时空中被传播着，必然会形成二者共同遵循的规则及思路、方式、方法等，这不仅是由于传播内容的相互交融，也是由于电视这一传媒自身，其历史形成的传播规则、思路、方式、方法，在逻辑上的、现实中的统一性、一致性所致。

至此，我们有理由确认这样的事实：在电视具体实践中，存在着“非虚构”和“虚构”两种完全不同性质的传播内容，但这两种性质不同的传播内容却又生存在同一种电视传媒之中，在同一种电视生存环境、生存空间，同一个电视荧屏时空中被和谐地编排在一起并被传播着，因此二者必然有着交叉、共融的区间领地，有着共同遵循的规则、思路、方式与方法。如果将典型的“非虚构”的内容归并于“传播”部类，将典型的“虚构”的内容归并于“艺术”部类，那么二者交叉、共融的区间领地，共同遵循的规则、思路、方式与方法则可以被统一表述为“电视传播艺术”。换言之，“电视传播艺术”在电视具体实践中，对应着将“传播”与“艺术”打通的那些内容，对应着使“传播”与“艺术”和谐统一在电视传媒中的那些共同被遵循着的规则、思路、方式与方法。

二、电视理论：两种研究思路的对立统一

与电视实践中事实上存在着两种不同性质的传播内容相对应，电视理论事实上也存在着两种不同的研究思路。与“非虚构”类传播内容相对应的是电视新闻学和电视传播学，与“虚构”类传播内容相对应的是电视艺术学。

电视新闻学以“非虚构”的“电视新闻”为主要研究对象。所谓“电视新闻”，目前比较一致地被界定为“以现代电子技术为传播手段，以声音、画面为传播符

号，对新近或正在发生、发现的事实的报道”[①]。

电视传播学则相对宽泛，有人将电视传播学界定为“研究电视传播活动及其规律的科学”[②]，而电视传播是“电视从业者使用电子媒介广泛、迅速和连续地传播信息的活动”[③]。

电视艺术学则是以“虚构”的“电视艺术”为主要研究对象。所谓“电视艺术”，比较集中地被界定为“以电子技术为传播手段，以声画造型为传播方式，运用艺术的审美思维把握和表现客观世界，通过塑造鲜明的屏幕形象，达到以情感人为目的的屏幕艺术形态”[④]。

从上述界定可以看出：电视新闻学对应着“非虚构”的“电视新闻”，电视艺术学对应着“虚构”的“电视艺术”，电视传播学虽然没有明确指涉，但从其基本内容与倾向来看，其所说的“传播信息的活动”中的“信息”基本还是指的是“非虚构”的新闻类传播内容。于是，两种不同的电视研究思路便清晰地呈现了出来。

电视新闻学、电视传播学的主要研究对象既然是“非虚构”的传播内容，那么其基本研究思路必然是以“事实”为起点，以“真实性、时效性、客观性”等为标准追求。

电视艺术学的主要研究对象既然是“虚构”的传播内容，那么其基本研究思路必然是以“创作”为起点，以“创造性、独特性、情感性”等为标准追求。

不同的研究起点，不同的标准追求，造就了完全不同的研究模式、研究方法和研究规则。而且表面看起来似乎完全难以沟通。

但这两种表面对立的研究思路，毕竟又面对同一种传媒，从上述界定中我们看到对于“现代电视传媒手段的运用”是其基本前提。这样，以下一系列问题又被提了出来。

（1）电视新闻学、电视传播学与电视艺术学之间是否存在着中间、交叉地带的研究对象？

（2）电视新闻学、电视传播学与电视艺术学有无共同的研究规则及思路、方式、方法？

---

① 朱羽君，王纪言，钟大年．中国应用电视学［M］．北京：北京师范大学出版社，1993：152.

② 石长顺．电视传播学［M］．武汉：华中理工大学出版社，2000：3-4.

③ 石长顺．电视传播学［M］．武汉：华中理工大学出版社，2000：3-4.

④ 高鑫．电视艺术学［M］．北京：北京师范大学出版社，1998：12.

（3）如果存在着中间、交叉地带的研究对象，存在着共同的研究规则及思路、方式、方法，那么这种研究应当如何表述？

我们可以看到，在电视新闻学、电视传播学与电视艺术学之间，的确存在着一个巨大的中间、交叉地带。如在电视新闻学中，有电视新闻的采集、选择，编辑、编排的技巧、技艺，报道的艺术化处理等；电视传播学中有传播符号的采用、传播模式的运用、传播的主体控制、传播的议程设置等；电视艺术学中则有电视声画语言的运用，电视艺术创作的角度、结构、方式等。

简单地梳理一下，我们可以发现至少有以下几个部分是两种不同研究之间交叉、中间的研究对象：其一，技术、技巧、技艺层面：不论是电视新闻、电视传播抑或电视艺术，都要研究如何运用、采用电视独特的视听、声画符号或语言，去完成一个电视产品；其二，传播主体层面：不论是电视新闻、电视传播的“报道者”，还是电视艺术的“创作者”，都要研究传播主体与产品、媒体、社会之关系，包括传播主体的视点、角度、角色及情感态度、思想立场等对产品成果、媒体形象及观众可能产生怎样的影响；其三，传播效果层面：不论是“非虚构”类内容，还是“虚构”类内容，都要面临借助怎样的传播时机、采用何种传播方式、突出何种传播内容，进而达到怎样的预期效果这类命题。因此，两种不同研究在以上几个部分应当是有相当交叉、融合、一致的研究对象的。

有了中间、交叉的研究对象，是否应当进而形成关于这一共同研究对象统一的研究规则及思路、方式、方法呢？笔者认为，两种研究各有其相对独立、不同的研究规则，但并不妨碍在这一中间、交叉地带，采取相对统一的研究规则及思路、方式、方法。

如果说从电视实践方面来看，“非虚构”类内容——电视新闻、电视传播和“虚构”类内容——电视艺术之间，存在着中间、交叉的地带领域——电视传播艺术的话，那么从电视理论方面来看，在电视新闻学、电视传播学和电视艺术学两种不同的研究之间，存在着的中间、交叉地带领域的研究，则可以被表述为“电视传播艺术学”。

三、电视传播艺术研究——建立在“电视媒介现实”基础之上的中介研究

构架一个完整的“电视传播艺术学”学科框架并非易事，本书只就电视传播艺

术研究做一些力所能及的工作。从上面已经表述的事实，可以做出这样的判断：电视传播艺术研究是与电视实践方面事实上存在着的两种传播内容的对立统一、与电视理论方面事实上存在着的两种研究思路的对立统一紧密相连的。

如果再进一步进行概念的简化，或进行进一步简化的概括，电视传播艺术研究的实践基础和理论研究的性质应当如何表述呢？

电视传播艺术研究既然包括了“非虚构”与“虚构”两类不同的传播内容，那么可以将这两类不同传播内容概括在一起的，便是电视屏幕上所呈现出来的电视的“媒介现实”。

所谓“媒介现实”，正如有学者所言，“是指媒介正日益扩大而不是缩小我们的见闻，……媒介带给我们的是经过它转述的世界，而不是现实本身”[①]。英国与美国的传播学者经过各自的实证研究，提出了“社会现实建构理论”[②]，中国台湾学者王石番认为，“客观现实反映到媒介上，变成了‘媒介现实’，媒介有意无意地建构了一种与现实差距很大的‘社会现实’，并形成……‘一场戏剧性暴力事件’的舆论”[③]。美国学者戴安娜·克兰在对功能主义的关于媒体的观点进行批评之后，援引马克思主义的理论观点，提出，“媒体不再被看作不偏不倚的传送信息和思想的工具，现在许多争论涉及媒体在向公众传播新闻和娱乐活动的过程中，是如何转变和阐释现实的”[④]。

以上观点角度各异，但有一点是共通的，这就是：媒介制造的现实不等于现实生活中原生形态的真实，而是制造了一种“媒介现实”，而这种“媒介现实”在信息时代却往往担当起比真实、自然状态中的“现实”更具影响力的责任与角色。

笔者于1991—1992年间也曾在电视美学的研究中，为电视屏幕真实—生活原生态真实（现实生活本身）—艺术真实之间的错综复杂关系所困扰，后来以“多重假定的真实”[⑤]和“生活真实感”[⑥]（介于生活真实—艺术真实之间）来予以表述。实际上

① 胡正荣．传播学总论［M］．北京：北京广播学院出版社，1997：254.

② 转引自陈力丹．舆论学——舆论导向研究［M］．北京：中国广播电视出版社，1999：79.

③ 转引自陈力丹．舆论学——舆论导向研究［M］．北京：中国广播电视出版社，1999：79.

④ 戴安娜·克兰．文化生产：媒体与都市艺术［M］．赵国新，译．南京：译林出版社，2001：14-15.

⑤ 胡智锋．电视美的探寻［M］．武汉：华中理工大学出版社，1998：15-18.

⑥ 胡智锋．电视美的探寻［M］．武汉：华中理工大学出版社，1998：15-18.

这两个概念的表述与电视的“媒介现实”也是相通的。

而电视屏幕上被编排在连续不断的“信息链”中的传播内容，不管它们是“非虚构”的，还是“虚构”的，抑或介于二者之间的，它们共同构筑起来的，就是电视的“媒介现实”。至于这种“媒介现实”与现实生活的真实，或与艺术创造的“艺术真实”之间呈现何种关系，做何种评价，则是另外的问题了。

为什么不用电视“传播内容”而用电视“媒介现实”来表述电视传播艺术的实践基础呢？的确，直观地看，“传播内容”可以包括“非虚构”类、“虚构”类甚至介于二者之间的全部传播内容，但由于“传播内容”本身的相对“静态”，很难将“动态”的电视传播、电视艺术的多层次、多方面的内涵包容进来，而电视“媒介现实”则可以视为电视传播内容的“动态”化体现，而且可以将电视传播、电视艺术更为丰富的层次、方面包容进来，所以我们还是以电视的“媒介现实”来作为电视传播艺术研究的实践基础。

从理论研究的性质来看，电视传播艺术研究是一种“中介”性的研究，是介于电视新闻学、电视传播学与电视艺术学之间的中介性学术研究。“中介”性的研究，既有现实社会生活中丰富多彩的存在作为事实、实践的依据，恰如列宁所说，“要真正认识事物，就必须把握它的一切方面、一切联系和一切‘中介’”[①]，同时，“中介”性研究也是一种普遍的理论研究的思维方法、方式，恰如恩格斯所说，“一切都在中间环节融合，通过中介过渡到对方”[②]。

在马克思主义经典作家的著作中，在中外大量著名学术著作中，我们都可以发现，“中介”性研究具有不可替代的重要意义与价值。

电视从初创至今时间尚短，对于实践的研究也还远说不上深入。不论是电视的实践基础，还是电视的理论研究，都存在着大量的中间地带——中介性环节、领域，电视传播艺术研究的开展，只是这种“中介”性研究的一个组成部分，当然，也是电视“中介性”研究中相当重要的一个组成部分。

至于电视传播艺术研究可以包容多少“中介”性元素、环节、领域，本书将在后面的论述中逐渐展开。

---

① 列宁语，转引自蒋孔阳 . 序［M］// 劳承万 . 审美中介论 . 上海：上海文艺出版社，1986：8.

② 恩格斯语，转引自劳承万 . 审美中介论［M］. 上海：上海文艺出版社，1986：15.

第二节　电视传播艺术的界定与构成

电视传播艺术从表面来看，只是电视媒体内部“传播”与“艺术”两大部类中间地带领域的一种文字表述，但从更为广阔的视野中，我们可以发现：“传播艺术”并非只限于电视媒体，也不仅仅限于传播领域或艺术领域，而且有着更为丰厚的人类活动与实践依据。当然，电视传播艺术自身有其独特的质的规定性，有其独特的内涵、外延和构成，同时也与相近、相关的领域有着密切的联系。

一、“传播”、“艺术”与“传播艺术”

“传播艺术”从字面上看，是由“传播”和“艺术”构成的。“传播”在中外学者那里有着丰富的解释，例如，从语言与符号的角度，将传播视为“用言语交流思想”的行为（J.B.霍本，1954），或“运用符号——词语、画片、数字、图表等传递信息、思想、感情、技术等”的行为与过程（贝雷尔森、塞纳，1964）。从传、受关系角度来看，传播被解释为“传受信息的行为”（张国良，1995），“表现为传播者、传播渠道、受众之间的一系列传播关系”（沙莲香，1990），“是我们了解别人并进而使自己被别人了解的过程”（M.P.安德森，1959）。从传播的存在形态或状态角度来看，传播被解释为“是信息在时间或空间中的移动和变化”（戴元光、邵培仁、龚炜，1988），“是信息的双向流通过程”（李彬，1993）。从传播的效应角度来看，传播被解释为“是努力想同谁确立‘共同’的东西，即我们努力想‘共享’的信息、思想或态度”（W.施拉姆），“是变独有为共有的过程”（A.戈德，1959），“旨在从特定人物（或一群人）引出特定的反应”（D.伯格，1960），“传者向受者传递信息旨在改变后者的行为”（G.米勒，1966）。

因此，将传播视为“信息的流动过程”[①]是可以为人们所普遍认同的。

而中外学者关于“艺术”的解释更是浩如烟海，这里只择取一些有代表性的解释。中国古代一般将“艺术”视为超越自然、改造自然的技艺、才能的表现，如“六艺”之说（孔子），有时甚至是虚幻的、超自然的术数技艺（《晋书·艺术传

① 胡正荣. 传播学总论［M］. 北京：北京广播学院出版社，1997：60-63.

序》)。[①]西方古典艺术学研究，大体沿着“唯物主义”和“唯心主义”两条路线展开。唯物主义从亚里士多德的“摹仿说”（艺术是对自然的“摹仿”）[②]，直到马克思主义经典作家的历史唯物主义、辩证唯物主义的阐释，如通过劳动、实践，而创造出来的“对象性的、现实的、活生生的存在的独特方式”[③]等论述。唯心主义从柏拉图的“影子”说、“灵感”说[④]，到康德的“想象力的自由游戏”[⑤]说，尤其是黑格尔的“美是理性的感性显现”所引出的对艺术的判断“艺术的内容就是理念，艺术的形式就是诉诸感官的形象”[⑥]等论述。随着现代艺术的日益丰富，人们对“艺术”的理解和阐释也更为多样。如克罗齐关于“艺术即直觉”的表述[⑦]；科林伍德关于艺术是“想象与情感的表现”的论述[⑧]；克莱尔·贝尔关于艺术是“有意味的形式”[⑨]的观点；弗洛伊德关于艺术是人的“本能冲动”的“转移”与“升华”[⑩]等论述；恩斯特·卡西尔关于艺术是“关于事物形式的直觉”“一种符号表示”的论述[⑪]；苏珊·朗格关于“艺术是表现人类情感的符号形式的创造”[⑫]的论述。由于人们的艺术

---

① 《辞海》中对“艺术”的解释，辞书编辑委员会．辞海［G］．上海：上海辞书出版社，1980：550.

② 亚里士多德：《诗学》，转引自伍蠡甫．西方文论选（上）［M］．上海：上海译文出版社，1979：51.

③ 马克思．1844年经济学哲学手稿［M］// 四川省社会科学院文学研究所．马克思主义文艺论著选．成都：四川人民出版社，1983：9.

④ 柏拉图：《伊安篇》《理想国》，参见伍蠡甫．西方文论选（上）［M］．上海：上海译文出版社，1979：11.

⑤ 康德：《判断力批判》，参见伍蠡甫．西方文论选（上）［M］．上海：上海译文出版社，1979：406.

⑥ 黑格尔：《美学》，参见伍蠡甫．西方文论选（上）［M］．上海：上海译文出版社，1979：289-291.

⑦ 克罗齐：《美学原理》，参见蒋孔阳．二十世纪西方美学名著选（上）［M］．上海：复旦大学出版社，1987：52.

⑧ 罗宾·乔治·科林伍德．艺术原理［M］．王至元，陈华中，译．北京：中国社会科学出版社，1985.

⑨ 克莱尔·贝尔：《艺术》，转引自蒋孔阳．二十世纪西方美学名著选（上）［M］．上海：复旦大学出版社，1987：153.

⑩ 弗洛伊德“移位与升华”，见卡尔文·斯·霍尔，等．弗洛伊德心理学与西方文学［M］．包华富，陈昭全，杨莘燊，编译．长沙：湖南文艺出版社，1986：76-81.

⑪ 恩斯特·卡西尔：《艺术》，参见蒋孔阳．二十世纪西方美学名著选（上）［M］．上海：复旦大学出版社，1987：7.

⑫ 苏珊·朗格．艺术问题［M］．滕守尧，朱疆源，译．北京：中国社会科学出版社，1983. 苏珊·朗格．情感与形式［M］．刘大基，傅志强，周发祥，译．北京：中国社会科学出版社，1986.

活动、艺术实践不断推出新的内容与形式，因而关于“艺术”的认识也不断有新的表述。但无论有多少不同，以下一些元素是应当成为人们的普遍共识的，这就是：主观性的、虚构的、情感性的、想象加工的、创造性的技艺、形式。这便是“艺术”的一些基本特质。

尽管“传播”指向着人类的信息流动、信息交流活动，“艺术”指向着人类的情感性、想象性、创造性的活动，但若将二者的特质进行组合，便可以产生一种新的交叉、中介地带领域——“传播艺术”。于是，我们便可以将“传播艺术”理解为对“传播”进行“艺术”的处理，或是“艺术”地进行“传播”。如果说“传播”（communication）主要指向“真”的、“非虚构”的世界，而“艺术”（art）主要指向“假”的、“虚构”的世界，那么“传播艺术”（可译作：art of communication）则是可以同时指向“真”的与“假”的、“非虚构”的与“虚构”的所共同构筑的世界。再进一步讲，人类一切生活领域的“传播”行为的“艺术化”处理，或“艺术”地实施“传播”都可以称为“传播艺术”。

二、“传播艺术”是一种普遍存在

“传播”与“艺术”都是人类基本的一种行为、活动与实践。从狭义上来理解，“传播”也许更多指向传播媒介的“传播”，而“艺术”也许更多指向艺术工作者的“艺术”，但从广义上来理解，则人类的每一个分子都无时无刻不在进行着“传播”的和“艺术”的活动。因此，“传播艺术”便有了非常广阔的生存空间，也就是说，人类的每一个活动领域都普遍有“传播艺术”的存在。

在政治领域，“传播艺术”可能体现为“政治艺术”或“领导艺术”。早在古希腊时代，苏格拉底和柏拉图就已经把政治视为一种艺术了。苏格拉底即提出执政者不应靠世袭或选举，也不能靠暴力和欺骗，而应由掌握“政治艺术”的人管理国家。[①]柏拉图继承了苏格拉底的思想，进而提出“哲学王”掌握国家的理想（《理想国》），又提出政治是一种“科学”，也是一种“艺术”的思想（《政治家篇》）。[②]此

① 参见高民政．政治艺术论纲［J］．政治学研究，2000（1）：1-12. 转引自《新华文摘》2000 年第 7 期，第 5 页。

② 参见高民政．政治艺术论纲［J］．政治学研究，2000（1）：1-12. 转引自《新华文摘》2000 年第 7 期，第 5 页。

后，霍布斯、哈林顿、雅克布·布克哈特、马基雅维利等都论述过“政治艺术”问题。[①]列宁在谈到造就无产阶级政治家问题时，也指出“政治是一种科学，也是一种艺术”[②]。在中国传统历史文化积淀中，“政治艺术”的财富也是相当丰厚的。在先秦诸子百家的学说中，对于“德政”“仁政”“法政”等的论述，充满了政治艺术的智慧。而彪炳千古的《史记》《资治通鉴》等著作中，也记录了关于“政治艺术”的许多深刻而生动的经验与故事。当然，这其中难免夹杂着封建主义的糟粕，如对于“权谋”“权术”等的描述等（后世将其中一些整理为“厚黑学”之类）。现代中国的领导集体，以史为鉴，站在时代发展前沿，积累了丰厚的，为人所称道、叹服的“政治艺术”财富，无疑是当代中国“政治艺术”宝库中的重要资源。

在军事领域，“传播艺术”便体现为“指挥的艺术”“用兵的艺术”等。一部人类历史，也是战争与和平交互前行的历史。军事领域中的战争、战役与战斗，对应着战略、策略、战术等几个层面。中外军事史上积累起汗牛充栋的兵法、兵略、兵志，其中蕴含了多少“指挥的艺术”“用兵的艺术”，而被人们广泛运用于各个领域的字眼，如“战争”“战斗”“战役”“战略”“战术”等，无不来自军事领域。可见，“传播艺术”在军事领域所能找寻的资源极其丰富，而“传播艺术”在军事领域当中的体现也常常是异常生动的。中华文明史上留下了不少享誉世界的军事指挥艺术的经典之作，一部《孙子兵法》，经历了2000多年的沧桑，其精神思想至今依然闪烁着智慧之光。

在外交领域，“传播艺术”则可能体现为“谈判的艺术”等。在中外国家、地区的外交往来中，也留下了很多“化干戈为玉帛”“起死回生”的佳话故事。这当中，如何运用高超的智慧与技艺，使濒临危局的国家、地区关系出现转机，以赢得和平，给人民带来安宁和幸福，是需要很深的研究的。中国历史上千古相传的“外交艺术”“谈判艺术”的杰出案例至今仍是经典。从先秦时代的“纵横家”们或纵或横地穿行于各国进行游说的故事，到后来诸葛亮“舌战群儒”，再到与藩国进行“和亲”等术略，精彩纷呈。新中国成立以来，毛泽东、周恩来等运筹帷幄，团结

① 参见高民政. 政治艺术论纲［J］. 政治学研究，2000（1）：1-12. 转引自《新华文摘》2000 年第 7 期，第 5 页。

② 参见高民政. 政治艺术论纲［J］. 政治学研究，2000（1）：1-12. 转引自《新华文摘》2000 年第 7 期，第 5 页。

第三世界亚、非、拉国家，使“黑人兄弟”们将我们“抬进联合国”，并通过“乒乓外交”的精心筹划，打破了封锁在中、美两国之间长达四分之一世纪的“坚冰”，从而改变了世界战略格局。改革开放以来，我们坚持“独立自主”的和平外交政策，造就了许多中国与世界各个国家“双赢”的外交成果。所有这一切，都是“外交艺术”和“谈判艺术”的成功。

在教育领域，同样存在着“教育艺术”，具体如“教学的艺术”“育人的艺术”等。一名优秀的教师，应当成为“教学艺术家”，这需要调动许多资源，吸引学生的兴趣，“寓教于乐”，以达到最佳的教学效果。培养人才，也应“因材施教”，针对不同的受教育者，采取灵活、多样的方式、方法，开掘受教育者的潜力与优势，抑制其存在的弱点、缺点，扬长避短，使之成为有用于社会的人才。而如何发挥教育的整体优势，建设名校、名专业、名学科、名师队伍，这需要教育管理者懂得并施行“教育管理艺术”，这方面同样在中外教育史上积累了丰富的经验、宝贵的思想。

在经济领域，“传播艺术”则可能体现为“营销的艺术”“推销的艺术”“广告的艺术”等。如何使企业、公司的产品有效推向市场，并获得较高回报，赚取足够的利润；如何借助广告塑造自己产品的良好形象，赢得市场的青睐，这些都是千千万万生产者、商家感兴趣并努力探索的命题。尤其是在商品经济比较发达、市场培育比较充分的发达国家和地区，在这一方面有着较为成熟的思路、观念、方式与方法。

在科学领域，要使科学的思想、科学的观念为人所接受、理解并认同，同样需要“科学传播的艺术”。从人们熟悉、熟知的事物对象切入，将深刻的甚至深奥的科学思想、科学观念“深入浅出”而又生动晓畅地传达给社会，这需要相当的“科学传播艺术”水平。

甚至在日常生活中，“传播艺术”也处处体现为“生活的艺术”（林语堂语），诸如与人相处的艺术、交友的艺术、恋爱的艺术、婚姻家庭的艺术，再如家居的艺术、烹饪的艺术等，不一而足。

事实上，“传播艺术”就是通过特定的思路、方式、方法、手段，有效而成功地实施传播主体的某种意图的过程。表面看来，“传播艺术”体现为一些技艺、计谋、手段，而深层次上都蕴含着思想、智慧与哲理。因此，“传播艺术”并不仅仅局限于文化、传媒等领域，还体现在人类社会生活的各个方面、各个领域。

三、电视传播艺术的界定

电视本身融“非虚构”与“虚构”、“真”与“假”于一体，或融“新闻”与“艺术”、“信息”与“娱乐”为一体的独特性质，使得我们在对“电视传播艺术”进行界定之时，首先要同时考察电视所依托的两个系统——大众传媒系统与艺术系统。

从大众传媒系统来看，报纸、杂志、广播、电影、电视等媒体各自都有其不同的传播方式、手段，也都各有其不同的传播优势、局限，因而也都各自有其独特的传播艺术特征。

从大众传媒系统各种传媒“传播艺术”的共性来看，都有传媒主体按照既定目标，对特定传播内容做“艺术化”处理使之达到最佳传播效果的共性。而各传媒“传播艺术”的不同或个性特征，则主要来自传媒自身方式、手段等的差异。如图1–1所示。

大众传媒系统的传播艺术
- 报纸的传播艺术
- 杂志的传播艺术
- 广播的传播艺术
- 电影的传播艺术
- 电视的传播艺术
- 融媒的传播艺术

图1–1

从艺术系统来看，文字形态艺术（如诗、散文、小说等文学类艺术样式）、非文字形态艺术（包括音乐等时间艺术，美术、雕塑、建筑等空间艺术，舞蹈等时空艺术）及综合形态艺术（戏剧、电影、电视等融文字与非文字、时间与空间于一体的综合艺术样式），也是各有其不同的生产方式、传播方式与手段，各有其不同的艺术样式的优势与局限，因而也都有其各自独特的传播特征。

尽管艺术的生产本身即充满“艺术性”，但艺术的传播也同样需要讲究“传播艺术”。从艺术系统“传播艺术”的共性来看，除了艺术产品本身是“创造”的以外，同样都要有艺术生产与传播主体，按照既定目标，对特定艺术生产内容进行处理，使之达到最佳传播效果的共性。而各艺术样式“传播艺术”的不同或个性特征，则主要来自艺术样式自身方式、手段等的差异。如图1–2所示。

- 艺术系统的传播艺术
  - 诗（包括散文、小说）的传播艺术——文字形态艺术
  - 非文字形态艺术
    - 音乐的传播艺术
    - 美术的传播艺术
    - 雕塑的传播艺术
    - 建筑的传播艺术
    - 舞蹈的传播艺术
  - 综合形态艺术
    - 戏剧的传播艺术
    - 电影的传播艺术
    - 电视的传播艺术
    - 新媒体艺术的传播艺术

图1–2

从上述图示中不难看出，同时归属大众传播系统和艺术系统的只有电影与电视。因此，电影、电影的传播艺术相比较而言，要比其他传媒形式或艺术样式更为综合、更为丰富也更为复杂。

当然，电影、电视尽管同时归属大众传媒系统和艺术系统，但由于技术、艺术、存在方式与形态、与受众的关系、观赏环境等的差异，二者也有明显的不同。粗略、简单地来讲，"对于电影来说，也许艺术是第一位的，传播是第二位的；而对于电视来说，或许传播是第一位的，艺术是第二位的"[①]。

那么，电视这样一种大众传媒和艺术样式，其传播艺术的特征何在？也就是说，到底该如何界定"电视传播艺术"呢？

笔者认为，所谓"电视传播艺术"，就是电视传播主体（包括个人、组织、机构），为达到预期目标，借助特定的思路、方式、方法和手段，对电视生产和传播各环节所进行的创造性处理。电视传播艺术贯穿于电视生产、传播的全过程，体现在技术、管理、观念各个层面。电视传播艺术的水平主要受到电视传播主体的深刻影响。电视传播艺术既有一般的、共同的规律、规则，也因民族、时代、群体、地域、个体的差异，呈现出一定的民族性、时代性、群体性、地域性和个性特征。

从电视传播艺术的内涵来看，主要涉及以下几个关键因素。

（1）传播主体：电视生产和传播的主要施行者。包括具体的电视从业者，如

① 胡智锋 . 影视文化论稿［M］. 北京：北京广播学院出版社，2001：53.

电视节目制作者、管理者、策划者等电视生产、传播各环节具体的从业人员。还包括作为一个施行电视实践的电视组织、机构，如电视栏目，电视制作部门、管理部门，电视媒体等。尽管电视传播效果最终要受到政府、市场、社会、观众的检验，但毕竟电视生产与传播首先还要依靠电视传播主体的选择、决策和具体实施行为。

（2）预期目标：电视生产与传播不是一个盲目的行为，而需确立明确的预期目标。这预期目标包括了宏观、中观、微观多个层面。宏观目标往往是方向性、总体性的目标；中观目标则体现为社会性、阶段性的目标；微观目标则体现为具体的、实务性的目标。小到一个电视节目，大到一个电视媒体，都不能不确立这样的预期目标。

（3）特定思路、方式、方法和手段：思路、方式、方法和手段是“传播艺术”不可或缺的因素，而“特定”则指的是电视自身的，符合电视规律、规则的，能体现电视这种传媒形式和艺术样式独立特征的。这是有别于他种传媒、他种艺术样式的“电视化”的思路、方式、方法和手段。

（4）生产与传播各环节：电视实践所体现的具体的实务工作，便是电视生产与传播的各个具体环节。既有电视节目制作的各个工种，又有电视媒体运行管理的各个部门，也有电视开发推广的各个机构、组织。电视的生产与传播是一个整体的概念，并不仅仅是呈现在电视荧屏上的内容形象，因此电视生产与传播各个环节都应在“电视传播艺术”视野之中。

（5）创造性处理：“电视传播艺术”之所以可以被称为“艺术”，至为重要的在于“创造性处理”。所谓“创造性处理”，意味着在电视生产与传播的具体环节上，有新颖的、别致的、富于创意的、与众不同的处理方式与办法。这是“特定思路、方式、方法和手段”在不同电视生产、传播环节上的具体、生动的表现。

正因上述因素，“电视传播艺术”并不仅仅等于表象的电视节目创作与制作，而是贯穿、体现于电视生产、传播的全过程中。“电视传播艺术”也不仅仅是节目制作上的技艺的体现，还包括了管理、观念等层面的水平和质量。而这水平和质量首先取决于电视传播主体的水平和质量。

不同的电视传播主体由于借助相同或相似的传媒手段、艺术方式，因而在许多方面遵循着共同的生产、传播规律和规则。当然，也必须看到不同电视传播主体不同的生存环境，由于有客观上的民族、时代、群体、地域乃至个体的差异，电视传播艺术呈现出不同的风貌、形象、特征便可以理解了。

而从外延构成来看，电视传播艺术体现在电视生产和传播流程、环节中，便形成了宣传引导艺术、策划艺术、创作制作艺术、编排播出艺术、管理艺术、营销推广艺术等不同的组成部分。

四、电视传播艺术的构成

电视传播艺术在电视生产与传播的全过程中，所体现出的宣传引导艺术、策划艺术、创作制作艺术、编排播出艺术、管理艺术、营销推广艺术等各个组成部分，既有共性，又有各自的特征和特质。

（一）宣传引导艺术

电视的传播内容，不论是“非虚构”类内容，还是“虚构”类内容，都不可能不受到传播主体的思想意图、倾向性的影响。按照某种明确的思想意图、倾向性，对传播内容进行组织、设计，使之体现出某种鲜明的“导向”，这是“宣传”“引导”，而将这种“导向”处理得更具形象性及说服力、感染力等，使人们心悦诚服、充满愉悦地接受，这便形成了“宣传引导艺术”。马克思主义经典作家对此曾有过精彩论述，如马克思曾批评过“席勒式地把个人变成时代精神的单纯的传声筒”①的直白倾向，提出应“更加莎士比亚化”②。恩格斯则指出，“不应该为了观念的东西而忘掉现实主义的东西，为了席勒而忘掉莎士比亚”③，而应当体现出“较大的思想深度和意识到的历史内容，同莎士比亚剧作的情节的生动性和丰富性的完美的融合”④。尽管这里马克思、恩格斯并非专门阐释“宣传引导艺术”，但这些思想却十分恰切地表达了“宣传引导艺术”的特征和内涵。马克思主义政党及社会主义国家政府，历来高度重视“宣传”的力量，把“宣传”视为“团结人民、教育人民、打

① 马克思．致斐迪南·拉萨尔（1859 年 4 月 19 日）[M]．中共中央马克思恩格斯列宁斯大林著作编译局．马克思恩格斯选集：第四卷．北京：人民出版社，1972：340.

② 马克思．致斐迪南·拉萨尔（1859 年 4 月 19 日）[M]．中共中央马克思恩格斯列宁斯大林著作编译局．马克思恩格斯选集：第四卷．北京：人民出版社，1972：340.

③ 恩格斯．致斐迪南·拉萨尔（1859 年 5 月 18 日）[M]．中共中央马克思恩格斯列宁斯大林著作编译局．马克思恩格斯选集：第四卷．北京：人民出版社，1972：343-345.

④ 恩格斯．致斐迪南·拉萨尔（1859 年 5 月 18 日）[M]．中共中央马克思恩格斯列宁斯大林著作编译局．马克思恩格斯选集：第四卷．北京：人民出版社，1972：343-345.

击敌人、消灭敌人”（毛泽东语）的“战线”与“有力武器”。中国共产党在长期的革命建设历史中，积累了极为丰富的“宣传”与“引导”经验，尤其是在“宣传引导艺术”方面形成了许多优良传统。仅就电视而言，中国电视“宣传引导艺术”上所收获的经验和成就，使中国电视形成了自己卓然独立的鲜明形象和本土特征。而西方同样高度重视“宣传引导”的力量与作用。宗教价值观的传播，与传教士们历经若干世纪、跨越若干国家和地区的推行、宣传是分不开的，即使在今天，欧美发达国家依然将自己价值观的宣传、推行、传播当作极为重要的工作不遗余力地进行着。在“非虚构”类内容的宣传上，西方传媒通过“议程设置”①的实施，来达到他们预期的宣传目标。在“虚构”类内容的宣传上，则采取接受者较为熟悉的本土内容进行重新编造，以渗透并推广其价值观的模式。②“宣传引导艺术”既指向主流意识形态的内容，也指向电视传媒中的各种传播内容。中国电视“宣传引导艺术”水平在近30年间取得了很大成就，也形成了这一方面新的思想、观点和见解，值得认真地去整理、研究、总结。

（二）策划艺术

“策划”在社会生活各个领域也是一种普遍存在的活动、行为。有人将“策划”界定为“以‘目标’为起点，以‘信息’为基础、素材，围绕‘创意’这个核心，展开的思维活动与实践活动”③。还有人把“策划”活动分为“创意过程”、“论证过

① 郭镇之曾对大众传媒“议程设置”做过理论上的较为详尽的梳理。从1922年李普曼在其经典著作《公众意见》（*Public Opinion*）中“新闻媒介影响‘我们头脑中的图像’”的思想，再到“有限效果模式”观点的质疑，到1958年诺顿·朗（Norton long）对“议程设置”论点的提出：“从某种意义上说，报纸是设置编辑部议程的最主要动议者。在决定多数人将要讨论哪些问题、多数人将如何看待报道的事实和多数人将采取怎样的方式对待这些问题上，它扮演重要的角色。”1963年，伯纳德·科恩（Bernard Cohen）对“议程设置”做出了极有影响的表述：“在多数时间，报界在告诉它的读者该怎样想时可能并不成功；但它在告诉它的读者该想些什么时，却是惊人的成功。”而1967年，麦考姆斯（Maxwell E. McCombs）和唐纳德·肖（Donnald L. Shaw）经过多年实证研究和分析，正式系统地推出了“议程设置”（agenda-setting）理论。以上均参见郭镇之．北美传播研究［M］．北京：北京广播学院出版社，1997：239-242.

② 如迪士尼的动画片《花木兰》借用中国本土观众熟悉的故事内容，按照他们的价值取向和运作模式，重新编造制作后再推广到中国来。参见汪文斌，胡正荣．世界电视前沿Ⅰ［M］．北京：华艺出版社，2001：11.

③ 陈放．策划学［M］．北京：中国商业出版社，1998：9.

程”、“操作过程”和“检验过程”四个部分。[①]那么，什么是“电视策划”呢？我曾经做过这样的表述：“电视策划就是对于电视的一种行为，借助特定的电视媒体信息、素材，为实现电视行为的某种目的、目标而提供的创意、思路、方法和对策。”[②]电视策划由此看来是一种创造性活动，是科学性和艺术性相结合的创造性活动。所谓“策划艺术”，既有其科学的、客观的、理性的判断，也有其艺术的、主观的、感性的判断。“策划艺术”，既涉及电视产品——电视节目、栏目等的策划，也涉及电视媒体经营、开发的策划。“策划艺术”可以针对某一个电视人（如电视节目主持人），也可以针对某一个活动（围绕电视媒体展开的特色媒体活动）。此外，“策划艺术”还可以延伸到电视媒体之外，将电视媒体与广泛的社会生活领域联系、结合起来。如社会生活各领域的人物，像政治领导人、社会活动家、文艺体育知名人士、学者等，如何通过电视媒体来塑造自己的形象，这也都在“策划艺术”的工作范围之内。再如电视媒体如何干预、影响社会生活，也是“策划艺术”所需要关注的事情。像通过电视来直播各种公益性活动（募捐、慈善救济等活动），或通过电视来曝光各种社会负面问题（环境保护、产品质量“打假”等）。不管是哪一方面的策划，电视策划艺术的核心问题都在于对所策划对象“定位”的确认上。所谓“定位”（positioning），即对所策划对象切入点、立足点、关键点等基本问题的确认。准确的定位可以使被策划对象产生相对来说最大的、最佳的效果与效益。

（三）创作制作艺术

电视“创作制作艺术”是电视传播艺术中最直观的一大部类，它涉及电视传播内容生产与传播的各个创作与制作工种和环节。从“虚构”类传播内容来看，包括了电视剧和其他各类电视艺术节目的创作与制作。以电视剧为例，包括编剧、导演、摄影摄像、表演、美工、录音、化妆、服装、道具、照明等各个工种、环节。每一个工种、环节都有自己的“艺术语言”，都有自己的一套专业化、职业化的标准要求。而其他各类电视艺术节目则可能涉及撰稿、导演、摄影摄像、编辑、录音、美工等工种、环节，同样也存在着各个工种、环节的“艺术语言”和专业化、职业化的标准要求。从“非虚构”类传播内容来看，包括了以新闻类节目为主体的各类电视节目的创作与制作。这涉及素材的选择、采集，对象的拍摄以及采访、录

① 雷鸣雏．顶尖策划——中国企业著名策划全案［M］．北京：企业管理出版社，2000.

② 胡智锋．电视策划论纲［J］．南方电视学刊，2001（1）：9-11.

音、剪接、编辑等各个工种、环节，同样有各个工种、环节的“艺术语言”和专业化、职业化的标准要求。笼统地说，电视传播内容的创作、制作所采用的“艺术语言”，都可以归结为电视的“视听语言”系统，而各工种、环节的专业化、职业化的标准要求，都可以归结为对电视“视听语言”的创造性运用。

在电视“创作制作艺术”中，有三个整体性的问题需要特别注意。

第一是题材、素材的选择。对于“虚构”类传播内容而言，“题材”的选择往往是最基本、最重要的问题。如何选择题材，选择什么样的题材，对于“虚构”类传播内容的生存与成功具有非同寻常的意义。之所以一年一度的全国“电视剧题材规划会议”得到业内外人士的高度重视，这其中除了主流意识形态的决定性影响外，从电视剧创作、制作艺术本身的需要来看，也是不可或缺的。对于“非虚构”类传播内容而言，“素材”的选择同样非常关键。选择什么样的素材，从哪里选择、获取素材，如何选择素材，这对于竞争异常激烈的“非虚构”类内容的创作、制作部门来说，也是不得不面对的大问题。素材选择得好，往往可以获得“事半功倍”的效果，而素材选择得不好，则可能陷入“事倍功半”的局面。

第二是“主体视点”[①]的选择与确立。当电视节目资源还是“稀缺资源”的时候，这一问题并不太突出，但当电视节目资源成为“过剩资源”的时候，这一问题便显得极为突出。同样的题材、素材，众多创作者、制作者在同时进行创作、制作，那么市场和观众到底接受、认同哪一家媒体、哪一个生产制作机构、哪一些创作者和制作者呢？而这种接受、认同的原因何在？笔者认为，“主体观点”的选择与确立是一个关键因素。即电视节目创作者、制作者对于传播内容鲜明、独特的主体观点、视角等的渗透和体现。

第三是叙事策略的选择与确立。电视节目创作、制作个性化、风格化的显现，常常在于“叙事策略”的个性化、风格化的选择与确立。在西方电视节目的创作、制作流程中，“叙事策略”得到充分的重视。如关于各种类型节目叙事“模式”“套路”[②]等的研究，对于“模型”的“构架”[③]，一方面是为了“建构自己的阐释”[④]，以形

① 胡智锋．中国电视观念论［M］．北京：北京师范大学出版社，2000：195-198.

② 戴安娜·克兰．文化生产：媒体与都市艺术［M］．赵国新，译．南京：译林出版社，2001：82-86.

③ 戴安娜·克兰．文化生产：媒体与都市艺术［M］．赵国新，译．南京：译林出版社，2001：82-86.

④ 戴安娜·克兰．文化生产：媒体与都市艺术［M］．赵国新，译．南京：译林出版社，2001：82-86.

成主体的个性、风格，另一方面也是为了“防止叙事结构枯燥乏味”①，以吸引观众的注意和兴趣。

（四）编排播出艺术

电视创作、制作艺术与电视编排播出艺术形成了十分密切的一对关系。如果说电视创作、制作艺术是素材的话，那么电视编排、播出则意味着对它进行重新“创作、制作”乃至“构架”。表面上来看，电视创作、制作的成果——电视节目已经是成型的、完成的产品，但在电视的“信息链”中，在什么“时段”播出，选择什么“时机”播出，将各类电视节目进行怎样的组织、编织、设计、安排，这其中面临丰富而复杂的各种问题。尤其是在电视媒体资源、频道资源、节目资源日益丰富的今天，电视业的竞争，迫使各个电视机构、组织必须研究“电视编排播出艺术”，尤其是“时段”的编排、“时机”的选择与确立，往往成为各媒体竞争的焦点。要在构建“媒介现实”上先声夺人，必须拥有自己独特的“议程设置”体系和整体“构架”（framed）体系，拥有自己独特的编排播出特色。中国电视编排播出艺术已经有了长足进步，许多新的经验有待总结、梳理。

（五）管理艺术

电视管理涉及电视的节目管理、技术管理、资金管理、人事队伍管理、经营管理、设施设备管理、后勤管理等众多领域部门，是一个十分庞杂的大系统。由于电视集技术与艺术于一体、集宣传与事业于一体、集事业与产业于一体的多种功能属性，使得电视管理既需讲究科学，也需讲究艺术。恰如有学者所说：“科学管理的要素为人员、金钱、方法、机器、物料、市场及士气，即所谓7M（Men，Money，Method，Machine，Material，Market，Morale），……管理除了科学面外，还有一层难以传习的艺术面，可将之归纳成‘决策智慧’、‘应变能力’以及‘人性因素’等三部分”②，“管理艺术是创造性的追求，它一方面要研究人类行为与工作之间所产生的相互影响，探求影响工作动机、工作情绪和生产力之主要因素，期使管理人性

① 戴安娜·克兰．文化生产：媒体与都市艺术［M］．赵国新，译．南京：译林出版社，2001：82-86.

② 蔡念中，张宏源，庄克仁．传播媒介经营与管理［M］．台北：台湾亚太图书出版社，1996：7.

化。另一方面，它必须有效促使经营理念之成形，便于协调各部门的活动朝向共同目标，提供决策制定的参考架构与一致的规范，提升决策品质和应变能力。”[①]电视管理艺术与其他媒介管理艺术有相通的一面，也有独特的部分。中国电视“管理艺术”的提出更多体现为一种呼吁，而对这方面系统研究和实践的归纳、总结还有待于开掘。

（六）营销推广艺术

电视首先是一种重要的宣传工具，具有强烈的意识形态特质和属性。随着市场经济的拓展，电视作为产业的特质和属性也清晰地显现出来。当电视进入市场，其产业性特质、属性呈现出多个层次和方面。有学者将大众传媒的行为（从产业经营意义来分）分为“信息行为”和“利益行为”[②]两种。所谓“信息行为”，指的是不以实际利益为目标的信息加工、采集、传递行为。所谓“利益行为”，指的是以实际经济利益为目标的行为。[③]而“利益行为”又分为“单纯利益行为”和“信息利益行为”[④]。“单纯利益行为”指的是仅以经济利益为目标的行为，“信息利益行为”则指的是通过信息获取经济利益的行为。[⑤]前者指通过信息以外的渠道获取利益的行为，如房地产开发、旅游开发等。后者则体现为出售节目时段、广告经营、节目发行出售等。无论是哪一种行为，有一点是可以确认的：电视媒体在市场上可以通过“信息利益行为”或“单纯利益行为”获得经济利益。而要获得较高利益回报，以更好地壮大电视媒体声威，提高电视媒体的影响力和整体实力，如何有效地、有利地进行营销推广，便是电视“营销推广艺术”所要研究的内容了。这里包括电视广告的营销推广、电视节目的营销推广、电视相关产品（如VCD、图书、音像制品等）的营销推广等。

电视的“营销推广艺术”，与一般的物质性产品的营销推广既有相同的一面，又有不同的一面。相同的一面，都是市场性行为；不同的一面，电视毕竟是一种生产精神产品的特殊“文化产业”，因此，文化附加值是相当高的，不能简单地将电

---

① 蔡念中，张宏源，庄克仁．传播媒介经营与管理［M］．台北：台湾亚太图书出版社，1996：7.

② 黄升民，丁俊杰．媒介经营与产业化研究［M］．北京：北京广播学院出版社，1997：33.

③ 黄升民，丁俊杰．媒介经营与产业化研究［M］．北京：北京广播学院出版社，1997：33.

④ 黄升民，丁俊杰．媒介经营与产业化研究［M］．北京：北京广播学院出版社，1997：33.

⑤ 黄升民，丁俊杰．媒介经营与产业化研究［M］．北京：北京广播学院出版社，1997：33.

视营销推广视为一种普通商品的营销推广。这里至少有三个问题值得格外注意。

——充分利用电视自身的媒介资源进行“自我推广”。电视本身就是一个进行推广的很好平台，有着充足的媒介资源。依靠自身优势的媒体资源——时间，进行科学的也是艺术的编排组合，来吸引观众的“注意”，以提高收视率，这是提高电视自身时段价值潜力的重要因素。在此基础上，通过组织、策划相关媒体活动，干预生活，同样可以吸引更多观众的“注意”，达到同样的效果。此外，加大自身节目的宣传力度，如对各种版式的“导视”类节目的重视、开发等，也可能达到同样效果。中国电视屏幕形象的一大改观，便是各电视频道内“导视”系统的日益发达、强化，在各个时段上反复推出精彩、简洁、个性化、风格化的“导视”，有力地推广了自己的节目，增加了“可视性”，吸引了更多观众的注意，提高了收视率，提高了特定时段的广告价值。这不能不说是“营销推广艺术”的成功体现。

——注意处理“有形资产”和“无形资产”、“短期利益”和“长远利益”的关系。电视的一系列物化形态的存在，如机器、设备、人力成本、场地、房屋等，尤其是电视产品（节目），都是“有形资产”，价值是可以计算的，但作为一种特殊的“精神产品”“文化产品”，其精神、文化的附加值却是难以计算的，如名家大师的代表性作品，又如代表国家电视文化水准的电视产品等，很难准确计算价值，尤其是电视媒体的地位、声望、信誉、形象、影响力、号召力等“无形资产”，更是难以估价。与此相关的便是“短期利益”与“长远利益”之关系。“短期利益”是按眼前、当下的实际利益考虑的，它更多看重的是对“有形资产”的处理。“长远利益”则是从“可持续发展”的长远目标考虑的，它更多看重的是对“无形资产”的处理。因此，在进行电视营销推广时，既要充分考虑可计算的“有形资产”，以获取“短期利益”，也要充分考虑不可估价的“无形资产”，以获取“长远利益”。有的电视媒体在市场竞争的角逐中忽略了对“无形资产”和“长远利益”的考虑，为赚取“短期利益”不惜损害电视媒体形象，做出一些与电视媒体的性质、地位不相符合的事情，结果再想挽回局面就相当困难了。

——注意引入“成本核算”理念和系统。电视进行“营销推广”，并不意味着“漫天要价”。一个时段的广告到底值多少钱？一个电视节目到底值多少钱？要想给出合理的定价，必先搞清楚其基本成本。“成本核算”是现代西方电视传媒普遍采取的一种经费运作理念与系统，即对电视生产与传播活动中各种人力、物力、财力基本成本的预算、计划与监督、审核系统。电视的营销推广离不开“成本核算”作为前提。以往我们不在市场中角逐、竞争时，不考虑“成本”问题，这容易导致电视生产与传播的极大浪费。实行“成本核算”，既是为了有效地防止浪费，也是“以较低成本获得较大回报”的营销推广的需要。当然，“成本核算”也不能仅仅视为一种经济的管理行为，同样需要将“精神文化产品的特殊性”进行综合考虑。以电视制作、播出关系的调整为例，哪些节目可以进行社会、民间制作，靠购买比自己制作更为便宜、合适？哪些节目不能放弃制作权，必须要自己来进行把关？哪些产品需花更大成本购入，以便更好地拉动广告？哪些不能随便进入流通市场？这些都需进行周密的调研后做出决断。

第三节　电视传播艺术研究的分类

电视传播艺术研究是电视理论研究的重要组成部分。目前，我们一般将电视理论研究分为电视基础理论研究、应用理论研究和决策研究三种类型，那么与此相对应，我们也可以把电视传播艺术研究分为电视传播艺术基础理论研究、应用理论研究和决策研究三种类型。

一、电视传播艺术基础理论研究

电视传播艺术的基础理论研究，是关于电视传播艺术学科建构的基本原理、基本规律与规则的总和，是对电视传播艺术实际的高度理论抽象与概括。

电视传播艺术的基础理论研究包括电视传播艺术的本质研究、外部关系研究和内部关系研究三个主要部分。

电视传播艺术的本质研究主要解决的是电视传播艺术“是什么”的问题，即关于电视传播艺术的界定、性质、功能、构成、意义与价值等的判断和理论梳理。“界定”是指对电视传播艺术的内涵特质进行理论概括；“性质”是指电视传播艺术在电视生产与传播中所扮演角色的属性特质；“功能”是指电视传播艺术在电视生产与传播中承担的主要工作、作用；“构成”是指电视传播艺术外延的构成元素、部件；“意义与价值”是指对电视传播艺术的社会的、政治的、文化的、媒介的、艺术的意义与价值的认识与判断。

电视传播艺术的外部关系研究包括对电视传播艺术与政治、经济、文化、社会、法律法规、科技发展、民族、时代、地域、伦理道德等领域或外部生态环境的互动关系的研究。

——电视传播艺术与政治之关系的研究。不同国家的政治制度、政治生活与政治环境，都将给电视传播艺术的实施打上不同的政治烙印。电视传播艺术在适应不同的政治环境中，将形成不同的品质与品格。这方面的研究重点是电视传播艺术会受到怎样的政治影响，又是如何适应政治环境，进而实施自己的行为的。

——电视传播艺术与经济之关系的研究。不同国家和地区的经济发展状况、水平与电视传播艺术实施的规模、质量与效益有着直接的关系。这方面的研究主要着眼于电视传播艺术是如何受到经济发展影响，又是如何在特定经济发展水平上最大限度地发挥其作用的。

——电视传播艺术与文化之关系的研究。电视传播艺术离不开特定文化土壤的滋养。一个国家、一个地区、一个民族、一个社会，总有丰实的、独特的文化资源。如何充分地调动已有文化资源，扬长避短，符合特定文化环境的需要并推进特定区域的文化发展，形成独特的电视传播艺术体系，将是这一方面研究的主要内容。

——电视传播艺术与社会之关系的研究。电视传播艺术也受到不同的社会制度、社会习俗、社会关系、社会风尚、社会结构、社会阶层、社会心理的直接影响。电视传播艺术如何一方面适应上述社会状况、社会发展水平的需要，另一方面又能积极地因势利导，通过自己的方式反作用于社会，在推进社会文明进步进程中起到应有作用，是这一方面研究的主要内容。

——电视传播艺术与法律法规之关系的研究。法律法规的制定与约束是一个健全的社会所必需的，电视传播艺术的实施需在遵循特定法律法规的前提下进行。如何在符合法律法规的前提下，充分发挥电视传播艺术的作用，提高电视生产力水平，不同的法律法规对电视传播艺术的实施有何影响等，是这一方面研究所必须关注的。

——电视传播艺术与科技发展之关系的研究。科技发展是推动社会前进的“第一生产力”，对于推进电视传播艺术的水平、质量，改变电视传播艺术的规则、思路、方式与方法，都有着重要的影响。如何充分利用科技发展的最新成果，使其转变为电视传播艺术的养料和资源，科技发展又是如何影响了电视传播艺术的变动与更新的等，将是这一方面研究的主要内容。

——电视传播艺术与民族之关系的研究。不同民族的特定的价值观念、思维方式、生活方式与心理需求等，无不烙印在各民族不同的电视传播艺术领域中，使电视传播艺术因而具有了不同的民族特色。民族与民族性对电视传播艺术到底产生着哪些影响，而不同民族的电视传播艺术个性又是如何体现这些民族特色的，这又给世界电视传播艺术格局带来了怎样的影响等，将是这一方面研究所需要面对和解决的命题。

——电视传播艺术与时代之关系的研究。这是一种既有历时性视角，又有共时性视角的研究。纵向地看，每一个时代都大体有一种主流的时代精神特质与时代性主题，这就构成了不同时代的鲜明差异。而横向地看，同一时代不同的区域既有时代共性，又有区域个性与差异。如何考量时代变迁、时代精神、时代特征对电视传播艺术的影响，又如何考量电视传播艺术对时代特质的反映与体现，将是这一方面研究所要关注的问题。

——电视传播艺术与地域之关系的研究。地域差异，或许是文化差异中最为直观的部分。现代电视传播与接受的地域特征日益突出，不同地域受众的特殊价值取向、口味需求等使电视传播艺术受到很大影响，电视传播艺术如何适应特定地域的需求，而特定地域特征又如何深刻地影响着电视传播艺术的特征等，将是这一方面研究的主要问题。

——电视传播艺术与伦理道德之关系的研究。伦理道德的规范是任何社会都不可能摆脱的客观存在。电视传播艺术的实施，离不开对伦理道德规范的研究。一个社会的伦理道德规范，对于电视传播艺术的实施，将产生怎样的影响，而电视传播艺术又是如何在遵循伦理道德规范的前提下创造性地进行工作的等，都是这一方面研究所需要面对和解决的问题。

电视传播艺术的内部关系研究，则主要是对电视传播艺术自身一系列基本规律、规则的理论研究。主要涉及电视传播艺术哲学、电视传播艺术美学、电视传播艺术心理学等基础理论研究内容。

——电视传播艺术哲学。主要研究电视传播艺术发生、发展的一系列基本哲学性命题。如对电视传播艺术中主客体关系、各种因素的对立统一关系以及对电视传播艺术的基本观念、思路、方法等的辩证认识与阐释等。

——电视传播艺术美学。主要研究电视传播艺术与现实的审美关系、电视传播艺术的一般美学原则。涉及电视传播艺术的美的特质，电视传播艺术如何通过各种方式、方法、手段，提炼、创造出电视美，电视传播艺术在创造电视美过程中的独特价值，以及电视审美的特质、个性等。

——电视传播艺术心理学。主要研究电视传播艺术实施过程中，传播主体的心理取向、心理构成、心理特征及接受主体的心理取向、心理构成与心理特征等。这是既有个体心理，也有群体心理，还有一般社会心理多个层次的研究，同时也包括电视传播艺术实施过程中的各种行为、各种实践发生、发展的心理依据的考察与研究。

二、电视传播艺术应用理论研究

电视传播艺术应用理论研究指的是对电视传播艺术实践各个环节的可操作性的、有针对性的实用性研究。它包括电视宣传引导艺术研究、电视策划艺术研究、电视创作制作艺术研究、电视编排播出艺术研究、电视管理艺术研究、电视营销推广艺术研究等。

——电视宣传引导艺术研究。包括对于电视宣传引导总体方向的确定，宣传规划的设计，宣传内容的组织、确定，具体节目、栏目、活动的宣传方式的设计等的研究。电视宣传引导艺术的实施，一方面需总体部署，方向把关，另一方面需精心组织、设计和落实。每一个阶段的宣传规划、宣传行动与总体方向之间如何协调，具体宣传内容上如何抓住热点、焦点、难点，以及对未来宣传效果可能出现的正面、负面反应的估测及措施对应等，都是这一研究要涉及的内容。

——电视策划艺术研究。主要指的是电视传播艺术前期的工作，包括宣传策划、节目策划、栏目策划、频道策划、产品作品策划及后开发策划等。如对于节目的选题、风格、制作方式、样式、视角、叙事策略等的“定位”研究；对于栏目宗旨、版式、风格、主持人、运作方式、宣传推广等的“定位”研究；对于频道整体形象塑造、内部栏目搭配、时段安排、导视系统设计、广告运作方式、整体包装等的“定位”研究等。此外，还包括电视的媒体形象、媒介活动的组织等的“定位”研究。

——电视创作制作艺术研究。主要指的是电视传播内容生产的各个工种、环节的技艺研究。包括电视剧等“虚构”类内容各个工种、环节的技艺，如剧作的类型模式、音乐的风格设计、摄影的风格个性、照明的风格个性等的研究。也包括电视新闻等“非虚构”类内容各个工种、环节的技艺，如记者出场方式、提问采访的方式、拍摄方式、播出方式等的研究。还包括电视产品、作品本身的研究，如电视纪录片、电视综艺晚会、电视专题节目的类型、特征、风格、样式、制作技艺等的研究。此外，电视创作者、制作者的研究，如电视记者、编辑、播音员、主持人、录音师、摄影师、化妆师、制片人等的工作研究，也属此类研究范围。

——电视编排播出艺术研究。主要指的是对于电视制作成品（产品、作品）进行编排播出的技艺研究。如怎样确定电视媒体中每个频道内时段的分工，特定时段安排相应什么样的节目、栏目，节目与节目、栏目与栏目之间如何衔接，每个时段、每个节目与栏目前、后或节目与栏目内部安排什么风格、类型的广告，设计怎样的导视节目，不同版式、风格的导视节目安排在怎样的时段，特定的节目内容搭配怎样的播出方式，凡此种种，都属此类研究内容。这方面我们还有很大的空间有待开发。

——电视管理艺术研究。电视管理艺术研究涉及人、财、物等各个方面。如电视的用人（人事）制度应采用什么样的制度，如何用灵活的用人方式充分调动电视从业者的责任感、使命感、敬业精神与工作热情等。再如怎样合理地调度有限的资金，进行电视产品的创作、制作的投入或购买。又如怎样进行节目、栏目、频道及其他电视生产与传播部门的成本核算，以尽可能少的投入争取尽可能多的回报等。这方面的研究尤其是对于“人”的管理（各个电视生产、传播环节上的各工种从业者）的研究对于保证电视生产、传播的健康顺利发展至关重要。

——电视营销推广艺术研究。包括内容、产品及相关产业的多方面营销推广的研究。从内容的营销推广来看，如何使确定的内容产生更大的效益，如何通过自我宣传、增加内容的“附加值”，加上适当的“时机”的安排、适当的“时段”的安排，使内容“增值”，都是这方面研究的重要课题。从产品的营销推广来看，电视内容被制作成完整的节目只是初步的“产品”，而与节目相配套的相关“产品”（如音像制品、图书、画册及其他纪念品等）则是后续开发的相关产品。如何使这些产品获得应有的甚至更大的价值，这里面也充满了“商机”。而从相关产业的多方面营销推广来看，围绕电视媒体成立的服务性机构、专业调查咨询机构、广告专营机构、节目发行机构、平面媒体与网络媒介等，都各有其营销推广的平台，各有其营销推广的空间，这些相关产业与电视主营的内容、产品一起，构成了互相影响的营销推广系统，如何使这个系统不断地“增值”，这是电视营销推广艺术所必须研究的课题。

三、电视传播艺术决策研究

电视传播艺术的决策研究，是对电视传播艺术的总体规划、方针、政策法规及具体实施管理各个方面的决策研究，换言之，是对电视传播艺术宏观、中观、微观多个层次的决策研究。

——电视传播艺术总体规划研究。这是电视传播艺术决策研究中战略性的宏观层面的研究。包括电视宣传的总体规划研究，电视技术的总体规划研究，电视节目（包括栏目、频道）的总体规划研究等。如对电视宣传的总体规划研究，包括如何确立一个阶段、一个时期电视宣传的重点、难点及预期突破点，如何设计电视宣传的目标、方向与任务，如何进行电视宣传的层次、格局、布局的规划设计等的研究。再如对电视技术的总体规划研究，涉及国际电视技术发展状况、格局、趋势的研究，涉及对国内电视覆盖状况、格局与趋势的研究，涉及电视制作、播出方式的状况、格局与趋势的研究等。又如对电视节目总体规划的研究，包括对国内外电视节目主要类型、品种与构成整体风貌、状况、格局与趋势的研究，对国内外电视节目的总体评价标准变化的研究，对国内外电视节目各种新的观念、理念的研究等。这些主要是为了制定相应的电视宣传战略规划，制定相应的电视宣传方针、政策，制定相应的电视技术发展的战略规划、方针、政策，制定相应的电视节目发展的战略规划、方针、政策所进行的研究。

——电视法规建设研究。这是电视传播艺术决策研究中观层面的研究。总体规划着眼于宏观决策，法规建设则是为宏观决策的实施所具体制定的相应配套的法规的建设。如果说电视传播艺术的战略、宏观规划着眼于“构想”与“设计”，带有前瞻性色彩，那么电视传播艺术的法规建设则着眼于“规范”与“约束”，体现出一定的权威性、严肃性、稳定性。[①]电视传播艺术法规建设研究涉及电视宣传、技术、节目创作与制作、管理、营销推广等方面一系列标准、规则、条例等的研究和制定。它对于保证电视传播艺术健康、有序、稳定地发展起着重要的制衡作用。

——电视管理制度研究。这是电视传播艺术决策研究中微观层面的研究，是对

① 胡智锋．中国电视观念论［M］．北京：北京师范大学出版社，2000：69.

电视生产与传播过程中一系列具体问题所进行的制度上的管理措施的研究。这是在电视传播艺术总体规划、法规建设前提基础上的具体落实。电视传播艺术的作用与功能的实现，离不开具体的电视管理制度的设计与实施。这包括电视的用人制度，经费管理制度，电视节目创作与制作流程中各环节、工种的管理制度，电视产品“后开发”的一系列制度等的落实。对这些制度因地制宜地研究与设计，将是完成电视传播艺术决策非常重要的部分。

电视传播艺术的研究从整体上看体现为基础理论研究、应用理论研究与决策研究三大部分，而每一个部分都涉及宏观、中观、微观三个层面，也都涉及战略、策略、战术等几个层面。此外，电视传播艺术研究离不开本土、本地电视传播与电视艺术的经验积累，离不开对国外、境外电视传播与电视艺术的经验的借鉴。正是在多个层面、多种经验的积累基础上，才可能形成较为切实可行的、有效的电视传播艺术体系，才可能逐渐形成电视传播艺术研究体系。

第四节　电视传播艺术研究的意义

电视传播艺术研究，作为一个新的学术研究领域，具有跨学科的特质与跨领域的特质，即集结了多种学科和多个领域的知识积累和实践积累。因此，开展电视传播艺术研究，具有多方面的理论意义与实践意义。

一、理论意义

电视传播艺术研究的意义首先体现在理论学术建设方面。不论是对于电视学科体系建设，还是对于新闻传播学、艺术学的理论学术建设，乃至对于其他相关学科的理论学术建设，都将带来积极的、有益的影响。

（一）对于电视学科体系建设的影响

电视事业的飞速发展，对电视理论必然提出相应的要求，而电视理论的成熟，又离不开电视学科体系的逐渐形成和完善。笔者在几年前就提出了“建立富有生机活力的中国电视学科体系”的构想[①]，而这构想非常重要的一个内容，便是寻求具有沟通“电视传播”和“电视艺术”能力的中介学科的建立。从美的创造、审美的实现的角度来看，这种中介学科是“电视美学”，而直观地呈现、阐释电视生产传播全过程并打通“电视传播”“电视艺术”的中介学科，便是“电视传播艺术学”。因此，电视传播艺术的研究，对于切入电视生产传播规律、规则，抓住电视生产传播的关键性特质，建立充满活力的、有理论说服力的学术话语和学术规范，进而全面推进电视学科体系建设具有至关重要的意义。

我们可以看到，从新闻学、传播学延伸出来的电视新闻学、电视传播学，沿着以“非虚构”类内容为主要研究对象的路子，力图建构起能够阐释、表述电视生产与传播特质的学术理论框架；而从艺术学、美学、戏剧学、电影学等延伸出来的电视艺术学，则沿着以“虚构”类内容为主要研究对象的路子，同样力图建构起能够阐释、表述电视生产与传播特质的学术理论框架。尽管这两种研究对于电视学科体系建设来说，都具有极为重要的意义，但最具电视生产与传播特质的中介领域——电视传播艺术领域，却亟须开拓、发展，只有将这一中介学科领域——电视传播艺术学建构起来，与电视新闻学、电视传播学和电视艺术学一道，才能构筑起相对完整、有较强理论阐释力和说服力的学科理论框架，进而为电视学科体系的完善打下坚实基础。

电视传播艺术研究作为一种中介、交叉领域的学术研究，一方面不可能离开对已有电视新闻学、电视传播学和电视艺术学学术资源、学术成果的充分吸收，另一方面也不可能简单地将电视新闻学、电视传播学和电视艺术学的学术资源、学术成果“拿来”组合，便可完成任务，而需对这些已有学术资源、学术成果按照新的学术研究领域的需要，进行全新的“整合”，以形成自己独特的研究对象、研究范围、研究方法，并梳理出一套新的学术话语，进而推出新的学术思想、观点与理念。由此可见，电视传播艺术研究的开展，将对电视学科体系建设的完善起到重要作用。

（二）对于新闻传播学和艺术学学术发展的影响

电视传播艺术研究的开展，不仅对于电视新闻学、电视传播学和电视艺术学之间的中介学科的建立有着重要影响，对于新闻传播学和艺术学两个学科的学术发展

① 胡智锋．建立富有生机活力的中国电视学科体系（访谈）［M］// 龙耘，朱学东．走向 21 世纪的中国电视——台长、专家访谈录．北京：北京广播学院出版社，1998：579.

也将带来积极的影响。

在新闻传播学学科框架中，在对于新闻传播活动、舆论引导、新闻传播媒介、新闻传播内容、新闻传播方式、新闻传播效果等的研究中，大量涉及电视新闻传播，尤其是在新闻传播内容、方式、效果的研究中，电视新闻传播占了很大的比例。日益活跃着并产生着不可替代影响的电视传媒，究竟是如何组织独特的生产与传播流程，并产生重大影响的？电视传媒对公众是怎样发生作用的？怎样的内容、方式才能达到较为理想的传播效果？这些方面，电视传播艺术的研究无疑可以提供最生动、最新鲜的理论资源。在新闻传播学自身“本土化”的进程中，西方新闻传播学的学科体系、学术话语体系、理论框架、研究思路与方法等，需不断结合中国“本土”的理论积累，提炼出富有中国特色的，能够解释、阐释中国新闻传播事业的学科理论体系、框架、思路、话语与方法。在这一进程中，中国电视传播艺术由于建立在中国电视新闻传播实践基础上，当能从中国电视新闻传播实践的丰富个案中发现新的命题，为中国电视传播艺术研究的独特建树提供养料，这都将对推进整个新闻传播学的“本土化”新闻建设做出自己的独特贡献。

在艺术学学科框架中，对于艺术本质、艺术特征、艺术创造主体、艺术创造材料、艺术创造过程、艺术接受过程等的研究，绝不能忽略“电视艺术”这一迄今为止最具大众性的艺术样式。事实上，电视艺术的发生与发展，的确给传统艺术学研究提出了许多新的问题。如传统艺术的生产方式往往带有创造者个人鲜明的个性特征，而“电视艺术”的生产方式则往往体现为现代文化工业生产的“机械复制”或“技术复制”特征[①]，这也同时改变了现代人对“艺术”本质的传统意义上的理解，“电视艺术”的创造主体，已非“传统艺术创造的单一的主体，……在大众传播的环境中，电视艺术创作主体的消隐或匿名已是无可避免”[②]。从电视艺术的审美特质来看，文化消费的自然渗透，使电视艺术成了典型的现代文化消费对象，因而电视艺术的审美和一般现代文化消费的“大众化”“娱乐化”特质密不可分，我们已很难将传统艺术的“审美”与现代文化消费的“娱乐”从电视艺术中剥离开来，因而电视艺术的审美已是一种典型的“娱乐化审美”或“审美消费”。再从电视艺术的生产来看，建立在现代电子技术基础上，又不断引入新的技术方式、技术内容的

① 本雅明:《机械复制时代的艺术作品》, 转引自董学文, 荣伟. 现代美学新维度[M]. 北京: 北京大学出版社，1990：170-194.

② 施旭升. 艺术创造动力论［M］. 北京：中国广播电视出版社，2002：383.

"电视艺术"创造，对于传统艺术的生产来说也是不可思议和不可理解的，因为电视技术已是电视艺术不可分割的内容，不论是从模拟到数字的转变，还是不断创新的技术（包括摄影、编辑、录音、照明及各种特技）的进步或转变，必将极大地改变电视艺术形态与风貌，产生新的电视审美内容，给大众带来新的艺术体验、艺术经验和艺术理解。如此众多的变化，不断推动着"电视艺术"的研究积极、深入地感受、理解、把握电视艺术的种种景观，以形成符合电视艺术特质的理论表述，这对于整个艺术学学科的建构、艺术学研究的推进，都将产生重要的影响。换言之，艺术研究离不开"电视艺术"研究提供的新的经验、新的理解、新的理论表述的丰富；而电视艺术研究的推进，则符合艺术学整体发展的需要。电视传播艺术的研究既面对"电视新闻传播"，也面对"电视艺术"，电视传播艺术研究所具有的中介性、跨学科的特质，无疑为"艺术学"的研究推进提供了全新的视野和营养。如果说传统艺术样式同样存在着"传播艺术"问题，那么"电视传播艺术"则以其鲜明的时代色彩、突出的技术特征、综合性的学术特质与丰富的内容内涵，成了各艺术样式、品种、门类中最具前沿性、最具科技含量、最丰富且复杂的"传播艺术"领域。因此，开展"电视传播艺术"研究，不仅对于电视艺术，而且对于整个艺术学的视野开阔、领域拓展、研究丰富与深入都将产生积极而重要的影响。

（三）对于其他学科理论学术建设的价值

任何一个研究领域，从学术自身来看，都至少有两种价值取向，一是专业化，二是社会化。"专业化"取向遵循着已经形成的学科的理论思路、框架、学术话语等学术规范，在此前提下开拓、发展。而"社会化"取向则力图将一个专业学科领域与其他社会领域进行"打通"，力图在更广阔的社会生活领域中寻求沟通与结合。"专业化"与"社会化"这两种学术研究的价值取向，各有其特定内涵，同时也有着很多联系。过多倾向"专业化"，往往容易自我封闭、自说自话而很难获得学术研究的普遍意义；而过多倾向"社会化"，则容易流于一般、表面，缺乏专业的深度与力度。能够在学术研究中兼顾"专业化"与"社会化"两种价值取向，当能使学术研究既获得专业领域的成就，又获得更大的社会意义、普遍意义。

从专业化取向来看，电视传播艺术的研究，具有沟通"电视传播"与"电视艺术"的中介、交叉学科性质，有利于建构能够阐释电视生产与传播特质的新的学科领域，也有利于“传播学”与“艺术学”内涵、方法、领域及素材的丰富与拓展。而从社会化取向来看，电视传播艺术研究对于其他学科领域具有怎样的价值呢？

首先，在研究内容、领域上，“中介性”“交叉性”的研究内容、领域的选择对于其他学科领域当有一定的借鉴价值。电视传播艺术研究将性质完全不同的“非虚构”类与“虚构”类内容，以及完全不同的“电视传播”与“电视艺术”领域进行打通，在打通基础上进行整合，这样的研究内容、领域，对于其他学科选择中介性、交叉性研究内容、领域进而进行“整合”，是富于启发意义的。尤其是各个领域，如政治、经济、军事、文化、教育、科技、外交等方面的“传播艺术”研究，当从电视传播艺术研究中获取启发。

其次，在研究方法上，除“中介”“交叉”的方法外，电视传播艺术在理论与实践相结合方面也有其独到之处。电视传播、电视艺术理论与电视传播、电视艺术实践如何有机地结合在一起？由于实践本身的复杂性和理论研究本身的复杂性，二者的结合尤其是表述非常困难，而一旦“结合”得好，当为其他学科领域此一方法的运用提供新的素材。此外，对于“多层面”的关注及各层面研究的衔接，电视传播艺术研究也可以提供新的方法。如对于基础理论研究、应用理论研究、决策研究的层面划分，对于宏观、中观、微观三个层面的划分，对于战略、策略、战术三个层面的划分，以及这些层面相互的对应、对照、呼应、衔接，这对于其他学科领域研究也会有相当普遍的意义。

最后，从具体的学术话语来看，电视传播艺术研究所提炼、整合出的一系列新的学术话语，由于其本身的时代性、大众化特质，可能为其他学科研究提供不少新的学术话语素材。就像“战略、战术”等军事用语，“经营、营销”等经济用语被广泛运用一样，电视传播艺术研究中许多新的“整合”过的学术话语，对于其他学科领域当有一定的借鉴、运用的价值。

当然，我们必须看到，电视传播艺术研究还是一个相当新的学术研究领域，与其他传统学科、其他历史相对久远的学科相比，还是一个远未成熟的学术研究领域。因此，从其他已经成熟或历史较为久远的学科中汲取营养，是理所当然的。尤其是相关领域“传播艺术”研究的营养，更值得直接借鉴、采用，不论是研究内容、对象、范围，研究方法、思路、手段，还是具体的学术话语。

在汲取其他学科研究成果的过程中，需特别注意以下几个问题。

首先，普遍性与特殊性的结合。在“传播艺术”或其他学科领域普遍适用的一些研究思路、方法、规则对于电视传播艺术研究也具有普遍借鉴意义，但在借鉴的时候还要考察电视传播艺术对象的特殊性，不能简单套用、搬用，需进行加工、改造，以适应特殊对象研究领域的需要。

其次，规范性与创造性的结合。一方面，对于传统学科或相对比较成熟的学科来说，学术研究的“规范性”相当重要。因此，借鉴、学习、汲取这些“规范”是必要的，电视传播艺术研究要逐渐成熟，不可没有这样的学术“规范”。但另一方面，电视传播艺术研究毕竟是一个新的学术领域，在遵循“规范”基础上，总结特定对象的一般规律，进行大胆的理论“创新”与创造，不仅是可能的，也是必要的。

最后，现实性与前瞻性的结合。电视传播艺术研究具有较强的实践性，因此，着眼于电视传播艺术实践，从现实实践中总结、梳理一些较为成熟的经验，并进一步升华为理论表述，是符合电视传播艺术现实需要的，简单直白地说，便是电视传播艺术研究应具有现实的可操作性。另外，理论研究的生命力又不能仅仅体现为对现实实践的描述和总结，还应着眼于“前瞻性”的需要，即把电视传播艺术长远发展的可能性考虑进来，使理论研究能够超越当下现实实践，具有较强的生命力、概括力与指导性，简而言之，是电视传播艺术研究的长远的、前瞻性的、可持续发展的需要。

建构、整合电视传播艺术研究的理论框架、体系，提炼出一系列既符合电视传播艺术实际，又能指导电视传播艺术实践的思路、方法与观念，对于电视理论研究及相关的传播学、艺术学研究，对于各领域“传播艺术”研究，乃至其他学科研究，都有可能带来新的素材、新的话语乃至新的观念与方法。因此，电视传播艺术研究的开展具有重要的理论意义。

二、实践意义

我们之所以说电视传播艺术研究具有很强的实践性，就在于这一研究的起点与落点，都是对电视传播艺术实践的总结、梳理、概括与指导。而且，电视传播艺术研究不仅对于电视传播艺术实践具有重要影响和作用，对于相关传播事业领域、艺术生产领域乃至各个方面的“传播艺术”实践都有一定的影响和作用。

（一）对于推进电视实践的影响和作用

电视传播艺术研究立足于对电视传播艺术实践经验的总结、梳理、升华。从总体上看，电视传播艺术研究的深入和成熟，至少可对电视实践产生如下影响和作用。

——使电视实践从自发行为变为自觉行为。电视实践的各个部门，从电视的生产到电视的管理，从电视的前期策划到电视的后期制作，从电视的内容组织到产品后期开发，若干环节、工种合力进行，随着电视与社会互动关系的渐次推进，电视的生产力水平的提高，必然对电视的生产关系的调整提出要求，而电视的生产关系的变化，也会直接影响电视的生产力水平的变化。如何有效地控制电视生产力与生产关系的变化与调整，如何有效地推进电视实践的发展与进步，单靠自发的经验还不够，而需要将更为自觉的理念转化为现实的、自觉的行为。电视传播艺术研究在这一方面将起到相当重要的作用。

——使电视实践从随意性行为变为规律性行为。电视实践不断处于动态的发展过程之中，这就使许多电视生产与传播环节、工种的行为难免随意性，经常为适应特定情形下的特定需要随机进行处理，而现代电视实践要达到相当的规模、水平，仅靠一时、一地的随意性行为是难以支撑长久的。电视传播艺术研究的深入，有助于将电视实践从随意性行为向规律性行为转化，即从随意性的行为中寻找、总结、整理出规律性的思路、原则与方法，以使电视实践克服随意性带来的盲目性。

——使电视实践从特殊的、个别的行为变为普遍性、一般性行为。电视生产与传播的各个工种、环节都有其特殊的工作规范、要求，而整个电视实践与其他传播媒体、艺术样式相比，也有其特殊的、独具的特点。具体的电视从业者容易强调实践中的这些特殊性、个别性，但对电视传播艺术与其他传播媒介、艺术样式的共性，电视传播艺术与其他领域“传播艺术”的共性，即普遍性、一般性的规律、规则往往关注不够、研究不够。电视传播艺术研究的深入，有助于电视实践获得更为广阔的视野，将特殊的、个别的行为转化为具有普遍性、一般性意义的行为。这对于提高电视的影响力当有重要作用。

具体说来，电视传播艺术研究的深入，至少可以起到如下作用。

——有效地解决和处理“非虚构”类内容与“虚构”类内容的对峙、矛盾，统一协调整体电视生产与传播的规划与机制，制定有效的、统一的战略、策略与战术对策。

——提高电视生产与传播的质量与水平。电视传播艺术研究涉及电视生产与传播全过程中各个环节、工种，这一研究的深入，可以沟通各个环节、工种的关系，既面对各个环节、工种各自单一的问题，又面对各个环节、工种共同整体的问题，使电视生产与传播在各自质量、水平得到保证的基础上，相互关系得以协调，进而从整体上提高质量与水平。

——提高电视运作管理的质量与水平。电视实践的主要构成是内容的生产与传播，但电视实践实力的显示，还有赖于运作、管理的实施与展开。内容的生产与传播，产品的创作与制作是重要的，而运作、管理的实施与展开也是同样重要的。组织、筹划、宣传、推广、经营、开发这些环节质量与水平的提高，是构成电视传播艺术研究的重要部分，而电视传播艺术这些环节研究的深入，对于提高电视运作管理的质量和水平也将产生重要的影响和作用。

（二）对于推进新闻传播事业和艺术事业的影响和作用

电视传播艺术研究指向电视生产与传播，也与相关的新闻传播事业、艺术事业联结在一起。

新闻传播事业是以大众传播为主要内容的，包括报纸、杂志、广播、电影、电视及通讯社等领域；艺术事业是以艺术生产与传播为主要内容的，包括音乐、戏剧、舞蹈、电影、电视等领域。新闻传播事业尽管传播媒体有异，但都有各自的“传播艺术”问题；艺术事业尽管艺术样式不同，但也同样都有“传播艺术”问题。因此，电视传播艺术研究既与新闻传播事业、艺术事业的各部门、领域的“传播艺术”有不同之处，也有可以互相借鉴的共同的理念。因此，电视传播艺术研究的深入，将对推进新闻传播事业与艺术事业的发展产生积极的、有益的影响和作用。

电视传播艺术研究的深入，对新闻传播事业的影响和作用，至少体现在以下几个方面。

从技术、技艺层面来看，电视传播艺术研究关注电视生产与传播全过程中各个环节的可操作性的行为设计。如怎样设计宣传规划；怎样安排每个频道的时段；怎样在特定的时段安排特定的节目、栏目内容；怎样组织特别报道、特别活动；怎样进行节目、栏目的自我宣传与推广；怎样进行电视节目的后期开发以及电视运行的部门机构设置，电视的人事管理、经费管理、安全管理、后勤管理、技术管理等的制度设计等，这些极具可操作性的研究，变成电视生产与传播的现实的生产力，这对于其他相关传播部门、领域，如报纸、杂志、广播等也有参照、借鉴意义。例如中央电视台自1993年开始的人事制度的改革（进行人员外聘等用工制度的实验），20世纪90年代的电视新闻改革（从早间时段《东方时空》推出，到整点新闻滚动播出，到《焦点访谈》的黄金时段推出，到深度报道《新闻调查》的推出）一步一个脚印，逐渐深入社会生活的各个领域，其中有许多设计都是电视传播艺术设计的成功，这些成功探索不仅对于推动中国电视新闻传播的改革有着不可替代的作用，而且对于整个中国新闻传播业的改革也产生了重要影响。这其中如何进行操作，在技术、技艺层面，电视新闻传播积累的宝贵经验，对于开拓其他新闻传播部门领域的视野、思路及具体方法、手段等，都有直接和间接的影响。

从社会层面看，电视传播艺术研究关注电视生产与传播和社会之间的互动关系的有效建立。也就是说，一方面，电视生产与传播应敏锐地捕捉社会的新闻热点、焦点，敏锐地感应时代思潮的变化，敏锐地发现现实社会生活存在的各种问题，予以电视化的再现与展现；另一方面，电视生产与传播还不能仅仅被动地再现与展现，而应利用自己媒体的特点，用自己媒体的独特视点去捕捉、发现，并能形成自己媒体富于特色的观点、思想、见解与判断。电视传播艺术研究重视电视生产与传播“主体”的创造性工作的总结、梳理，尤其是在与社会生活的互动过程中，既客观地追随时代生活的变动，又积极地发现时代生活的变动，从而形成电视传媒的创造力、活力与鲜明的个性特征。中国电视在改革开放的40多年中，在与社会的互动方面影响日益巨大，介入日益加深，这里自然离不开电视传播艺术创造性工作的成功。中国电视自20世纪90年代开始在宣传引导、舆论监督、批评报道当中，在用谈话、直播等方式进行的社会交流当中，在重大历史性事件和社会广泛关注问题的报道当中，的确开展了一系列留下深刻印迹的历史性的工作，被新闻传播业普遍认同、高度评价。应当讲，在推进社会进步进程、推进改革开放不断深入的进程中，电视新闻传播做出了重要贡献，这一点为世人所瞩目，许多个案不仅为中国电视新闻传播，也为新闻传播全行业做出了榜样。

从观念层面来看，电视传播艺术研究关注电视生产与传播中新的思维方式、价值取向、叙事方式等的出现，关注从这些“新”的方式、取向上引发、派生出的新的观念。与技术、技艺层面的互动性、参与性相比，电视在观念层面表现出更深层的、更稳定的一些品质与特征。中国电视在发展过程中，有不少新的观念涌现，而从总体上看，从大众传播——人际传播的延展，从精英化取向——平民化取向的延展等，构成了一道道独特的景观。不论是电视节目主持人队伍的成长与壮大，还是各种电视节目类型的丰富与繁荣，都从不同的角度体现了这样的观念变化。电视节目主持人人格化形象的显现，为大众传播中引入人际传播的理论做了最生动的注脚，而大量电视谈话节目、电视娱乐节目的活跃，百姓观众对电视节目的深度的、积极的、主动的参与，则为平民化的价值取向做了最有说服力的证明。这些新的观念的出现和逐渐成熟，不仅对于中国电视是一笔宝贵的财富，也为中国新闻传播事业提供了有益的素材和经验，并为改变中国新闻传播业的整体形象做出了积极的探索。

而电视传播艺术研究的深入，对艺术事业的影响和作用，至少也体现为以下几个方面。

从技术、技艺层面来看，电视传播艺术研究关注电视生产与传播过程中所有“创造性”的处理，这一点与艺术生产过程中的“创造性”工作有相似之处、相通之处。尤其是电视节目的创作与制作，在技术、技艺方面既有传统艺术的想象力、情感因素等的灌注，也有新的形式、手段、方式等的探索。中国电视节目的形态、结构、语言等在改革开放以来的40多年中经过了若干次较大的变化，电视新闻节目、专题节目、文艺综艺节目、体育节目、社会教育节目、服务节目以及电视剧、电视纪录片等节目都有了相当丰富的积累。这种“丰富性”体现在很多方面。如节目“类型化”的丰富，电视节目生产发展到一定水平，便有了“类型化”的生产模式与方式，这对提高电视节目的生产能力和效率都是非常有益的。仅以电视剧为例，便有了现实题材、历史题材等大的“类型”范畴，历史题材中又包括了悲剧、喜剧、正剧几种风格“类型”，此外还有武侠剧、言情剧、名著改编剧、公案剧、情景喜剧等多种新的“类型”电视剧出现并在数量上达到一定规模，质量上也不断有优秀作品产生。再如节目“形态”的丰富。节目内容与形式的结合，形成形形色色的“形态”。电视节目这些年来“形态”上最大的一个特点，便是边缘、交叉“形态”的丰富。仅以谈话类节目为例，时事类、社会类、娱乐类几种主要谈话“类型”以外，又出现了时效性与娱乐性交叉结合、社会性与情感性交叉结合、娱乐性与新闻性交叉结合的多种“形态”，这对反映、表现社会生活本身的丰富性、复杂性，满足百姓观众日益多样的需求是非常有益的。又如“语言”的丰富。电视语言本身就相对复杂多样，除文字性语言外，更有“视”与“听”的多种语言并存，这些年来随着电视技术水平的提高，电视从业者对电视语言的开发越来越充分，像画面构图、声音录制、特技处理、动画处理、灯光照明等方面已较为成型，仅从一年一度的电视春节联欢晚会的“语言”变化便可清晰地看到电视语言日益丰富多样的发展轨迹。电视技艺、技术层面的丰富性、多样性，对相关部门艺术的生产也产生了多方面影响。这不仅体现为各种艺术样式与电视结合后产生的新的类型、形态（如音乐电视MTV、相声TV，还有戏剧小品电视化后的电视小品等）的多样，更体现为各种艺术样式受到电视的类型、形态、叙事方式与语言方式影响所产生的变化的多样，这从戏剧、电影、音乐、舞蹈等多种艺术样式的极具“时尚”的生产方式、表现方式中可以看出。

从社会层面来看，电视传播艺术研究关注电视生产与传播对社会的影响力和感染力。这与艺术事业的普遍追求是一致的，即通过生动、感人的艺术产品的生产与传播，吸引社会注意，引发受众的兴趣，并对社会、对受众产生较强的辐射。由于电视的生产与传播对于社会、受众的较大依赖（例如无线电视频道的收益和再生产，需要较高收视率的实现，以达到较好的广告收益，扩大电视节目再生产的能力），所以电视生产传播便自然产生了许多吸引社会注意、引发观众兴趣的思路、方法、方式与手段，这对于其他艺术部门、领域来说是有很大借鉴、参考价值的。如电视节目生产与传播中“卖点”的选择、设计与推广。电视剧中情节的“卖点”、人物的“卖点”、历史背景与现实背景的“卖点”、创作班子的“卖点”等的选择、设计与推广，对于有效提高电视剧收视率、达到预期收视效果是至关重要的。其他各类节目、栏目的情形也大致相同。再如与社会“热点”的联结。电视节目的生产与传播，不等于完全自我地进行“创作”，要达到较好的社会效果，必须要对当下社会思潮、社会心理、社会心态的变化有所把握，并将电视节目的生产与传播，自觉地与当下社会的“热点”相联结，这将产生“事半功倍”的效果。即使像历史题材电视剧，如果能与当下社会“热点”相暗合，便可以达到预期目标甚至超过预期目标。又如播出“时机”的选择与设置。电视节目的生产与传播与日常生活紧密相连，已经构成了广大观众的“第二重生活空间”或构成了“媒介现实”，因此，如何处理好现实生活本身与“媒介现实”之间的对应，是电视从业者必须思考与实践的。一个好的电视节目，还需一个好的播出“时机”的选择与安排，方能达到更佳的效果。像大型电视纪录片《香港沧桑》在香港回归祖国前一段时间的播出、大型电视纪录片《孙中山》在辛亥革命90周年纪念日前后的播出，都因选择、设置了极好的播出“时机”，而收到了极好的收视效果，获得了超出意料的社会反响。这对于传统艺术部门、领域的生产与传播格外有借鉴、参考价值。

从观念层面来看，电视传播艺术研究关注电视生产与传播中各种新的观念的梳理与总结。不少新观念对于相关艺术部门也是富于启发意义的。如关于电视节目作为“宣传品”和“作品”的观念。一方面，电视节目需灌注正确的思想导向、正确的舆论导向，即承担着重要的“宣传”使命，是一种“宣传品”；另一方面，电视节目也需融入创作者、制作者主体独特的视点、观点、个性，融入创作者、制作者独特的“发现”、观察与理解，即电视节目同时也应成为一个很有个性风格的“作品”。将“宣传品”与“作品”有机融为一体的观念，是这些年电视生产与传播逐渐清晰、逐渐在实践中体现的一种电视节目创作、制作观念。再如关于电视节目作为“作品”和“产品”的观念。一方面，电视节目是一个有个性风格的“作品”；另一方面，电视节目还应成为一个有市场价值、受观众欢迎的“产品”。一个好的电视节目不仅应是一个好的“作品”，还应同时成为一个好的“产品”。这样，作为“宣传品”“作品”“产品”都达到较高水平的电视节目才是一个较为完整的、好的电视节目。这实际上体现了政治性、艺术性与市场性的结合，这种观念在今天的艺术生产与传播中具有广泛适用性，具有普遍的意义与价值。

（三）对于推进其他领域“传播艺术”实践的价值

电视传播艺术研究关注电视与其他领域如政治、经济、文化、科技、教育等多方面的关系，也关注从其他领域“传播艺术”实践中吸取有益的成分。从电视与其他领域“传播艺术”实践的互动关系来看，在以下几方面体现得较为充分。

电视传播艺术研究的成果，可为其他领域“传播艺术”实践提供新的素材。电视传播艺术既是“传播艺术”的一种，有“传播艺术”共同的规律，也有自己独特的个性特征。电视传播艺术研究的新的成果，虽然主要是面对电视传播艺术实践，但其技艺、技术，其与社会的沟通互动，其思维方式等，都为其他领域“传播艺术”实践提供了可资借鉴、运用的新的素材。如长期对电视进行思考与实践的电视业管理者，对于电视传播艺术的很多极有针对性的梳理、概括，不仅对于电视传播艺术实践具有指导意义，对于其他领域“传播艺术”实践也有相当的借鉴价值。像电视突出的特点是“可视性”，而这“可视性”又具体体现为“三性”“三感”，即

"针对性、形象性、时效性"和"现场感、对象感、参与感"等①；像对电视改革中观念变化的梳理、概括，"把单向传播变为多向传播""把灌输式宣传改为启发式宣传""改回避问题为敢抓群众关心的问题""改'后发制人'为'先发制人'"②等，这些梳理、概括对于总结电视传播艺术规律起了很大的推动作用，相信对于其他领域的"传播艺术"实践也有一定的参考价值。

其他领域的"传播艺术"实践需要电视的参与、介入。由于电视已成为当今时代最具影响力的大众传播媒介，在这个信息时代，政治、经济、文化、科技、教育等众多领域的"传播艺术"实践，已不可能脱离电视传媒而存在，也就是说，其他领域"传播艺术"实践的成功，离不开电视传媒的参与、介入，只有这样，这些领域的信息才能充分得以传达。于是，就有了这样一个问题：其他领域如何利用电视传媒的参与、介入，才能达到较为理想的"传播艺术"效果呢？如政治领域，政治领导人通过电视的"形象塑造"，可以大大提高其知名度、影响力。电视直播、转播政治领导人的活动和言论，已经成了当今政治生活、政治领域里一个不可或缺的有机组成部分。在西方，每次美国总统大选过程中，都会以"电视辩论"达到一个高潮，对选举结果影响甚巨。许多西方著名政治领导人通过电视的参与、介入，而树立了极有魅力的"电视形象"。中国电视除了转播我们的党和国家领导人的日常政治性活动外，还利用新年、春节等特别节庆日发表领导人的"电视讲话"，重大的政治性活动甚至通过电视向全球直播，如中美两国元首的中外记者招待会直播，人大、政协会议的领导人讲话的直播等，都为人们熟悉领导人进而受到感染、影响做出了不可替代的贡献。恰如有的电视业管理者将电视称为"领导人步入世界政治舞台的桥梁"③。在这里，政治的"传播艺术"与电视传播艺术是相互交融在一起的。而世界贸易组织（WTO）的活动、"《财富》论坛"、亚太经济合作组织（APEC）的活动等重大经济活动，为达到预期目标，也需借助电视的参与、介入。仅以上海2001年的"《财富》论坛""APEC"的电视转播为例，由于电视介入、参与，这些重大经济活动在亚洲乃至世界的影响日益加深，在这里，经济领域的"传播艺术"也与电视传播艺术相互交融在一起。而说到一年一度的奥斯卡颁奖典礼、四年一度的奥林匹克运动会的开幕式及比赛、一年一度的维也纳新年音乐会等的电视转播，

① 杨伟光．电视改革论集［M］．北京：人民出版社，1995：27.

② 杨伟光．电视改革论集［M］．北京：人民出版社，1995：44-48.

③ 杨伟光．电视改革论集［M］．北京：人民出版社，1995：153.

对于推动文化体育事业的影响，起到了多么重要的作用，这是有目共睹的。在这里，文化体育领域的“传播艺术”也是与电视传播艺术相互交融在一起的。

电视传播艺术可直接带动乃至“整合”其他领域“传播艺术”的实践。社会生活的各个领域都在适应着现代传播媒介的生存环境，去推行各自的“传播艺术”实践，电视的巨大影响力对于各领域“传播艺术”实践的推行有着独特的价值和作用，即电视可以用自己的方式去带动乃至“整合”其他领域的“传播艺术”实践。如一年一度的“3·15”特别行动，为调整经济领域的生产者与消费者的关系提供了一个极佳的“传播艺术”实践平台；一年一度的电视春节联欢晚会，对各艺术表演部门的成果展示是一个非常好的机会；“大讲堂”“讲坛”等节目、栏目的出现，为展现各学术、学科领域的专家、学者的风采创造了一个独特的形式；在中央电视台《爱心世界》、湖北卫视《阳光行动》等电视栏目，还有凤凰卫视的《生命20小时》的直播节目中，我们可以感受到电视传播艺术的实践，对于慈善、救济、爱心奉献等社会公益事业的“传播艺术”实践的带动与整合。

电视传播艺术研究的深入，既是对电视理论与实践的梳理与整合，也有助于相关新闻传播事业、艺术事业的理论与实践的建构与发展，而且对其他领域的“传播艺术”的理论建设与实践推动产生着积极的影响，起着重要的乃至不可替代的作用。因此，开展电视传播艺术的研究，无论在理论上还是在实践上都有着十分重要的意义。

中国电视传播艺术的研究作为一个较为完整、独立的研究领域、研究对象，如何进一步得到系统、深入的研究，笔者认为有三个难点需要突破。

首先，究竟什么是“电视传播艺术”？其内涵、外延怎样界定？“中国电视传播艺术”特定的内涵、外延是什么？研究对象的准确界定，是展开学术研究的基本前提。尽管相关研究已对“电视传播艺术”广泛涉及，真正为“电视传播艺术”做一较为科学、合理、准确的界定，回答“是什么”的问题绝非易事。如果将“电视传播艺术”从电视生产与传播的技术、技巧层面去思考，将“电视传播艺术”视为“电视传播”与“电视艺术”共同遵循和采用的一些技术、技巧，如节目内部的结构、样式、叙事节奏以及节目的播出时机、时段安排、编排策略等内容，这样的理解显然是狭窄的，因为从这种理解中，难以看出电视生产与传播全过程中的许多重要元素，如对于节目生产与传播的运作、管理，传播主体视点的渗透，以及节目的宣传、推广乃至营销等。那么，什么样的内容、什么样的概念可以涵盖这些元素呢？如果将“电视传播艺术”与更具整体意义的“电视策划”相联结，由于“电视策划”包括了对于电视发展的“战略、策略、战术”各个层面的策划，这样，“电视传播艺术”就可以被界定为“对于电视传播内容的策划，包括战略、策略、战术等层面”。但这一界定问题还是不小的：既然“电视传播艺术”可以等同于“电视策划”，或等同于“电视发展战略、策略、战术”，那对它的界定还有什么意义，用“电视策划”取而代之不就可以了吗？看来，这样的界定还是不能够揭示“电视传播艺术”的独特内涵。

症结还是在于：如果电视生产与传播的全过程都能被纳入进来，必须寻求其每一个环节的共性，这一共性是什么呢？笔者发现，“处理”是所有环节的共性，不论是电视传播，还是电视艺术；不论是生产过程，还是传播过程，都需要进行富于电视特色的“处理”。而能够称得上“艺术”的必然是“创造性处理”，因为艺术的天职便是“创造”。“创造性处理”，不就恰恰是可以包容电视生产与传播各环节的共同特质吗？所谓“电视传播艺术”，其核心不就是传播主体为达到预定目标，对特定传播内容所进行的电视化的“创造性处理”吗？

既然“创造性处理”成为“电视传播艺术”的内涵，那么在电视生产与传播全过程中，每一个重要部分的“创造性处理”，也都成了“电视传播艺术”的构成部分。而“中国电视传播艺术”的表述，也因“电视传播艺术”内涵的界定可以较为清晰地显现出来。

其次，为什么要进行“电视传播艺术”的研究？这里又有实践的和理论两方面的考虑。

从实践方面来看，电视的生产与传播是一个完整的有机体，但由于内部分工细密，各个部门、工种、环节各有其相对独立的工作范围和分工特点，既需要各部门、工种、环节各自发挥其“传播艺术”特点，又需要形成、发挥“电视传播艺术”的综合的合力，才能实现、达到较好的传播效果、传播理想目标。此外，直观地来看，从事“非虚构”类内容生产与传播的部门、工种、环节，与从事“虚构”类内容生产与传播的部门、工种、环节由于差异较大，而形成完全不同的思路、特点、方式与方法，这需要共同的“电视传播艺术”规则去协调。还有一点，由于电视生产与传播面临着复杂的政治、经济、社会、文化等环境、条件、背景等具体生存境况，如何在适应特定生存境况的前提下，发挥最大的传播效益，这也是需要“电视传播艺术”来研究和探索的重要问题。

从理论方面来看，一个理论框架的建构，要有足够的合理性，便要有普遍的适用性；要有足够的说服力，便要有一定的现实性；要有足够的学术价值，便要有一定的创新性。从合理性角度来看，“传播艺术”既存在于电视领域，也存在于相关传播和艺术领域，还存在于其他社会生活各个领域，因此具有普遍的适用性。从说服力角度来看，“电视传播艺术”有着扎实的电视生产与传播的现实存在依据，能够解释电视生产与传播的全过程，“电视传播艺术”水平的提高，可以有效推进电视生产与传播水平的提高。正如马克思主义经典作家所说：“哲学家们只是以各种方式解释世界，但重要的是改造世界。”[①]“电视传播艺术”研究也在努力寻求既能“解释”电视生产与传播实际，又能“改造”电视生产与传播状况的道路。从学术价值角度来看，“电视传播艺术”研究从学术研究的领域、思路、方法等多个方面都体现出理论创新的追求。

最后，怎样进行电视传播艺术研究？这需要对“电视传播艺术研究”的学科属性、学科特质、研究方法进行较为清晰的整理与把握。

从学科属性和学科特质来看，电视传播艺术研究既有应用学科的一面，又有基础学科的一面。从总体上看，具有“应用哲学”的一些特质。正如有学者所说：“应用哲学……主要是研究人们如何应用哲学的理论和方法，揭示特定对象的普遍本质和一般规律，或是研究事物发展的一般规律在特定对象中的展现或存在（表现）方式，亦即一般规律的特殊形式。……具体说，它要研究一般的哲学理论、特定对象、人的特定目的（价值目标）的具体结合域，通过对其如何结合的研究，揭示和把握特定对象的普遍本质和运动规律，形成特定对象的哲学观和哲学方法论。……可表现为对某个重大实践课题的哲学分析或对某个发展战略、长远规划、行为方案的哲学思考。”[②]电视传播艺术研究从总体上看，着力于哲学性地思考电视生产与传播过程中的一般运动规律，思考各个特定的领域、环节上的各种具体关系。

此外，电视传播艺术研究也是处于中介、交叉地带的一门学科。因此，努力地发现电视生产与传播过程中各个不同环节、领域的中介、交叉地带，并寻求对立统一，是这一研究所需要的。

从研究方法来看，电视传播艺术研究本身对象的丰富性，决定了需多种学科、

① 恩格斯 . 路德维希·费尔巴哈和德国古典哲学的终结［M］. 北京：外文出版社，1976：65.

② 郭国勋 . 简论应用哲学的对象、特征和主要任务［J］. 辽宁大学学报（哲学社会科学版），2001（1）：1-5+111. 转引自《新华文摘》，2001 年第 6 期。

多种方法并用，而其中整体性、主体间性、合理性、选择性等方法与思路尤为重要。著名历史学家汤因比曾说过："为了深刻理解现代世界，并应付它，……专门化是一种不好的倾向。……我们是生活在需要有整体观念的时代。"[①]（重点号笔者加）着眼于电视生产与传播的整体，是电视传播艺术研究应采用的方法。再如有学者所说："哈贝马斯（Jurgen Habermas）的'交往理性'概念、霍尔（S. Hall）的'编码—解码'理论以及由此展开的一系列论说，实现了主体性思维的转换，即告别主客对立意义上的单一主体，转向'主体间性'（intersubjectivity），一方面坚持主体间存在的差异性和多元性，另一方面强调交往、对话和理解是弥合主体间差异的基本方式。"[②]这意味着在电视生产与传播过程中，存在着多重有思想、有生命、有创造力的主体，因此对"传播主体"的理解也应是多元的理解。而"合理性"是阐释、研究电视传播艺术的又一重要方法，正如有学者所说："理性是与客观事实相应的概念，无法应用于情感、意志以及受此二者支配的行为；合理性则是与主观的价值选择相应的概念，恰好应用于情感、意志和行为。"[③]作为有鲜明民族性、本主性的电视传播艺术，必然会以主体明确的"价值目标"来实施其具有创造性的各种行为，因此，"合理性"的方法是适用于这一研究的。"选择性"同样强调主体的选择的重要意义，有学者在社会学研究中，感受到"在'主体建构社会实在'中，主体如何为自己选择方向以及如何行动，再度因主体愈益丰富、活跃的领悟能力及创造力而成为社会理论分析的核心与焦点"[④]（重点号笔者加）。同样，电视传播艺术研究对于主体在特定情境下的富于创造力的各种"选择"性行为是非常关注的。

作为一个较为完整、独立的研究领域，电视传播艺术研究如能解决内涵与外延的界定、研究目的与意义、研究方法等问题，则将得到较大的突破与发展。

---

① 参见汤因比，池田大作．展望二十一世纪：汤因比与池田大作对话录［M］．荀春生，朱继征，陈国梁，译．北京：国际文化出版公司，1985.

② 单波．在主体间交往的意义上建构受众观念——兼评西方受众理论［G］// 中国社科院新闻研究所，河北大学新闻学院．解读受众：观点、方法与市场——全国第三届受众研究学术研讨会论文．保定：河北大学出版社，2001：82.

③ 孙慕天：知识的不同维度：理性的、合理的和理想的［J］．哲学动态，2000（4）：36. 转引自《新华文摘》，2000 年第 5 期。

④ 景天魁，罗红光，张宛丽，等．2000 年社会学在中国——研究进展状况及热点难点问题［J］．社会学研究，2001（2）：106-122. 转引自《新华文摘》，2001 年第 7 期。

第二章 中国电视传播艺术的道路选择："全球化"语境下的"本土化"资源开掘

中国电视传播艺术的实施，是伴随着时代的变革、电视媒体的变革而不断变革着的。特定的生存环境决定了它的特定的道路选择。目前，"全球化"已成为我们时代共有的语境，当然也就成了中国电视传播艺术所面临的特定的语境。中国电视传播艺术在"全球化"语境下，该做出怎样的道路选择呢？笔者认为应当在清醒地把握"全球化"实质的基础上，自觉地探求、充分地开掘我们拥有的独特而丰富的"本土化"资源。

第一节 "全球化"与"本土化"问题辨析

什么是"全球化"？什么是"本土化"？"全球化"与"本土化"的关系如何？"全球化"对于"本土化"会带来怎样的冲击和影响？在"全球化"语境中"本土化"的应对策略是什么？这是我们首先要面对的问题。

一、对"全球化"与"本土化"内涵与外延的理解

马克思主义经典作家早在19世纪即从资本主义社会发展趋向的角度，预见到"全球化"的可能。在《共产党宣言》中，马克思、恩格斯发表了一段经典文字："资产阶级，由于开拓了世界市场，使一切国家的生产和消费都成为世界性的了。……过去那种地方的和民族的自给自足的闭关自守状态，被各民族的各方面的互相往来和各方面的互相依赖所代替了。物质的生产是如此，精神的生产也是如

此。各民族的精神产品成了公共的财产。民族的片面性和局限性日益成为不可能，于是由许多种民族的和地方的文学形成了一种世界的文学。”[①]马克思、恩格斯这段经典文字中所说的“世界市场”更多指经济的发展状况，而“世界文学”则包括了科学、艺术、哲学诸多方面，大体指的是“世界文化”之意，实际上这段文字已昭示了经济、文化的“全球化”的可能性趋向。

关于“全球化”与“本土化”化的内涵、外延的理解，许多学者发表了不同的意见与观点。

法国学者阿芒·马特拉（A. Mattelart）从词源学意义上对此做出了分析，他认为“国际化”（international）这个词出现在19世纪末期，是英语文化概念的表达，后来演变成“全球化”（globalization）。而在拉丁语系的语言表达中是“世界化”（mondialisation），这个概念仅仅反映了地理扩展的现实，而“全球化”则要复杂得多，它标明一个重新组织世界的设想，实质是提出全球意识形态的全球化，即“商业表达的自由”，这是与“公民表达的自由”相对抗的，前者是为了让全球经济的施动者更多地渗透可能存在的社会空隙。[②]马特拉的这个理解从词源学意义上区分了“全球化”与“国际化”“世界化”的关系，并赋予“全球化”以“复杂得多”的内涵，即除去“地理扩展的现实”（跨国、跨地区的扩展——笔者注），还通过经济扩展（“全球经济的施动者”的经济活动——笔者注），实现社会、政治领域的扩展（“意识形态的全球化”）。

马特拉还进一步在历史发展的描述中，将“全球化”与“美国化”的概念相联系。马特拉认为，“美国化”概念的出现，发生在“美国占领古巴、菲律宾和夏威夷的军事行动中”[③]，正是伴着“军事入侵”的步伐，“美国化”同时体现为“文化工业的入侵”。而事实上，“历史上第一个‘全球化社会’是美国，它是技术革命的主要普及者。它是一个比别的社会‘传播’得更多的社会，因为世界传播总量的65%源于美国，美国在世界上的信息网点布局更先进。但特别是它是唯一成功提出现代

① 马克思，恩格斯．共产党宣言［M］// 中共中央马克思恩格斯列宁斯大林著作编译局．马克思恩格斯选集：第一卷．北京：人民出版社，1972：254-255.

② 阿芒·马特拉的观点，转引自阿芒·马特拉．世界传播与文化霸权：思想与战略的历史［M］．陈卫星，译．北京：中央编译出版社，2001：8.

③ 阿芒·马特拉．世界传播与文化霸权：思想与战略的历史［M］．陈卫星，译．北京：中央编译出版社，2001：288-289.

性全球模式、行为图式和普遍价值的国家”[①]。

马特拉的上述理解清楚地说明，“全球化”是与世界上经济最发达的国家——美国不可分割的，由于美国靠着强大的军事、科技、信息传播及经济实力，大举向世界、向全球进行扩展、扩张，而使“全球化”愈演愈烈。从这个意义上看，“全球化”某种程度上等于“美国化”。这种理解是相当清醒的一种认识。

从信息传播带来的全球性社会关系变化的角度来看，英国学者吉登斯（A. Giddens）将这一过程称为“时空的拉大”。他对全球化的定义是“加强将相距遥远的地区联系起来使当地发生的事情与数英里以外的事情相互影响的世界范围的社会关系”[②]。

而著名传播学者麦克卢汉若干年前即描述了由信息传播技术的改变而带来的“地球村”的形成，事实上也是“全球化”的形成。他指出：“在经历了一个多世纪的电子技术的发展之后，我们已在全球范围内使中枢神经系统得到延伸，在全球范围内消除了时空差别。目前我们正在很快地接近人的延伸的最后阶段——意识的技术模拟阶段。在这个阶段，知识的创造性过程将被集体地、共同地延伸至整个人类社会，如同我们已通过各种媒介使感官和神经系统延伸一样。”[③]麦克卢汉进一步指出：“电子媒介造成的重新部落化，正在使这颗行星变成一个环球村落”[④]，“全球村是一个丰富的、富有创造性的混合体。这里实际上有更多的余地，让人们发挥富有创造力的多样性。”[⑤]

还有的学者从“全球问题”和对此的思考方式入手，对“全球化”进行研究。意大利学者M. I. 康帕涅拉就认为：“全球化不是一种具体、明确的现象。全球化是在特定条件下思考问题的方式。”[⑥]20世纪80年代后期，欧洲委员会成立了由专家组

① 阿芒·马特拉．世界传播与文化霸权：思想与战略的历史［M］．陈卫星，译．北京：中央编译出版社，2001：142.

② 吉登斯语，转引自尼古拉斯·阿伯克龙比．电视与社会［M］．张永喜，鲍贵，陈光明，译．南京：南京大学出版社，2001：110-111.

③ 麦克卢汉语，转引自何道宽．媒介即文化——麦克卢汉媒介理论批评［J］．现代传播－北京广播学院学报，2000（6）：25-31.

④ 麦克卢汉语，转引自何道宽．媒介即文化——麦克卢汉媒介理论批评［J］．现代传播－北京广播学院学报，2000（6）：25-31.

⑤ 麦克卢汉语，转引自何道宽．媒介即文化——麦克卢汉媒介理论批评［J］．现代传播－北京广播学院学报，2000（6）：25-31.

⑥ 参见景天魁，罗红光，张宛丽，等．2000年社会学在中国——研究进展状况及热点难点问题［J］．社会学研究，2001（2）：106-122. 转引自《新华文摘》，2001年第7期。

成的里斯本小组，对"全球化问题"进行专题研究，该小组学者提出："我们对全球化做出如下解释：全球化涉及的是组成今天世界体系的众多国家和社会之间各种联系的多样性。它描述的是这样一个过程，在这个世界部分地区所发生的事件，所作出的决策和行动，可以对于遥远世界其他地区的个人和团体产生具有重大意义的后果。全球化包括两种不同的现象，即作用范围（或者扩大）和强烈程度（或者深化）。"[①]

海外著名学者成中英先生从哲学角度对"全球化"与"本土化"做出深刻的阐释："21世纪显然是现代人类文明的全球化与本土化同时加速发生与强烈激荡的世纪，它代表了现代科技理性的逞强用势与权利的恣情驰骋，这是一种历史趋势，但也是一套构筑。始作俑者是科技与权利，但人文的觉醒与人性的自我保存却因之逐渐兴起，形成一种成长理性与自由的平衡，这就是本土化的时代感受与使命。……全球化代表经济理性与科技理性的实践，同时也具有政治权利普遍化的作用；本土化代表历史理性与文化理性的自保，同时也具有信念差别化的坚持。"[②]这一阐释看到了"全球化"与"本土化"背后不同的价值目标与理性特质。

美国全球化理论学者、哈佛大学肯尼迪政治学院院长约瑟夫·奈则从综合的视角对"全球化"做了较为全面的描述与阐述。他认为"全球化"有多层含义：第一层是经济领域，可称为经济全球化，指商品、服务、资金、信息远距离的流动；第二层是环境方面，在空中或海洋里远距离的物质传送，影响全球环境，包括艾滋病、酸雨等对全世界的影响；第三层是军事全球化，使用武力的危险促使了军事上的联系；第四层是社会与文化的交流，包括宗教的传播和科学知识的推广；第五层体现在其他领域，如政治、法律、娱乐、时尚和语言等方面。[③]将这几个方面、层次综合起来，可以认为，"全球化是自近代社会以来，以生产力的迅猛发展和科学技术水平的快速提高为动力，人类不断地跨越空间障碍及制度、文化等社会障碍，在全球范围内逐步实现物质的和信息的充分沟通，不断取得共识，在众多领域制定

① 参见景天魁，罗红光，张宛丽，等．2000年社会学在中国——研究进展状况及热点难点问题［J］．社会学研究，2001（2）：106-122．转引自《新华文摘》，2001年第7期。

② 成中英．21世纪中国哲学走向：诠释、整合与创新［J］．中国社会科学院研究生院学报，2001（6）：3-9+110．

③ 吴迎春．如何面对经济全球化［J］．人民论坛，2000（7）：12-13．转引自初广志．加入WTO对中国新闻传播业的影响及对策［M］．西安：陕西人民教育出版社，2001：10．

共同遵守的规则，采取共同行动的过程”①。

综上所述，“全球化”与“本土化”是相辅相成、相互影响并相互作用的一对矛盾。从内涵上来看，“全球化”意味着全球共同遵循的规则、普遍认同的律条；“本土化”则意味着相对独立的规则，富于个性、特殊性的存在。没有全球化的发生，也就无所谓“本土化”的对应。从外延上来看，“全球化”与“本土化”的对峙与协调，涉及经济、法律、政治、军事、科技、文化等众多方面、领域，形成了当今世界各个层面不可回避的一种现实语境。

“全球化”与“本土化”互为前提、互为条件、互为结果，换言之，“全球化”是造成“本土化”对应的前提、条件，也是造成“本土化”对应的结果；而“本土化”对应既是形成“全球化”的前提、条件，也是形成“全球化”的结果。

“全球化”与“本土化”的对峙与协调，既体现在物质层面的交流、交易、交换，也体现在制度层面的碰撞、磨合、妥协，更体现在价值层面的对立、撞击与沟通。

二、“全球化”的冲击与影响

“全球化”到底对人类社会生活产生了哪些深刻的冲击与影响？这也是许多人已经和正在思考的问题。

不论是马克思对于“世界市场”与“世界文学”的描述，还是麦克卢汉对于“全球村”的描述，笔者想，都表达了一种对“全球化”所带来的人类共有财富、共有世界的美好期待与向往。的确，“全球化”所带来的技术、信息、财富的交流，所带来的政治、法律、社会风尚的交流，所带来的价值观念、文化、人类思维与心灵的交流，改变了我们世界的形貌，改变了人类的生活方式，也极大影响着我们深层价值观念的变动。其积极的、富于建设性的效应既是一种事实，也是应当给予高度肯定和高度评价的。

但“全球化”毕竟并不仅仅是生活层面、物质层面的一般性交流，不少学者认为，“现今‘历史的终结’和‘文明的冲突’之间的辩论只涉及我们想要探讨的

① 周春明．经济全球化与中国的战略抉择［M］．北京：中国方正出版社，2000：3. 转引自初广志．加入 WTO 对中国新闻传播业的影响及对策［M］．西安：陕西人民教育出版社，2001：10.

‘问题’的表面。资本主义得胜了，许多人以为自由民主制将被全球普遍接受，因此曾产生过欢欣鼓舞，可是这种欢乐好景不长，是短命的。‘全球村’充其量也只是一种想当然的景象，它的出现实际上象征着区别、差异和公然的歧视。人们希望经济全球化所产生的结果或者所带来的机会将会造成平等，这是想得太简单了。从财富和权力的分配以及获取信息和知识的条件来看，世界的分裂超过以往任何时期。从家庭到民族各个层次上的社会分解，成为世界各地的严重问题。自由民主制即使说作为一种理想已被世界其余各地许多人接受，但是硬说它将自然而然成为国际政治中唯一主导潮流，那也只是一厢情愿而已”[①]。

张西明先生为“全球化”带来的文化“趋同化”而担忧，他指出：“在全球化时代，如何保持自身文化的精华与精神，不使我们的后代一天天在‘大众’‘流行’之类的旗号下餐饮着‘垃圾餐文化’长大，最后竟然在不知不觉中失去了自己文化的‘根’，实在是一个必须未雨绸缪的大问题。这样的问题，历史悠久、文化深厚、经济发达的欧洲遇到了，现在也警醒了，但并没有解决好。我们一个刚刚‘入世’，涉‘世’不深，且经济社会发展还在‘初级阶段’的大国，从今以后更要时时面对这样一个长期的历史性课题，并且需要有更深切的关注和更见微知著的智慧。”[②]

“全球化”所可能带来的文化“趋同化”“同质化”的效应，尽管在学界也有争议，但不管会不会“同质化”，可能产生的“负面效应”却是几近一致的结论。印度人类学家阿尔琼·阿帕多拉伊（Arjun Appadurai）就曾指出：“文化全球化与文化同质化不是一回事。但是全球化包含着一种同质化工具的多样性运用（军备、广告技术、语言和衣着方式的霸权），它们被吸收在经济政策和地方文化中，仅仅是为了流回本国，好比不同国家主权之间、自由企业和原教旨主义之间的多边对话，其中国家扮演一个越来越微妙的角色：对全球信息流量开放太多，民族国家受到反叛的威胁；开放得越少，国家偏离国际舞台……”[③]

在“全球化”语境中，文化问题总是最敏感，也最易引发争议的领域。有学者认为，“全球化”的结果是有可能形成“全球化文化”。所谓“全球化文化”，

---

① 杜维明：《多种现代性：东亚现代性涵义初步探讨》，见塞缪尔·亨廷顿，劳伦斯·哈里森.文化的重要作用——价值观如何影响人类进步[M].程克雄，译.北京：新华出版社，2002：375.

② 张西明.传媒帝国的诱惑［J］.读书，2002（3）：121-126.

③ 阿芒·马特拉.世界传播与文化霸权：思想与战略的历史［M］.陈卫星，译.北京：中央编译出版社，2001：250.

"意味着存在世界上大多数国家共有的一种共同文化，这种共同文化是来自各民族各地区的文化以某种方式合并形成的"①。尽管"文化的全球化与文化的类同化（homogenization of culture）不是一回事"②，但"事实上，作为全球化文化的把关者，民族政府面临越来越多的困难。一方面，它们必须加快适应国外的文化变迁，但是，另一方面，它们需要保留本国文化遗产中的一些因素"③。

面对"全球化"带来的冲击与影响，各个国家和地区，尤其是发展中国家和地区是非常警觉的。而所谓"第二世界"的国家和地区，已有了许多对抗式的反应。如人们已看到"像加拿大这样的国家面临来自美国的媒体文化的大举'入侵'，有失去其身份属性的危险"④，更为显明的例子是，"当法国政府与沃尔特·迪斯尼公司签订合同在法国修建一家欧洲迪斯尼乐园的时候，法国知识分子抱怨说，迪斯尼人物将会污染法国的文化资源，称其为'文化的切尔诺贝利'（Greenhouse，1999）。当迪斯尼的董事长来到巴黎证券交易所启动股票上市的时候，左翼游行示威者向他投掷了鸡蛋和调味番茄酱"⑤。

中国的学者对"全球化"所带来的危险也有着清醒的认识。有学者指出："在看到目前全球化带来的资源全球化配置与财富总量增加及相应的发展机会潜在增多的同时，更应看到，全球化为'赢家通吃'扩大了舞台，它本质上由强者主导并为强者服务。中国作为一个发展中的大国，既然不能置身于全球化之外，并勇于迎接其挑战，则理应多警惕国际处境被边缘化和国家主权被瓦解的危险，应多研究趋利避害的对策。一句话，恰如李斯特批判了大同式世界主义体系，我们也决不应该将全球化浪漫化。"⑥

对于"全球化"带来的冲击与影响，不论是正面效应还是负面效应；不论是经

① 戴安娜·克兰．文化生产：媒体与都市艺术［M］．赵国新，译．南京：译林出版社，2001：164-165.

② 戴安娜·克兰．文化生产：媒体与都市艺术［M］．赵国新，译．南京：译林出版社，2001：164-165.

③ 戴安娜·克兰．文化生产：媒体与都市艺术［M］．赵国新，译．南京：译林出版社，2001：164-165.

④ 戴安娜·克兰．文化生产：媒体与都市艺术［M］．赵国新，译．南京：译林出版社，2001：164-165.

⑤ 戴安娜·克兰．文化生产：媒体与都市艺术［M］．赵国新，译．南京：译林出版社，2001：164-165.

⑥ 梅俊杰．后进国发展理论的先声——弗里德里希·李斯特发展学说评估［J］．学术界，2002（1）：219-230.

济层面还是政治、文化层面；不论是"同质化"还是"非同质化"；不论是强对弱的辐射还是弱对强的对应，对于特别是发展中国家和地区来说，要完成"全球化"冲击与影响下"本土化"体系的建构，"趋利避害"看来是基本的思路与方式。当然，如能使本国家、本地区、本民族传统的、现代的各种优势资源得以充足的开掘、发挥，能对以经济发达国家和地区为主导的"全球化"产生反辐射、反作用、反冲击与反影响，那将形成真正相对公平、合理的国际经济、政治、文化、传播的秩序，形成"多样化""多极化"的经济、政治、文化和传播的格局。

三、"全球化"语境中"本土化"的应对策略

"全球化"往往又被理解为"现代化"，因为其始作俑者和主导者是少数发达国家，少数发达国家的先进的科技、经济、军事等被人们认定为"现代化"的标志，面对这种"现代化"的冲击和影响，"在人们应对现代化带来危机的过程中，他们的行为肯定带有明显的文化烙印，它可能带来五种不同的反应方式"①，这是德国学者哈拉尔德·米勒所描述的："其一，完全适应变革，接受新的生活方式"；"其二，寻找妥协的中间发展道路，使'新旧'文化之间达成某种动态平衡"；"其三，身处危机之中，虽欲摆脱困境，但由于知识技能方面的限制，不可能主观进行克服危机的尝试，在随波逐流中被动适应周边环境的变迁，同样是尽可能地在学会的常规行为和新的事实压力之间寻找平衡点，并因此产生文化价值的转变"；"其四，这种反应方式与前面三种有很大的不同，在这里，基于对传统文化的深刻理解和体会。人们面对现代化的挑战，不是将传统文化一股脑地扔进历史的垃圾堆里，而是依托它作为保护自己的盾牌，用以反击来势汹涌的外来文化的侵害"；"其五，这种反应方式通常和第四种方式相伴出现：对外来文化是有攻击性的排斥行为。对传统文化认同的挑战被拟人化地寄附在一个'外敌'身上，并通过它明确呈现出来——西方文化、美国、跨国康采恩、犹太复国主义、伊斯兰教、大量的外来移民等等都是'外敌'的具体形式。"②

米勒的这番描述对"全球化"与"本土化"之间的关系做了几种情形的分析，

① 哈拉尔德·米勒．文明的共存——对塞缪尔·亨廷顿"文明冲突论"的批判［M］．郦红，那滨，译．北京：新华出版社，2002：67-70.

② 哈拉尔德·米勒．文明的共存——对塞缪尔·亨廷顿"文明冲突论"的批判［M］．郦红，那滨，译．北京：新华出版社，2002：67-70.

实际上也是面对“全球化”语境，“本土化”的几种应对方式。

在冯天瑜等先生所著的《中华文化史》一书中，对中华文化面临现代化的选择进行过深入分析。书中将费正清等西方汉学家的“冲击—反应”论和中国学者“中国文化本位”论做了比较，“‘冲击—反应’模式描述的情形是：中国社会、中国文化是个陷入惰性、停滞不前的体系，缺乏内部动力以突破传统框架，只有当西方文化的巨大外力对这个体系发起冲击，中国社会和中华文化才被迫做出反应，一步一步向近代演进”，[①]而“‘中国文化本位’模式则强调中华文化与西方文化走着迥然不同的路径，中华文化既无可能也无必要向西方文化学习，中华文化的传统无须改造，她的固有价值体系的全面弘扬便能给中国甚至世界带来美好前景”[②]。

在影视等传播文化领域，“全球化”语境中的“本土化”问题已引起了学者们高度的重视和警觉。

黄会林先生在她主编的《中国影视美学》丛书总序《中国影视美学建设刍议》中这样指出：“目前，由于卫星电视、互联网络的发展，世界范围内的文化交流和融合正在加速。但也应看到来自西方影视文化的包围与侵蚀，一场以文化为武器，以影视为媒介的新的殖民运动正在悄悄展开。亚洲，尤其是中国，被西方称为影视文化竞争‘最后的疆场’。他们极力向中国倾销其影视产品，以及包含其中的价值观念、生活方式，对我国精神文明建设和青少年成长带来了十分不利的影响。因此，在影视艺术文化领域制订出民族文化的应对策略，已是一项刻不容缓的任务。”[③]

在《世界电视前沿 Ⅰ》一书中，有学者指出：“如果电视传播的全球大众文化最终造成的是文化产品的趋于同一，多样化本土化的发展受到遏制，享乐合理性和消费主义的观念甚嚣尘上，后果将会是人们精神文化生活的贫乏和类型化，创造力和想象力的减弱，思考能力的退化；而西方的物质生活产品会借机侵占中国市场，造成我们在物质上和精神上对西方的双重附属，那将是我们不愿意看到的。因此，对于全球电视传播，我们应当有自己的对策。”[④]

---

① 冯天瑜，何晓明，周积明．中华文化史（下）［M］．上海：上海人民出版社，1990：1167.

② 冯天瑜，何晓明，周积明．中华文化史（下）［M］．上海：上海人民出版社，1990：1167.

③ 黄会林．中国影视美学建设刍议［M］// 黄会林．艺苑论谭——放言影视戏剧艺术民族化．中国文联出版社，2002：9.

④ 汪文斌，胡正荣．世界电视前沿 Ⅰ［M］．北京：华艺出版社，2001：15.

不论是从整体文化建设，还是从影视传播文化来看，不同国家、地区的学者都清醒地认识到“全球化”可能带来的危机和恶果，都认识到制定相应的“本土化对策”的迫切性、重要性和必要性。那么，究竟怎样来制定“本土化对策”呢？从哪些视角，用何种方式，才能制定有效的“本土化对策”？这是摆在人们面前的又一重大课题。

冯天瑜先生对于中国“本土文化”的整体建设提出这样的构想：“中华文化的现代化既不是全盘西化，也不是中国传统文化的整体沿袭，而是传统文化的再造和新生，是西学和中学在体与用、内与外诸层面相互渗透，既相冲突又相融汇的再生历程。这一历程伴随着自然经济解体，大生产兴起，封闭状态逐渐打破，社会革命和变革此起彼伏这样一种时代的际会风云而渐次展开。”[①]又进一步具体描述道：未来的中华文化将是“‘世界的’与‘民族的’二者的统一”“‘现代的’与‘传统的’二者的统一”，“在迎接生态环境尖锐挑战中前进”，并成为“在两种社会制度中并存的世界环境中发展的社会主义文化”[②]。

而杜维明先生则指出：“我们是处在一个关键时刻，必须超越三种流行的但却又过时的非此即彼的二分法：传统与现代之分，西方与非西方之分，以及地方和全球之分。我们超越这些二分法的深远意义在于要成熟地理解全球化和地方化二者之间的有活力的相互作用。”[③]杜先生认为建立“作为东西政治经济基本价值观体系的儒学人文主义”[④]是关键所在。

成中英先生则从哲学层面，对于“全球化”语境中的“本土化对策”提出了自己的构想：“如果说认知一个开放的创造的本体宇宙观是全球化的根本条件，认知一个开放创造的自我心性就是本土化的根本条件”[⑤]，由于“中国式思考是本体境界

① 冯天瑜，何晓明，周积明．中华文化史（下）［M］．上海：上海人民出版社，1990：1173-1180.

② 冯天瑜，何晓明，周积明．中华文化史（下）［M］．上海：上海人民出版社，1990：1173-1180.

③ 杜维明：《多种现代性：东亚现代性涵义初步探讨》，见塞缪尔·亨廷顿，劳伦斯·哈里森．文化的重要作用——价值观如何影响人类进步［M］．程克雄，译．北京：新华出版社，2002：373.

④ 杜维明：《多种现代性：东亚现代性涵义初步探讨》，见塞缪尔·亨廷顿，劳伦斯·哈里森．文化的重要作用——价值观如何影响人类进步［M］．程克雄，译．北京：新华出版社，2002：373.

⑤ 成中英．21 世纪中国哲学走向：诠释、整合与创新［J］．中国社会科学院研究生院学报，2001（6）：3-9+110.

体验性的”，而“西方式思考是方法所指求证性的”[①]，因此，要实现突破、沟通中西思维方式、哲学思考之间的界限，才能达到某种超越。成先生进一步指出：“面对当代全球化与本土化的激荡中创造新宇宙与人类生活世界的体认，现代人不能不尽快建立一个新的思维认知方式，一个新的宇宙观，一个新的自我心性哲学和一个新的行为判断标准。新的思维认知方式意涵着天人互通、互动与互融；新的宇宙观意涵着本体宇宙论的体验与观察；新的自我心性哲学意涵着主体自我提升、转化与主客的相互超越与创造；新的行为判断标准则意涵着知行的整体与动态的合一。这三者又是相互激荡、相互制衡的。三者都必须在差异中以求整合，在整合中以求创新。诠释是个别中求全体，也是在全体中求差异。整合是为了提供平衡和开放的创造空间，而创新则是求存在价值的提升与生活世界的丰富。其最终目的在实现生命的整体和谐与持续创化。”[②]

在影视传播文化领域，人们把以美国为代表的发达国家对其他国家和地区的产品倾销称为“文化帝国主义”行为，对此，法国的反应十分强烈。法国文化部长雅克·郎于1982年曾在联合国做了《美国文化帝国主义》的演讲，抨击美国的文化产品倾销。[③]同时，“面对着美国影视全球性扩张潮流，世界上一些有着丰厚历史文化传统的国家、特别是在影视文化上曾经创造过璀璨历史的法国、意大利、德国、英国……都正在觉醒中寻求着联合。在法国的倡导下，许多国家在纷纷制定本国文化策略的同时，寻求各种方式进行文化反击。除去政府出台相应的扶持政策，如予以特殊的补贴等措施外，甚至还进行了前所未有的文化联手行动”。[④]一些欧洲国家联手应对美国的案例，如不对美国进口影视产品进行语言转译，以欧洲风格的《欧洲警察》对抗美国电视连续剧《摇滚警察》等，尽管这些措施并未根本奏效，但这种思路与方式令人称道。

除去欧洲，其他发展中国家也有相应的对策出台。正如传播文化学者斯里伯尼·莫哈马迪（Sreberny-Mohammadi）1991年所做的评论：“在竞争声浪日益高涨，

① 成中英.21世纪中国哲学走向：诠释、整合与创新［J］.中国社会科学院研究生院学报，2001（6）：3-9+110.

② 成中英.21世纪中国哲学走向：诠释、整合与创新［J］.中国社会科学院研究生院学报，2001（6）：3-9+110.

③ 孟建.“文化帝国主义”的传播扩张与中国影视文化的反弹——加入WTO，中国影视艺术的文化传播学思考［J］.现代传播-北京广播学院学报，2001（1）：23-31.

④ 孟建.“文化帝国主义”的传播扩张与中国影视文化的反弹——加入WTO，中国影视艺术的文化传播学思考［J］.现代传播-北京广播学院学报，2001（1）：23-31.

媒体、环境更加复杂的情况下，西方媒体的统治地位已经丧失，取而代之的是多元化的参与国和媒体产品的频繁交流。南方较多的国家制作和出口传媒内容，包括由印度和埃及制作的电影和墨西哥与巴西制作的电视节目。例如，巴西大型的网络'环球电视'向128个国家出口电视故事片，包括向古巴、中国、苏联和德国，为巴西赚取外汇。它的节目制作量超过了世界任何一家电视台。事实上，电视制作品从巴西流入葡萄牙是当代文化交流改变扩张主义历史作用的一个范例。"①

这段文字对许多发展中国家，如印度、墨西哥，特别是巴西应对"全球化"的举措，所带来的"多元化"电视文化交流格局表示了赞赏。

不论是欧洲较为发达的"第二世界"各国，还是作为发展中的"第三世界"各国，都已经和正在采取相应的"本土化"对策，来面对"全球化"的传播文化语境。

各个国家、各个民族不同的历史文化传统与经济政治现实，带来了他们各不相同的资源现状，而"本土化"的应对策略并不只是一个口号，"本土化"应对策略的实现，有赖于"本土"的各种资源是否足够丰富，是否足够适应当今时代方方面面的竞争需要，是否能有"可持续性发展"的潜力和空间等。

中国作为世界上举足轻重的大国，其"本土"资源不仅来自其几十年来逐渐确立起来的经济、政治地位，还来自其几千年来形成的丰厚的文化或文明。对此，海外著名学者张光直先生从社会科学研究的角度，发表过影响甚巨的言论："所谓世界式的或非西方式的，主要的代表是中国。中国的形态很可能是全世界向文明转进的主要形态，而西方的形态实在是个例外，因此社会科学里面自西方经验而来的一般法则不能有普遍的应用性"，"中国文明起源程序与世界上大多数非西方的古代文明的起源相似，但是与我们一向奉为圭臬的西方社会科学所定的规律不相符合——清楚地指出中国古史对社会科学一般原理的制订上面可以做重大贡献的方向，……任何一个原理原则，一定要通过中国史实的考验，才能说它可能有世界的通用性……如果世界上的社会科学者认准了他们的理论必须通过中国史的考验，那么拥有极其丰富史料的中国史，对社会科学的潜力是难以估计的。二十一世纪的社会科学可以说是中国的世纪。"②张光直先生这段文字掷地有声，显示出一个

① 转引自尼古拉斯·阿伯克龙比．电视与社会［M］．张永喜，鲍贵，陈光明，译．南京：南京大学出版社，2001：120-121.

② 张光直：《中国文明在世界文明史上的地位》，转引自徐苹芳．悼念张光直［J］．读书，2002（2）：59-66.

华人学者对于中华文化、文明的自豪与骄傲，尽管谈的是历史研究、社会科学研究，但这种非但不迷信“西方中心论”，而且以学者的公正、严谨的考察，提出了“中国中心”的鲜明学术主张，对拥有几千年文化、文明资源的中国是一个极高的评价。

无独有偶，潜心致力于中国影视“民族化”、探求建立影视艺术“中国学派”的黄会林先生，同样旗帜鲜明地指出：“一个不善于研究和总结本土艺术与文化的民族，不可能独立于世界民族之林；甚至不能很好地吸收其他民族的艺术及文化经验，因为它缺少立足的根基。因此，坚持民族文化精华和传统美学的熏陶，保证电影电视成为中华民族发扬光大的最有力媒介，实在是我们的当务之急”①，“如何在未来的信息竞争和文化传播领域里确立中华民族的文化形象，应当成为我们特别关注的论题。”②黄会林先生以高度的民族自信心和强烈的历史使命感，对中国影视传播文化与中华民族文化乃至整个民族自立于世界民族之林的关系，做出了透彻深刻的分析，并明确指出：“向悠久的中国文化传统寻求滋养，建立富有民族特色的影视文化主体，将是中国影视今后的发展轨迹。”③

黄会林先生提出了以“中国传统文化”作为中国影视传播文化的最重要的资源基础，这显然是“本土化”最基本、最核心的资源构成。对于中国电视传播艺术的生存环境来说，到底实际上拥有怎样的“本土化”资源，这是进入“本土化”道路选择研究的重要命题。

第二节　中国电视传播艺术的“本土化”资源辨析

中国电视传播艺术的实施，是以中国电视的生产与传播过程为对象的，而中国电视的生产与传播，离不开“本土化”的现实性资源、民族性资源、文化性资源作为基础和支撑。

---

① 黄会林．中国影视美学建设刍议［M］// 黄会林．艺苑论谭——放言影视戏剧艺术民族化．中国文联出版社，2002：8-9.

② 黄会林．中国影视美学建设刍议［M］// 黄会林．艺苑论谭——放言影视戏剧艺术民族化．中国文联出版社，2002：8-9.

③ 黄会林．中国影视美学建设刍议［M］// 黄会林．艺苑论谭——放言影视戏剧艺术民族化．中国文联出版社，2002：8-9.

一、"本土化"的现实性资源辨析

所谓"本土化"的现实性资源，简单说来，就是中国特殊的现实国情状况，造就了中国特殊的经济、政治、社会发展需求。因此，对现实中国的经济、政治、社会发展的准确把握，是开掘"本土化"的现实性资源的主要内容。

（一）经济持续快速发展的现实，是中国电视传播艺术实施的基础和保障，而"社会主义初级阶段"的现实，又是中国电视传播艺术实施的前提和条件

中国自1978年改革开放以来，经济持续快速增长。在世界多极化经济全球化的发展趋势中，一个有十几亿人口的发展中大国，起动从落后到先进、从贫弱到富强转变的过程并取得了不起的成就，对于世界所产生的影响是巨大的。①

中国经济的持续快速发展，人民生活水平、消费水平的持续增长，必然对中国电视的格局、规模、发展水平产生巨大影响。一方面，中国电视的生产力水平得到提高，尤其是在建立社会主义市场经济大潮的推动下，中国电视的产业化进程大大加强，这给中国电视的宣传、节目生产与制作、经营管理及营销推广等都带来了前所未有的机遇和变化，带动了中国电视传播艺术从宏观到微观、从战略到战术各个层面的变化。从"四级办电视"（1983）到"村村通"（1998），从"建世界一流大台"目标的提出，到"广播电视集团"的组建，中国电视生产与传播方方面面的变革，都离不开经济发展的现实基础作为保障。另一方面，经济的持续快速发展也极大地改变了广大百姓的生活状况和生活需求。从"能看上电视"，到"看上更多、更好的电视"，再到"希望看上什么样的电视"，百姓观众的需求和选择空间日益加大，越来越多的电视观众感受到了身为"上帝"（电视观众是电视生产的"上帝"）的权利与愉悦，这对中国电视生产与传播中各个环节观念的变革产生了深刻影响。

经济持续快速增长是一个现实，而中国依然处于"社会主义初级阶段"也是一个现实。这一现实使我们清醒地看到，与发达国家相比，我们国家人口多、人均国民经济产值低、各地区发展不平衡、受教育水平较低、基础底子薄，总之面临着发

① 参见任仲平．评改革开放20年［N］．人民日报，1998-12-17．转引自《新华文摘》，1999年第2期。

展中国家普遍存在的各种困难和问题，这使我们发展中国电视、制定宣传规划乃至具体的电视节目生产与传播中的成本核算、资金投入、节目内容选择、传播方式选择等，都要考虑发展中国家的实际，考虑“初级阶段”的特点，在可能的情形下展开创造性的工作。

这样一种经济发展的现实性资源，给中国电视传播艺术的实施，既带来了充分的时代机遇，又给予了一定的限制，这是一个不容回避的现实问题。

（二）“中国特色社会主义”在政治上体现出与资本主义国家完全不同的特质，中国电视既拥有独特的政治资源，又有其必须完成的政治使命与任务

“中国特色社会主义”是中国共产党领导的，在马克思列宁主义、毛泽东思想、邓小平理论、“三个代表”重要思想、科学发展观、习近平新时代中国特色社会主义思想指引下，建构的社会主义制度特征。

作为党、政府和人民的“喉舌”，中国电视历来是党和政府重要的宣传部门。中国电视的这种独特属性，使它拥有了独特的政治资源，在人民群众中获得了较高的声誉权威。中国电视同时也义不容辞地承担起它应当承担的使命和任务，即“为改革开放和社会主义现代化建设创造良好的氛围”“不断提高舆论监督的水平”“不断满足人民群众的物质文化需要”“为社会主义中国树立良好的形象”[①]等。

中国电视传播艺术的实施不能脱离中国电视的政治资源、政治属性的特质，不能照搬西方电视的传播艺术规则，只考虑电视生产与传播的市场化需求，而应时刻把政治任务、宣传职责放在首位来考虑，这是中国电视传播艺术的重要特色所在。

总之，既受到政治任务、宣传职责的限制，又拥有较为独特、权威的政治资源，这是中国电视的特质，也是中国电视传播艺术实施所需首要考虑的特质。

（三）中国丰富而多样的社会存在、独特而复杂的社会结构，是中国电视传播艺术实施的重要现实性社会资源

从宏观上看，中国社会的基本风貌在费孝通先生笔下得到了清晰、准确的表

① 杨伟光．中国电视论纲［M］．北京：北京出版社，1998：81-91.

述。费老将20世纪中国社会发生的深刻变化，概括为“两个大变化”和“三个阶段”[①]，称为“三级跳”[②]。他指出，“第一个变化是中国从一个传统性质的乡土社会开始变成为一个引进西方机器生产的工业化时期。一般人所说的现代化就是指这个时期”[③]，而“第二个变化则是‘中国从工业化或现代化走向信息化的时期’”[④]。“乡土社会”——“工业化社会（‘现代化’）”——“信息化社会”这三级跳的确描绘了中国社会急遽变化的社会景观。而且这不同层面、不同“跳”上的社会形态还并存于当代中国，从而形成乡土社会、工业化社会和信息化社会的特质混合并存的社会存在特征，这也使中国电视在不同的层级、地域也面临着不同的生存环境和发展水平。

从微观上看，进入“转型”时期的中国社会，在变迁中形成了不少新的阶层，如私营经济的发展，带来了私营企业主阶层的形成和逐渐壮大。私营企业主来自农村、机关、国营集体企事业单位等多个渠道，又遍及各行各业。[⑤]再如“中产阶级”和中间阶层的形成和逐渐壮大。包括各类中小企业主、中小老板、中小公司经理、各类承包商、企业承包者、外企人员等一般被认为属于新的“中产阶级”，而中国的普通知识分子（专业技术人员）和普通干部阶层一直是中国社会比较典型的中间阶层。[⑥]尽管对于这样一些新的社会阶层的界定目前并未统一，但却是一个极为引人注目的变化。这不仅是因为这些阶层人数在快速增长，更重要的是他们的价值取向、思维方式、生活方式以及意志、情感、趣味等都已经深刻地影响着全社会。而相对处于低收入状态的体力劳动者阶层、低级白领阶层，和相对处于社会管理层、

① 费孝通. 创建一个和而不同的全球社会——在国际人类学与民族学联合会中期会议上的主旨发言［J］. 思想战线，2001（6）：1-5+16. 转引自《新华文摘》，2002 年第 2 期，2001 年第 6 期。

② 费孝通. 创建一个和而不同的全球社会——在国际人类学与民族学联合会中期会议上的主旨发言［J］. 思想战线，2001（6）：1-5+16. 转引自《新华文摘》，2002 年第 2 期，2001 年第 6 期。

③ 费孝通. 创建一个和而不同的全球社会——在国际人类学与民族学联合会中期会议上的主旨发言［J］. 思想战线，2001（6）：1-5+16. 转引自《新华文摘》，2002 年第 2 期，2001 年第 6 期。

④ 参见戴建中. 中国私营企业主研究［J］. 中国人民大学学报，2001（2）：12-16.

⑤ 参见李强. 关于中产阶级和中间阶层［J］. 中国人民大学学报，2001（2）：17-20. 转引自《新华文摘》，2001 年第 6 期。

⑥ 参见李强. 关于中产阶级和中间阶层［J］. 中国人民大学学报，2001（2）：17-20. 转引自《新华文摘》，2001 年第 6 期。

高级白领层的社会阶层也在不断变动中。由不同社会阶层的变迁，所带来的利益分配的变动，极大地影响着社会心理、社会心态的变化。如社会公正、弱势群体、贫富差距这样一些字眼，已成为最近这些年出现频率很高的字眼。

社会阶层的变化、社会价值取向等的变化、社会心理心态等的变化，不可能不成为中国电视所关注的对象。一方面，丰富、复杂、多样的“转型期”中国社会的现实生活，给电视生产与传播提供了极为丰富、多样的素材和内容，使中国电视传播艺术在“创造性”的处理中，呈现为多姿多彩的电视荧屏景观；另一方面，这些社会变化直接影响着电视生产与传播的全过程，价值观念、思维方式、生活方式及社会心理心态等，无不给电视打上深刻的时代性烙印。

综上所述，中国电视传播艺术的实施，首先离不开现实性的各种资源的滋养与限制。这意味着，中国电视传播艺术各层面、各环节的“创造性”处理既得益于持续快速增长的经济的强有力支撑，得益于独特的具有相当权威性的政治资源的强有力的支撑，也得益于正在急遽变化、变革的社会现实所给予的丰实、多样而宝贵的素材、内容，这是一个方面。当然，对于“资源”的开掘，同时也会受到“资源”本身的限制，即另一个方面，中国电视传播艺术各层面、各环节的“创造性”处理更要面对“初级阶段”的经济实际，面对社会主义政治的根本需要，面对复杂多变而难以准确驾驭的社会变化，而这方面工作要更见传播主体的功力与功夫。我们常说，一切艺术都是有特定形式限制的，是“戴着镣铐在跳舞”。所谓分寸、尺度、时机皆此谓也。对“现实性”资源运用得好，便可能大获成功，而运用得不好，则可能出现负面效应。

二、“本土化”的民族性资源辨析

中华民族是世界上公认的最具生命力、影响力的伟大民族之一。在漫长的历史变迁过程中，形成了具有鲜明特征的“民族性”，即富于中华民族特色的民族性格，这是一笔极为丰厚、宝贵的精神资源。

关于中华民族的“民族性”问题，进入近代尤为得到世人的关注。当中华民族遭遇外敌入侵，面临“亡国灭种”的危机之时，“民族性”更是得到充分显示。鲁迅先生一生探索中华民族的“国民性”问题，对中国“民族性”有着极为深刻的认识。他既以启蒙者、思想家的姿态，对“民族性”中的“劣根性”进行了猛烈批判，发现了"中国人尚是食人民族"①，并通过一系列封建时代"上等人""卫道士""看客""下等人"②等形象的塑造，对于"食人民族"中人民欺软怕硬、自欺欺人、自我解嘲、自甘屈辱、自我麻醉又妄自尊大（阿Q等类）等"劣根性"表达了"哀其不幸，怒其不争"的愤懑与悲凉，又以民族主义者、爱国主义者的姿态，对"民族性"中的伟大、崇高给予了热情的褒赞："我们从古以来，就有埋头苦干的人，有拼命硬干的人，有为民请命的人，有舍身求法的人，……虽是等于为帝王将相作家谱的所谓'正史'，也往往掩不住他们的光耀，这就是中国的脊梁。"③

可见，对于中华民族的"民族性"，因不同时代、不同情境，对其理解会有不同的侧重与选择，由于中华民族的"民族性"资源实在是太丰富、太厚重，这已经成了后世取之不尽、用之不竭的一座巨大的宝库。

那么，在"全球化"语境下，"本土化"的"民族性"资源有哪些可被中国电视传播艺术所汲取、吸收呢？

笔者认为至少有两个方面的"民族性"资源，可被中国电视传播艺术无尽地开掘，这便是中华民族的民族精神与民族智慧。

（一）民族精神

著名的英国历史学家汤因比先生在与日本的池田大作先生的对话里多次谈及中华民族的民族性问题。他对于中华民族怀有真挚的崇仰，他说道："像今天高度评价中国的重要性，与其说是由于中国在现代史上比较短时期中所取得的成就，毋宁说是由于认识到在这以前两千年期间所建立的功绩和中华民族一直保持下来的美德的缘故。中华民族的美德，就是在那屈辱的世纪里，也仍在继续发挥作用。"④这种"美德"保存在"中华民族逐步培育起来的世界精神""儒教世界观中存在的人道主义""儒教和佛教所具有的合理主义"⑤等民族的历史遗产之中。

---

① 参见孔范今．二十世纪中国文学史［M］．济南：山东文艺出版社，1997：405-418.

② 参见孔范今．二十世纪中国文学史［M］．济南：山东文艺出版社，1997：405-418.

③ 鲁迅．中国人失掉自信力了吗［M］//鲁迅．鲁迅全集：第6卷．北京：人民出版社，1981：118.

④ 汤因比，池田大作．展望二十一世纪：汤因比与池田大作对话录［M］．荀春生，朱继征，陈国梁，译．北京：国际文化出版公司，1985：287.

⑤ 汤因比，池田大作．展望二十一世纪：汤因比与池田大作对话录［M］．荀春生，朱继征，陈国梁，译．北京：国际文化出版公司，1985：287.

而“自强不息”“厚德载物”等已成为中华民族精神中最宝贵的精神财富。所谓“自强不息”，出自《周易》“乾第一”，《象》曰：“天行健，君子以自强不息。”（卷一）“天”性质刚健，永远运行不止，“君子”效法乾天之象，自强而不息。[①]所谓“厚德载物”，出自《周易》“坤第二”，《象》曰：“地势坤，君子以厚德载物。”“言地不言重而言其势之顺，则见其高下相因之无穷，至顺极厚而无所不载。但地之厚无物不载是与顺从天而与之结合，这样才能发出无边无际的作用，‘坤厚载物，德合无疆’。（坤第二）[②]”

自尊自强、自力更生、艰苦奋斗、百折不挠、富贵不淫、贫贱不移、威武不屈、顾全大局、舍己为人，并以“德”“仁”“宽”“厚”等与世相处，这样的精神境界成为中华民族得以自立于世界民族之林的极为优秀的精神品质。

中国电视传播艺术的实施，理应从中华民族的“民族精神”中汲取营养，以这样一些精神品质渗透在电视生产与传播的全过程中，既体现在电视传播内容的品格境界追求上，也体现在各层面、各环节的行为活动之中。

（二）民族智慧

中华民族是一个高度智慧的民族，这也是举世公认的。汤因比先生曾把中华民族在任何情形下都能够保存发展下去的历史，看作“中华民族的经验所致”[③]，他这里所说的“经验”其实就是中华民族的一种“智慧”。而这种“智慧”从哲学意义上来理解就是一种生存的哲学或生命的哲学。有学者认为，这种哲学“是一种容融了经验主义与理性主义、感受主义与理智主义、唯物主义与唯心主义、悲观主义与乐观主义、无神论与有神论、宿命论与意志自由论、多元论与一元论、怀疑论与武断论等于一体的圆通神智形态的文化”[④]。张岱年先生在《论中国古代哲学的范畴体系》一文中列举了最具中国特色的16对范畴，即天人、有无、体用、道器、阴阳、动静、常变、理气、形神、心物、力命、仁义、性习、诚明、能所、知行。这16对范畴中，以“刚柔”来划分，人、有、用、器、阳、动、变、气、形、物、力、

① 参见沙莲香．中国民族性（二）［M］．北京：中国人民大学出版社，1990：312-313.

② 参见沙莲香．中国民族性（二）［M］．北京：中国人民大学出版社，1990：312-313.

③ 汤因比，池田大作．展望二十一世纪：汤因比与池田大作对话录［M］．荀春生，朱继征，陈国梁，译．北京：国际文化出版公司，1985：287.

④ 参见李尚武．中华民族民族性新论［J］．寻根，1998（4）：25-29. 转引自《新华文摘》，1999 年第 2 期。

仁、习、明、所、行等为"刚"性，其余相对范畴则为"柔"性。这16对范畴的有机辩证运动就成为"中庸之道"，即在"过"与"不过"两端的变化，最能表现出"韧"的特质。[①]

由此，形成了中华民族"民族性"中极具生命力的"智慧"，即"经验理性主义"和"实事求是的经验理性精神"的智慧。正如有学者所说，"经验理性主义"使"中华民族有一种包容宇宙、化成天下的天赋。这种天赋能在对立的事物中寻找到契合点以达到对立而优势的有机整合，为己所用。历史上曾有过印度佛学中国化的成功先例；近有马克思主义中国化成功并指导中国革命走向胜利的光辉范例。今天在建设有中国特色社会主义事业中又创造了不少成功的经验，如'社会主义市场经济''一国两制'理论的产生和提出就是中华民族智慧的结晶"[②]。而"中华民族善于在对立的事物中寻求契合点，以达到对立面的有机整合靠什么？靠的就是实事求是精神。中华民族有了实事求是精神，对外来的异质文化接纳吸收，求同存异、大而化之，最后成为自身文化有机整体的一部分。中华民族有了实事求是精神，总是勇于和善于适应新环境、新时代。新环境、新时代就是'实事'，经过探索、研究找出新环境、新时代的规律、特点，以创造性地适应并最终总能走在最前面"[③]。

有学者对中华民族智慧以"圆而神"来概括。"圆而神"出自《周易》"系辞传上"："蓍之德圆而神，卦之德方以知。"蓍和卦对称构成《周易》两大结构。蓍为蓍草，是行筮工具，呈圆形，滚动不停，表明其性质是变幻莫测的；卦是方形，共有64个，用蓍以求卦，固定不变，以此揭示事理，判断天下。无"圆"则无动，动而莫测则"神"。因此，用"圆而神"得"方以知"，成为一种独特的思维方式，"精神之运，心术之动"，正是其中蕴含的思维方式，这种"圆而神"的思维方式，才能产生无穷智慧。[④]

正是这种从对立中寻求契合、统一，圆通流动的智慧，使中华民族的"民族性"中有了极强的"适应性"与"创造性"，"延续性"与"发展性"，"凝聚性"与

① 参见李尚武．中华民族民族性新论［J］．寻根，1998（4）：25-29．转引自《新华文摘》，1999年第2期。

② 参见李尚武．中华民族民族性新论［J］．寻根，1998（4）：25-29．转引自《新华文摘》，1999年第2期。

③ 参见李尚武．中华民族民族性新论［J］．寻根，1998（4）：25-29．转引自《新华文摘》，1999年第2期。

④ 参见沙莲香．中国民族性（二）［M］．北京：中国人民大学出版社，1990：312-313.

“开放性”[①]。

中华民族的“民族智慧”对于中国电视传播艺术是一个至为重要的资源宝库。中国电视传播艺术一方面寻求“民族特质”，另一方面寻求“创造性”，而这些寻求都可能从“民族智慧”资源宝库中直接汲取营养，不论是战略还是战术，不论是处理各个环节的关系，还是用何种方式达到何种目标，都可以从“民族智慧”中获得重要启发和教益。

三、“本土性”的文化性资源辨析

中国“本土化”的文化资源一方面体现为几千年历史积淀下来的斑驳陆离、绚烂多姿的具体文化成果，如各种文化典籍、各种文物、各种艺术品等，另一方面体现为几千年历史绵延不绝的各种价值观念、价值取向的传承。这些对于今天的世界特别有意义又独具中国特色的价值观念、价值取向，体现在中国式的宇宙观、人文观、艺术观与美学观之中。

（一）“天人合一”的宇宙观

“天”指的是自然，“人”指的是社会和人本身。“天”与“人”的关系，也可以理解为自然与社会、人本身的关系。“天人关系”是中国历史上被探讨最多，也最具特质的一对关系。从孟子的“上下与天地同流”，到荀子的“明天人之分”；从老子的“人法地，地法天，天法道，道法自然”，到庄子的“天地与我并生，万物与我为一”“与天地精神相往来”；从董仲舒等汉儒的“天人感应”，到朱熹等宋儒的“圣人……与天为一”，历朝历代，都留下了关于“天人关系”探讨的典章文字。不论是唯物论者，还是唯心论者，都在“天人合一”这一点上达成共识，形成了中国独特的宇宙观。[②]正如汤一介先生所说，“天人合一”的宇宙观，体现了中国传统哲学思维方式的某些特殊性，“第一，所谓‘天人合一’的观念表现了从总体上观察事物的思想，不多做分析，而是直接的描述，我们可以称它为一种直观的‘总体观念’；第二，论证‘天人合一’的基本观点是‘体用如一’，即‘天道’与‘人

① 参见李尚武．中华民族民族性新论［J］．寻根，1998（4）：25-29. 转引自《新华文摘》，1999 年第 2 期。

② 参见汤一介．中国传统文化中的儒道释［M］．北京：中国和平出版社，1988：1-6.

道’的统一是‘即体即用’，此可谓为绝对的‘统一观念’；第三，中国传统哲学，不仅没有把‘人道’看成僵化的东西，而且认为‘天道’也是生动活泼的，生生不息的，‘天行健，君子以自强不息’，人类社会之所以应发展、人们的道德之所以应提高，是因为其应适应‘天道’的发展，此可谓为同步的‘发展观念’；第四，‘天’虽是客体，‘人道’要符合‘天道’，但‘人’是天地之心（核心之心），它要为天地立心，天地如无‘人’则无生意、无理性、无道德，此可谓之为道德的‘人本观念’。这就是中国传统哲学‘天人合一’思想的全部内涵”①。

这段文字清楚地表明，“天人合一”的宇宙观内含着宇宙间万事万物对立统一、和谐发展的普遍规律，既是总体的观念、统一的观念，也是发展的观念、人本的观念，因而大气磅礴，具有极强的同化力与包容性，这一点与西方文化中的“人—自然”对立、冲突、征服的观念完全不同。汤因比先生对此也极为赞赏，他认为中国传统文化“对宇宙的神秘性怀有一种敏感，认为人要想支配宇宙就要遭到失败”②，“人的目的不是狂妄地支配自己以外的自然，而是有一种必须和自然保持协调而生存的信念”③。这里汤因比先生所赞赏的就是中国传统文化“天人合一”的宇宙观，这种宇宙观造就了中华民族宽广的胸怀、和平的追求、“与时俱进”的思维与能力，也是中华民族得以生生不息的思想动力与根源。

（二）“知行合一”“和而不同”的社会—伦理观

“知行”问题，既是一个认识论问题，也是一个伦理道德问题。知（认识）与“行”（实践、身体力行）之关系在中国传统文化中同样是一个始终得到高度重视的命题。“知行合一”是中国传统做人、为人的理想伦理—道德标准。从孔子将“言行一致”视为伦理道德上“君子”的做人规范，“君子耻其言过其行”，到孟子将恻隐之心、羞恶之心、辞让之心、是非之心这“四端”“扩而充之”，成为道德上的“仁、义、礼、智”；从荀子的“齐方行”，到宋儒、明儒的系统的“知行合一”学说，贯穿在中国传统文化的血脉中，代代相传。④“知行合一”不仅内化为“修身”，

① 参见汤一介．中国传统文化中的儒道释［M］．北京：中国和平出版社，1988：1-6.

② 汤因比，池田大作．展望二十一世纪：汤因比与池田大作对话录［M］．荀春生，朱继征，陈国梁，译．北京：国际文化出版公司，1985：287.

③ 汤因比，池田大作．展望二十一世纪：汤因比与池田大作对话录［M］．荀春生，朱继征，陈国梁，译．北京：国际文化出版公司，1985：287.

④ 参见汤一介．中国传统文化中的儒道释［M］．北京：中国和平出版社，1988：1-6.

也外化为“齐家、治国、平天下”；不仅成为个人道德修养的规范、准则，也延伸至行业、领域、群体、阶层、社区、国家、民族整体的伦理—道德的规范、准则，这与现代社会普遍推崇的“诚信”等伦理—道德规范、准则是息息相关的。

中国传统文化对于个人—社会的伦理规范、准则一方面讲求“知行合一”，而另一方面从宏观、整体上又讲求“和而不同”。尤其是在“全球化”的语境中，不同的社会、不同的文化、拥有不同价值观念的人们应当如何相处？这已经是一个摆在世人面前的时代课题了。费孝通先生对此做过重要的阐述，他指出：“……文化的发展，人类历史上并没有采用过单一的模式，在现在也同样随文化的不同而会有所区分。”[①]既然存在着这样的差异甚至矛盾、冲突，该由怎样的人类性伦理规范去处理呢？费老进一步指出：“为了解决这些问题，我们在精神文化领域里需要建立起一套促进相互理解、宽容和共存的体系，我称这个体系为‘跨文化交流’（cross-cultural communication）。‘跨文化交流’牵涉到人对人、人对社会、人对自然的基本关系，而与文化的自觉和文化的相互尊重有着更为密切的关联。”[②]这种文化间相互尊重的社会间伦理道德规范和准则，被费孝通先生以“和而不同”做了生动的表述。费老认为，各不同文化之间应本着“各美其美，美人之美，美美与共，天下大同”的规范、准则，才能做到“和而不同”，而只有“和而不同”，才能建立起世界范围内文化关系的“多元一体”格局。[③]

“知行合一”与“和而不同”，就个体的人，或一个特定文化区域内部而言，体现为“道德自律”和“文化自觉”（文化的“自知之明”）。而对于人与人的关系、人与社会的关系、人与自然的关系来说，对于不同价值观念、不同文化与不同社会之间的关系来说，则意味着一种较高的伦理—道德要求，这是中华传统文化所推崇的一种社会—伦理观念，也是解决当今世界诸多社会、文化问题仍然极有意义、价值的观念。

（三）“和谐统一”的美学观与艺术观

与“天人合一”的宇宙观、“知行合一”“和而不同”的社会—伦理观相吻合，

① 费孝通．文化自觉 和而不同——在“二十一世纪人类的生存与发展国际人类学学术研讨会”上的演讲［J］．民俗研究，2000（3）：5-14. 转引自《新华文摘》，2001 年第 1 期。

② 费孝通．文化自觉 和而不同——在“二十一世纪人类的生存与发展国际人类学学术研讨会”上的演讲［J］．民俗研究，2000（3）：5-14. 转引自《新华文摘》，2001 年第 1 期。

③ 费孝通．文化自觉 和而不同——在“二十一世纪人类的生存与发展国际人类学学术研讨会”上的演讲［J］．民俗研究，2000（3）：5-14. 转引自《新华文摘》，2001 年第 1 期。

中国传统文化在审美创造、艺术创造领域推崇"和谐统一"的美学观与艺术观。从公元前800年的史伯（郑国史官）的"和实生物，同则不继""声一无听，物一无文，味一无果"开始，即有了"美是和谐"的美学观与艺术观，到孔子已较为系统地阐述了"文质彬彬"（形式与内容的统一）、"乐而不淫，哀而不伤"（美感的适度要求）、"尽善尽美"（"美"与"善"的和谐统一）等，"和谐"的美学观与艺术观已趋完整。此后尽管也有不同的观念出现，但从总体和主流取向来看，不论是孟子的"充实之谓美""今之乐，由古之乐""耳者同听、心有同悦"[①]，还是庄子的"物我两忘""独与天地精神往来"[②]；不论是顾恺之的"以形写神"，还是宗炳的"应目会心""以形写形""以色貌色"；不论是谢赫的"六法""三品"，还是刘勰的"岁有其物，物有其容；情以物迁，辞以情发"[③]，都将艺术创作中情与理、形与神、美与善等多种不同范畴的对立统一的"和谐"作为审美与艺术创造的重要考量准则。而在后世的一代代审美观与艺术观的探索中，尽管主"中和"之美与"非中和"之美两种不同的思潮此起彼伏，但并没有从整体、总体上动摇"和谐统一"的美学观与艺术观。"和谐统一"在艺术创造中突出体现在"情"（情感）与"景"（意象）的统一之中。在钟嵘《诗品序》中，已初显"情景合一"之意。他说："夫四言，文约意广，取效风骚，便可多得。每苦文繁而意少，故世罕习焉。五言居文词之要，是众作之有滋味者也，故云会于流俗。岂不以指事造形，穷情写物，最为详切者耶！故诗有三义焉：一曰兴，二曰比，三曰赋。文已尽而意有余，兴也；因物喻志，比也；直书其事，寓言写物，赋也。宏斯三义，酌而用之，干之以风力，润之以丹彩，使味之者无极，闻之者动心，是诗之至也。"[④]钟嵘将艺术品中的"至文""神品"视为"穷情写物"之作，这就是"情景合一"之意。明清之际的李渔也指出："文贵高洁，诗尚清真，况于词乎？作词之料，不过情景二字。非对眼前写景，即据心上说情。说得情出，写行景明，即是好词。"[⑤]王夫之则认为："情景名为二，而实不可离。神于诗者，妙合无垠。巧者则有情中景，景中情"，"景中生

① 于民．中国古代美学思想家举要［M］// 文艺美学丛书编辑委员会．美学向导．北京：北京大学出版社，1982：77-101.

② 转引自徐复观．中国艺术精神［M］．北京：春风文艺出版社，1987：90.

③ 于民．中国古代美学思想家举要［M］// 文艺美学丛书编辑委员会．美学向导．北京：北京大学出版社，1982：77-101.

④ 钟嵘．诗品序［M］// 郭绍虞．中国历代文论选．上海：上海古籍出版社，1979：107.

⑤ 出自李渔《闲情偶寄》。

情，情中生景，故曰景者情之景，情者景之情”，“情景一合，自得妙悟。”①

近代王国维先生在《人间词话》中指出：“昔人论诗词，有景语、情语之别。不知一切景语，皆情语也。”②将“情景合一”之意表达得晓畅明白，而“情景合一”的结果呢？便是“境界”之诞生。王国维先生这样写道：“词以境界为上。有境界则自成高格，自有名句”，“境非独谓景物也。喜怒哀乐，亦人心中之一境界。故能写真景物、真感情者，谓之有境界。否则谓之无境界。”③

著名美学家宗白华先生对美学与艺术的境界——“意境”做了透彻的阐述。他指出：“意境是‘情’与‘景’（意象）的结晶品。”④宗白华先生将“意境”分为五种境界：“①为满足生理的物质的需要，而有功利境界；②因人群共存互爱的关系，而有伦理境界；③因人群组合互制的关系，而有政治境界；④因究研物理，追求智慧，而有学术境界；⑤因欲返本归真，冥合天人，而有宗教境界。”⑤宗白华先生进一步指出：“功利境界主于利，伦理境界主于爱，政治境界主于权，学术境界主于真，宗教境界主于神。”⑥

在对这诸多境界进行阐释后，宗白华先生对审美的、艺术的“境界”即艺术“意境”进行了界定：“……介乎后者（学术境界与宗教境界——笔者注）之间，以宇宙人生的具体为对象，赏玩它的色相、秩序、节奏、和谐，借以窥见自我的最深心灵的反映；化实景而为虚境，创形象以为象征，使人类最高的心灵具体化、肉身化，这就是‘艺术境界’。艺术境界主于美。”⑦

宗白华先生对中国传统艺术中最具特质的“意境”的阐释，将传统文化中“情

---

① 王夫之：《姜斋诗话》，转引自汤一介．中国传统文化中的儒道释［M］．北京：中国和平出版社，1988：10.

② 王国维．人间词话［M］// 郭绍虞．中国历代文论选．上海：上海古籍出版社，1979：444-447.

③ 王国维．人间词话［M］// 郭绍虞．中国历代文论选．上海：上海古籍出版社，1979：444-447.

④ 宗白华．中国艺术意境之诞生［M］// 宗白华．美学散步．上海：上海人民出版社，1981：59-60.

⑤ 宗白华．中国艺术意境之诞生［M］// 宗白华．美学散步．上海：上海人民出版社，1981：59-60.

⑥ 宗白华．中国艺术意境之诞生［M］// 宗白华．美学散步．上海：上海人民出版社，1981：59-60.

⑦ 宗白华．中国艺术意境之诞生［M］// 宗白华．美学散步．上海：上海人民出版社，1981：59-60.

景合一"——"意境"生成——"和谐统一"的实现这样一个审美创造、艺术创造中的追求与特色表达得相当精辟。

"本土化"的文化性资源，作为中华民族源远流长的历史进程中形成的具有鲜明民族特色的价值观念，已牢牢地扎根在这片土壤之中，而且深深地烙印在中国人的"文化—心理"结构之中。不论是"天人合一"的宇宙观，还是"知行合一""和而不同"的社会—伦理观，还是"和谐统一"的艺术观与美学观，对于中国电视传播艺术都有着重要的影响和作用，因为这些"本土化"的文化资源是丰厚的，也是相当稳固的，而且这些资源中所体现出的深刻、独特的内涵，具有极强的包容性、同化力与生命力。恰如黄会林先生所指出的："中国文化源远流长，博大精深，有着健壮的生命力与宽厚的包容性。中国文化的发展历程，就是一部不断吸收异域文化、不断创造新文化的历史。"[①]的确，上述丰厚的"本土化"文化性资源，就是在不断吸收异域文化过程中所积累起来的成果。在"全球化"的语境中，如何在已有"本土化"文化资源基础上，不断吸收新的异质文化，创造出既富于民族特色，又具有时代特色的新文化，是一个重大的课题。黄会林先生还进一步指出："中国影视发展的历史表明，影视虽然属于典型的舶来品，但是，中国影视并不是欧美影视的翻译版，而是具有鲜明的中国文化特征。因为，影视不仅仅是科技工业，也是美学与艺术；科技手段固然没有民族和国家的界限，然而美学和艺术却有着明确的民族性格。换句话说，尽管影视艺术是国际性的，影视理论中的本体论部分也有着通行的认知意义，但影视理论中的功能论部分却有着鲜明的民族色彩，因为影视艺术每一种功能的发生都离不开民族文化的土壤。因此，影视艺术输入中国的历史，也是它逐步本土化的过程。中国影视能否在世界上拥有它应当具有的地位，关键在于中国影视是否生成了具有民族特征的艺术风格。"[②]

中国影视是中国文化有机的组成部分，也是世界电视不可分割的一个组成部分。中国电视传播艺术的一个重要使命，便是为中国电视借鉴、吸收世界电视的经验的同时，充分开掘"本土化"的中国传统文化资源，以形成具有鲜明中国作风、中国气派的中国电视传播与艺术体系。

中国电视传播艺术的实施，离不开对于"本土化"资源的充分认知与充分开

① 黄会林．中国影视美学建设刍议［M］// 黄会林．艺苑论谭——放言影视戏剧艺术民族化．中国文联出版社，2002：12-13.

② 黄会林．中国影视美学建设刍议［M］// 黄会林．艺苑论谭——放言影视戏剧艺术民族化．中国文联出版社，2002：7.

掘。在上述分析中，我们可以看到：中国“本土化”资源是独特、多样、丰富而又复杂的。首先，“本土化”的现实性资源，不论是经济领域，还是政治领域及社会领域，中国独特的国情是一个基本前提和基础，既有对中国电视传播艺术的实施有极大推动作用的力量与因素，也有复杂的、难以简单处理的现实条件。因此，“挑战”与“机遇”首先不是“全球化”外在的冲击与影响，而是对“本土化”现实资源的内部的各种因素的整合。其次，“本土化”的民族性资源也是必须考虑的又一前提和基础。不论是民族精神，还是民族智慧，都有极为独特和宝贵的资源值得汲取和吸收，但对民族精神和民族智慧的认知和开掘，并不等于简单地搬用，既要吸取其精华，剔除其糟粕，又要根据时代发展、电视发展的实际，有针对性地、灵活地、富于创新地去汲取和吸收。最后，“本土化”的文化性资源是最具稳定性、持久性特质的资源，这里面蕴含的内容既丰富，又独特，而且相当深刻。当我们说到“全球化”语境之时，不要忘记了这样一个事实：中国文化从来都是在不断吸收异质、异域文化的过程中，不断创造新文化的。因此，学习、借鉴、吸收传统文化资源本身，也是在学习、借鉴、吸收传统文化如何在异质、异域文化中不断更新的历史传统经验。中国“本土化”文化资源本身便极具包容性、开放性、多元性，这为它吸收异质、异域文化，迎接各种文化的挑战、冲击与影响打下了极好的基础。当然，对传统文化资源的汲取与吸收，也需以辩证唯物主义、历史唯物主义的思想与方法，加以灵活地、有针对性地、创造性地汲取与吸收。

从目前中国电视传播艺术发展的实际来看，对于“本土化”资源的认知、开掘和汲取、吸收，还有相当大的潜力与空间，尤其是急遽变化着的世界与急遽变化着的中国，都给中国电视传播艺术的实施带来各种机遇、各种刺激，也带来各种挑战。

第三章　电视传播艺术的功能：“效率”的提高与“品格”的提升

关于电视传播艺术存在的价值和理由，笔者已在上面的文字中反复提及，简单概括起来，就是协调电视传播、电视艺术两大不同部类的传播内容，提高电视生产与传播的质量与水平。而这只是一种总体性、一般性的概括，那么具体说来，电视传播艺术怎样才能发挥其对电视生产与传播的功用？再进一步说，电视传播艺术怎样才能发挥其对电视生产与传播的独特功用？在对中外电视生产与传播进行了粗略的分析后，笔者认为，电视传播艺术最核心的功用便是：提高电视生产与传播的“效率”，提升电视生产与传播的“品格”。因为只有提高“效率”、提升“品格”，才会有电视生产与传播质量、水平的提高。

第一节　关于“效率”与“品格”的界定、构成及二者的关系

什么是“效率”，什么是“品格”；什么是电视生产与传播的“效率”，什么是电视生产与传播的“品格”；“效率”与“品格”之间有怎样的关系；“效率”与“品格”对于电视传媒、对于社会有着怎样的意义；怎样才能达到或实现较为理想的“效率”与“品格”境界……这都是电视传播艺术所要探求、探寻的重要功能所在。

一、“效率”的界定与构成

在汉语中，“效率”指的是“日常工作中所消耗的劳动量与所获得的劳动效果

的比率”[①]。一般我们将“事倍功半”的工作状态与结果视为“效率低下”，而将“事半功倍”的工作状态与结果，即较少、较低的投入却有较多、较高的收获这样一种情形，视为“有效率”“效率高”。

“效率”从广义上理解，泛指人类生产、生活各个方面的状态与情形；从狭义上理解，主要指一种工作状态与情形，尤其是从经济的角度进行核算的状态与情形。从经济角度来理解，“效率”往往与“经济效益”“利润”等相联系，几乎是同义词。“效率”在英文中为“efficiency”，意思与中文解释相近。

著名美国学者丹尼尔·贝尔在其著作《资本主义文化矛盾》一书中，将整个现代社会看作由三个领域构成，即技术—经济体系、政治与文化。[②]他认为：“技术—经济体系的任务关系到生产的组织和产品、服务的分配。它构成了社会的职业和科层系统，并涉及技术的工具化运用。在现代社会里，它的轴心原则是功能理性，而它的调节方式是节俭。从本质上说，节俭就是效益，即以最少的成本换回最大的收益。它强调最大限度、最佳选择以及对雇工和原材料混合的同样处置。它在成本和收益方面的对比通常以金钱形式反映出来。……经济体系有自己的测量尺度，即实际效用。它还有一条简单的变革原则，即不断更新产品或生产流程，因为只有这样才能确保自身的最佳效益，遵守少投入、多产出的生产要求。”[③]丹尼尔·贝尔还将技术—经济体系的以上特征延伸至整个工业社会，他指出：“工业社会的特有品格有赖于经济与节俭原则，即追求效率、讲究低成本、高利润、最优选择和功能合理性。”[④]

丹尼尔·贝尔的上述文字，对“效率”在现代社会的特征做了深入的阐释和分析。从中我们可以看出，“效率”在当今时代至少有以下几个内涵：第一，它和技术—经济体系相联结，不论何种存在，只要按技术—经济体系的原则，就必然会“讲求效率”。第二，它与“节俭”相联结，“节俭”或节省，意味着尽可能少地投入，尽可能节省成本，意味着不要铺张，不要无节制地耗费资源。第三，它与“效

---

① 辞书编辑委员会.辞海［Z］.上海：上海辞书出版社，1980：1468.

② 丹尼尔·贝尔.资本主义文化矛盾［M］.赵一凡，蒲隆，任晓晋，译.北京：生活·读书·新知三联书店，1989：56-57.

③ 丹尼尔·贝尔.资本主义文化矛盾［M］.赵一凡，蒲隆，任晓晋，译.北京：生活·读书·新知三联书店，1989：56-57.

④ 丹尼尔·贝尔.资本主义文化矛盾［M］.赵一凡，蒲隆，任晓晋，译.北京：生活·读书·新知三联书店，1989：132.

益"相联结，即尽可能少投入、低成本投入，并非不产出，相反，恰恰要多产出、多收获、多收益，没有这样的"效益"也就谈不上"效率"。第四，它与"创造性""创新性"相联结，因为要想以尽可能少的投入，得到尽可能多的回报，便需"最大限度"地追求"最佳选择"，而在现代社会如此激烈的竞争环境中，没有"创造性"的工作，怎么会有"最佳选择"出现呢？同样，也只有"不断更新产品或生产流程"（贝尔语），也就是只有"创新性"地工作，才会有可能带来"最佳效益"的实现。

此外，在丹尼尔·贝尔看来，衡量"效率"的重要标尺、尺度是非常实用的，通常就是"金钱"。在技术—经济体系中，在资本主义社会的生产、流通中，"金钱"往往成为衡量"效率"最直观的尺度。

中国台湾学者对"效率"的界定简洁明了，"效率则是指以最少的资源完成工作"①。他们将"效率"与"效果"同时提及，认为"效果指的是目标的达到"②，而在经济运作中，"目标"通常就是指"创造利润、盈余"③。按照他们的意思，"效率"中的"完成工作"也就是完成预定目标，即实现"创造利润、盈余"的目标。因此，按他们的理解完整地表述"效率"，便是"以最少的资源来创造利润、盈余"。

可见，通常在可用技术—经济标尺衡量的社会工作或领域中，以尽可能最小的、最节俭的、最少的、最低的资源、投入、成本，去获取尽可能最大的、最丰厚的、最多的、最高的利润、盈余、回报，这便可称为"效率"。

电视作为一种"特殊"的产业，已经成了社会技术—经济体系当中的一个组成部分，一般我们把电视视为"文化产业"的重要组成部分，因此在遵循产业的规则，也就是技术—经济体系的规则上，应当与其他产业有共同之处。而"效率"进而也成为衡量电视水平的重要标准、标尺。

从总体上看，电视"效率"的获得体现在电视生产与传播的全过程，其核心是"经济效益"。为实现较好、较多的"经济效益"，在电视的宣传引导、策划、创作制作、编排播出、管理、营销推广各个环节上，都需根据特定的环境、时机，选

---

① 蔡念中，张宏源，庄克仁.传播媒介经营管理［M］.台北：台湾亚太图书出版社，1996：6.

② 蔡念中，张宏源，庄克仁.传播媒介经营管理［M］.台北：台湾亚太图书出版社，1996：6.

③ 蔡念中，张宏源，庄克仁.传播媒介经营管理［M］.台北：台湾亚太图书出版社，1996：6.

取特定的视点、角度，以特定的方式，传达特定的内容，这一过程的种种思路、方式、方法等的“创造性处理”，便成了电视传播艺术的基本内容构成。换言之，电视传播艺术的功能，恰恰是在电视生产与传播过程中的各个环节上进行“创造性处理”，而重要目标则是为了“经济效益”，即“效率”的获取与获得。

二、“品格”的界定与构成

“品格”，从字面上来理解，指某种对象、事物所具有的品质，以及对这种品质所达到的水平的一种标准鉴定。如人的“品格”，形成“人格”；艺术的品格，形成“艺格”；国家的品格，形成“国格”。

如果说“效率”相对说来可以有共同的、统一的标准，那么“品格”是否也有一个共同的、统一的标准呢？不少学者对此做了很有意义的表述。

丹尼尔·贝尔将“品格”（character）视为“道德准则和严肃目的的合成物”[①]。

汤因比也曾指出：“……资本主义也好，社会主义也好，或者福利经济也好，计划经济、混合经济也好，各个民族的社会选择最切合当时情况的体制才是正确的。然而，其基础必须着眼于把尊重人的生命放在首位的价值观，并把地球上的人作为一个整体去对待。把人的生命尊严作为价值基准的基础，才可能……开拓新的视野。”[②]汤因比还进一步指出：“凡属人的事物，必须以维护人类尊严为我们的目的。也必须以此作为基准来判断实现该目的的手段是否正确。”[③]

在联合国《世界人权宣言》中则这样写道：“人人享有生活、自由和人身安全的权利……人们应享有言论和信仰的自由……法律面前人人平等，人人有权得到无任何歧视的同等保护……人人有权直接地或通过自由选择的代表参与自己国家的治理……人人有权得到相当的生活水平，以保证其本人及其家人的健康和福祉，包括食、衣、住房和医疗照顾及必需的社会服务……人人享有受教育的

① 丹尼尔·贝尔.资本主义文化矛盾［M］.赵一凡，蒲隆，任晓晋，译.北京：生活·读书·新知三联书店，1989：34.

② 汤因比，池田大作.展望二十一世纪：汤因比与池田大作对话录［M］.荀春生，朱继征，陈国梁，译.北京：国际文化出版公司，1985：110-111.

③ 汤因比，池田大作.展望二十一世纪：汤因比与池田大作对话录［M］.荀春生，朱继征，陈国梁，译.北京：国际文化出版公司，1985：110-111.

权利。"①

著名美国学者劳伦斯·哈里森（Lawrence E. Hamison）在他所主编的《文化的重要作用——价值观如何影响人类进步》一书的绪论《文化为什么重要》中，引用了上述文件的文字，又通俗浅显地做了自己的概括，他认为："相信世界上绝大多数人都会同意：活比死好。健康比疾病好。自由比受奴役好。富裕比贫穷好。教育比无知好。正义比非正义好。"②

可见，对于人的尊严和基本权利的尊重，是人类普遍认同的基本价值取向，这就是贝尔所说的最基本的"道德准则和严肃目的"，也就成了关于"品格"的共同的、基本的、统一的标准。

但由于时代的、民族的、地域的、阶层的、行业的、受教育状况的等等条件、背景的差异，也带来了对于"品格"理解的差异性。

作为功能性要求的具体体现，"品格"显然具有了多样性的、丰富性的、差异性的形态特征。也就是说，除去上述对"人的尊严和基本权利"的普遍认同外，具体的、特定的生存环境决定了具体的、特定的"品格"的独具特色的形态特征。

如果说电视生产与传播在"效率"功能的追求和实现方面，有相对统一的目标和方式，其在"品格"功能的追求上，却显然呈现了丰富的、多样的、极具差异和特色的形态特征。

电视"品格"的形态特征不仅是外在的、外现的、可直观的，同样也是内在的、内蕴的、深藏其中的。因此，"效率"如果可以用"经济效益"来考量的话，"品格"则可以用"社会效益"来考量。由于"经济效益"相对可以找到统一的考量方法（如金钱或收入），而"社会效益"只能根据特定社会的政治、文化、道德、社会风尚、习俗等的特定标准去考量，所以，"品格"不仅有形态特征的差异，也有考量方式的差异。

电视传播艺术的重要功能，一方面体现在对电视生产与传播过程中的"品格"赋予共性的、基本的、统一的准则，另一方面又要自觉探求符合特定社会生存环境的特定的"品格"，并将其渗透在电视生产与传播各个环节之中。

① 劳伦斯·哈里森．文化为什么重要［M］// 塞缪尔·亨廷顿，劳伦斯·哈里森．文化的重要作用——价值观如何影响人类进步［M］．程克雄，译．北京：新华出版社，2002：13-14.

② 劳伦斯·哈里森．文化为什么重要［M］// 塞缪尔·亨廷顿，劳伦斯·哈里森．文化的重要作用——价值观如何影响人类进步［M］．程克雄，译．北京：新华出版社，2002：13-14.

三、“效率”与“品格”的关系

“效率”强调“经济效益”，“品格”强调“社会效益”，二者的内涵、外延及评价标准、针对性、倾向性与目标是完全不同的，但它们又同时并存于人类的生产与生活之中。因此，“效率”与“品格”必然扮演着既互相矛盾、冲突，又不断寻求统一与协调的角色，二者的关系既有矛盾、冲突、对立、对峙，又有统一、平衡、协调、和谐，就是在这样的关系中互相影响、互相推进着的。

“效率”与“品格”在相对稳定的社会情境下，或是在特定的某个层面上，是有其统一、协调与平衡的。如在资本主义的社会经济系统中，追求利润的“效率”与资本主义总体价值取向所造就的“品格”是可以达成某种一致的。正如丹尼尔·贝尔所说：“资本主义是这样一个社会经济系统：它同建立在成本核算基础上的商品生产挂钩，依靠资本的持续积累来扩大再投资。然而，这种独特的新式运转模式牵涉着一套独特文化和一种品格构造（character structure）。在文化上，它的特征是自我实现，即把个人从传统束缚和归属纽带（家庭或血统）中解脱出来，以便他按照主观意愿‘造就’自我。在品格构造上，它确立了自我控制规范和延期报偿原则（delayed gratification），培养出为追求既定目的所需的严肃意向方式。正是这种经济系统与文化、品格构造的交融关系组成了资产阶级文明。”①

从这段文字中，我们可以看出，在资本主义的社会经济系统中，“效率”具有追求利润的功能，为达到这种功能的实现，可实行以下各种原则、思路与方法：如商品生产为内容，成本核算为手段，资本积累是基础，这是具有资本主义普遍意义的“效率”特征。与此相对应的是，在文化的“品格构造”上，也有对应的一套价值取向所形成的原则、思路与方法，如个人主义（以“自我实现”为最高原则）、自由主义（按照主观意愿“造就自我”）、利己主义（既“自我控制”，又“延期报偿”）等。“个人主义”“自由主义”“利己主义”等“品格”在资本主义社会经济体系中，是受到保护和推崇的“严肃意向行为方式”。这些带有浓厚资本主义文化特征的“品格”，与资本主义生产的“效率”是非常吻合、相互协调和统一的。

① 丹尼尔·贝尔．资本主义文化矛盾［M］．赵一凡，蒲隆，任晓晋，译．北京：生活·读书·新知三联书店，1989：25.

当然，这只是一种总体上的协调和统一。事实上，"效率"与"品格"的对峙也许更为突出，更令人忧虑。

讲究"效率"便意味着讲求"挣钱"，而为了挣更多的钱，难免不讲"品格"。尽管"个人主义""自由主义""利己主义"这些资本主义文化"品格"，相对于封建主义某些文化"品格"，从历史发展来看有其进步性，但如果将"个人主义""自由主义""利己主义"无限放大，必然会出现严重的社会负面效应。

丹尼尔·贝尔已经意识到在"效率"与"品格"之间需进一步加以协调，当"个人主义"的"品格"无限放大时，需要加强"集体主义"的"品格"塑造。他指出："自由社会在其建立之初——在精神气质上、在法律上和在奖励制度上——是为了增进个人目的（individual ends），然而现在它却成为一种必须约定集体目标（collective goals）的相倚经济体系。加上这些集体目标有时是社会的组成部分，有时就是社会整体本身，这种状况就更趋复杂化。沿用较为通俗的说法就是：社会必须愈来愈致力于公益产品的生产，而不惜牺牲服务于私人利益的产品生产，必须愈来愈致力于对公有部门的资助，而不是对私有部门的资助。……社会必须增加对群体（而不是个人）权利的注意力，并且给予补偿。"①

在这里，丹尼尔·贝尔通过对"个人主义"与"集体主义"相悖的价值取向，强调了对于"集体主义"这一更为重要的"品格"的支持，而反对单纯追求"个人主义"的"效率"观。

从电视的生产与传播来看，"效率"与"品格"的对峙、矛盾也引起了越来越多人的关注。

苏联著名学者鲍列夫看到了电视单纯追求"效率"，因而低成本制造廉价的"快餐产品"可能带来的危害："电视机很有可能成为新的特洛伊木马，它能钻进一般人的大脑和心灵，从内部瓦解他，将他变成市侩和卑劣的小人，变成强盗和杀人犯。电视将成为麻醉剂，这一合乎逻辑的趋向把人变成自己的奴隶……"②鲍列夫同时对电视品格的追求寄予厚望："……如果电视始终发挥自己的长处，它也能成为人的伟大导师。"③

德国著名学者鲁道夫·爱因汉姆则指出："电视是对我们的智能的一次严重的

---

① 丹尼尔·贝尔 . 资本主义文化矛盾［M］. 赵一凡，蒲隆，任晓晋，译 . 北京：生活·读书·新知三联书店，1989：227-228.

② 鲍列夫 . 美学［M］. 乔修业，常谢枫，译 . 北京：中国文联出版公司，1986：453.

③ 鲍列夫 . 美学［M］. 乔修业，常谢枫，译 . 北京：中国文联出版公司，1986：453.

新考验。这个新手段是，如果我们掌握得当，它将使我们的生活更加丰富。但是它同时也能使我们的头脑入睡。我们决不能忘记，过去正因为人不能运送自己的亲身经历，不能把它传达给别人，才使得语言文字成为必要，才迫使人类运作头脑去发展概念。……到了只要用手一指就能沟通心灵的时候，嘴就变得沉默起来，写字的手会停止不动，而心智就会萎缩。"①

美国媒介巨头、时代华纳副总裁、CNN总裁泰德·特纳在谈到美国电视节目时，要求电视从业者清洁自己的言行。他称目前的电视"愚蠢、低劣、糟糕，充满暴力和征服"。他对美国电视一味追求利润的"效率"感到担忧，他说："电视行业中太多的人太关注挣钱了。"同时，他也对电视应有的"品格"——主要是社会责任的承担提出希望和要求，他说："我认为世界上没有其他一个产业像媒体这样有巨大的影响力。我们有责任像牧师或大学校长那样去生产出一些值得生产的东西。"②

事实上，之所以这么多学者和传媒业人士认识到电视生产与传播过分重视"效率"带来的负面问题，是因为"效率"的确对于电视生产与传播有着非常重要的作用。没有"效率"的提高，哪里谈得上"品格"的提升？当然，不讲"品格"的提升，"效率"最终也难以实现。因为电视媒体如果社会责任感降低，最终将使自己的媒介形象受到损伤，乃至被公众唾弃，一旦如此，还哪里有什么"效率"可言！因此，"效率"与"品格"之间的关系是一对辩证的关系。一方面，较高的"效率"可以使"品格"获得实现、提升的现实物质基础；另一方面，较高的"品格"可以通过"无形资产"的影响力、权威性与号召力，来获得"效率"的提高。单纯讲求"效率"是急功近利的短视行为，单纯讲求"品格"又可能脱离现实的物质基础，是不切实际的空想。只有将对"效率"的追求和对"品格"的追求有机结合在一起，才会有电视经济效益与社会效益的全面收获。

第二节　关于"效率"与"品格"的意义与评价

"效率"与"品格"的功能追求，对于社会有着怎样的意义，应当做何评价？

---

① 鲁道夫·爱因汉姆.电影作为艺术［M］.杨跃，译.北京：中国电影出版社，1986：160-161.

② 引自汪文斌，胡正荣.世界电视前沿Ⅰ［M］.北京：华艺出版社，2001：66.

对于电视传媒又有怎样的意义，应当做何评价？这是我们研究电视传播艺术功能所必须探讨的问题。

一、"效率"提高的意义及评价

电视生产与传播"效率"的提高有其电视媒体自身的意义，也有其普遍的社会意义。从社会意义来看，对于社会经济—产业系统的调整与发展，对于市场—消费系统的拉动与推进，对于技术的创新与进步等都有着重要的作用。从电视媒体自身意义来看，对于提高电视生产力、调整电视生产关系、提高电视媒体的整体实力更有着直接的重要作用。

（一）从社会意义来看电视"效率"提高的作用

从电视"效率"提高对于产业发展的贡献来看。电视传播艺术对于"效率"的探求，意在促使"效率"的提高，而"效率"的提高，意味着电视传媒整体经济效益的提高，电视传媒整体经济效益的提高，必然带来电视传媒经营、营销与开发力度的加大，从而形成电视可观的产业运营，这对整个文化产业都是一种极为重要的推动。电视生产与传播，不仅成为"文化产业"不可分割的组成部分，又因其高科技的渗透与运用，成为科技含量很高的现代信息产业的一个不可分割的组成部分。当电视作为一个产业，一个媒介产业进入社会经济—产业系统的运行之中，便成了一个勾连着"文化产业"与"信息产业"的"媒介产业"。有学者认为："当媒介经营的个体发展到一定阶段，必然向独立的企业法人过渡，并以市场平等、竞争的原则建构内外关系，从而形成经济学意义上的'同类企业的集合体'——'媒介产业'。"[①]而中国"媒介产业化"的启动有三个动因，就是"大市场""大媒介""大资本"[②]。还列举了以下的数字：1999年，我国的广告经营额已经达到622亿元，相当于GNP的0.7%左右。仅有线电视用户已经达到8000万户，居世界第一，固定资产达到2000亿元。如果投入100亿元整合全国的有线网络，可以达到5000亿元的资产规

① 黄升民 . 重提媒介产业化［J］. 现代传播 - 北京广播学院学报，2000（5）：1-5+17.
② 黄升民 . 重提媒介产业化［J］. 现代传播 - 北京广播学院学报，2000（5）：1-5+17.

模。[①]因此，这么巨大的媒介市场必然催生巨大的媒体，而巨大的媒体运营又必然需要巨大的资本的支撑。[②]在这种发展态势下，跨媒体、跨行业、跨地域乃至跨国的媒介产业集团就有可能诞生，而这对于社会的经济—产业系统显然是一个有力的推动。

从电视“效率”提高对于市场—消费的拉动来看。一方面使电视产业迅速崛起，另一方面也造就了日益扩张的巨大市场。电视的生产与传播，不仅限于电视传媒自身，而且构成了全球性的商业行为。正如有学者所说：“一个全球化的媒介市场正在形成并迅速发展，越来越多的大媒介集团进入全球传媒市场。美国的迪斯尼、时代华纳、VIA COM都在国际媒介市场上拥有许多知名的媒介产品品牌。从澳大利亚传媒巨子默多克的新闻集团到微软和贝塔斯曼，其经营目标都在全球市场。巨大的媒介联合企业兼并不断出现，呈现出娱乐业、新闻业和信息业高度融合的趋势，地方媒介公司与跨国公司之间的战略性联合加强。为扩展市场份额，让全球性媒介产品顺利进入地方市场，跨国公司越来越依赖于同地方性媒介携手，而实力虽不如跨国公司却占有地方性资源优势的小公司也十分懂得如何利用自己的长处来吸引跨国公司并从中获得相应的利润，双方合作的范围和深度因此而加大。”[③]这里将全球性的媒介市场景观做了一番扫描，这意味着电视的所有产品、技艺、管理等都以商品方式在全球市场中流动。以美国为例，其充满“效率”的电视市场情形如下：“在这个市场化和全球化的过程中，美国广电业的市场重构起到了举足轻重的作用。作为世界市场环境中的媒介组织，美国的广播电视业已经成为一项重要的国际商业行为，不仅广电产品的出口额巨大——进出口通常被视为国际商业行业的第一种形式——如今视听工业产品是美国第二大出口商品，而且美国更是国际化的广播电视市场与商业中心，在国际投资与国际合作方面也频频出击。”[④]之所以形成如此可观的效益，一方面得益于美国经济本身的持续增长，另一方面也得益于“全球电视机的家庭拥有量从20世纪70年代到90年代里稳定上升的趋势[⑤]，一个全球化的

① 黄升民．重提媒介产业化［J］．现代传播 - 北京广播学院学报，2000（5）：1-5+17.

② 黄升民．重提媒介产业化［J］．现代传播 - 北京广播学院学报，2000（5）：1-5+17.

③ 陆晔．力量游戏：全球化过程中世界电视业的市场重构［M］//张凤铸，黄式宪，胡智锋．全球化与中国影视的命运．北京：北京广播学院出版社，2002：58-63.

④ 陆晔．力量游戏：全球化过程中世界电视业的市场重构［M］//张凤铸，黄式宪，胡智锋．全球化与中国影视的命运．北京：北京广播学院出版社，2002：58-63.

⑤ 陆晔．力量游戏：全球化过程中世界电视业的市场重构［M］//张凤铸，黄式宪，胡智锋．全球化与中国影视的命运．北京：北京广播学院出版社，2002：58-63. 文中（接下页）

广播电视产品消费市场正在形成"[①]。以电视生产与传播为主要内容的美国视听工业的奇迹，令世人瞩目，它的确已经超越了传统电视传媒的功能空间，而成为影响全球市场—消费的极为重要的部分。当然，发展中国家也在不断想办法提高"效率"，以在全球市场竞争中获益。

从电视"效率"提高对技术进步的推动来看。电视"效率"的提高始终与技术进步密不可分。我们正处在一个"信息时代"和"信息社会"之中，如同奥林匹克运动会的口号"更快、更高、更强"，电视在日益"产业化""市场化"的过程中，同样寻求着"更快、更高、更强"，因为只有如此，才会更有"效率"。而要达到这个目标，几乎所有的大电视媒介集团，都不约而同地看到了共同一点：技术的进步。以英国BBC为例。刚刚进入电视领域的BBC就遭遇到了独占性垄断经营被打破的竞争体制，于是他们迅速采用新技术，如转换彩色图式、开播图文电视等，帮助BBC确立了与商业电视系统竞争的实力。[②]20世纪90年代后半期，BBC制定了数字电视发展规划，并采用了一系列新的传输手段和制作方式。[③]再如日本NHK。NHK一贯倡导"有什么从NHK开始，没有什么也从NHK开始"的技术领先精神。早期的黑白电视制式、彩色电视制式都是由NHK倡导的。在图文电视、卫星电视、高清晰度电视等方面，NHK一直领导着电视技术发展新潮流。电视在技术方面既有媒体自我发展的需要，也有由于电视技术进步、"效率"提高所带来的社会整体的技术进步。

当代最有影响的未来学家之一尼葛洛庞帝在他的《数字化生存》一书中，尽管对高清晰度电视做了调侃（"是个笑话"），对"比特电视"即"数字电视"大加赞赏，对"供出租的比特""'无论何事、何时，何地'的电视""15000个电视频道""没有执照的电视台"等做了生动预测[④]，但有一点他却无意中表达了出来：正

所说全球家庭电视机数量的增长，分别为1970年245万台、1992年725万台，资料来源为：HOSKINS C，MCFADYEN S，FINN A. Global Television and Film：A Introduction to the Ecnomics of the Business［M］.Oxford：Clarendon Press，1997.

① 陆晔.力量游戏：全球化过程中世界电视业的市场重构［M］//张凤铸，黄式宪，胡智锋.全球化与中国影视的命运.北京：北京广播学院出版社，2002：58-63.

② 参见黄升民，丁俊杰.中国广电媒介集团化研究［M］.北京：中国物价出版社，2001：60-61.

③ 参见黄升民，丁俊杰.中国广电媒介集团化研究［M］.北京：中国物价出版社，2001：60-61.

④ 尼葛洛庞帝.数字化生存［M］.胡泳，范海燕，译.海口：海南出版社，1997：51-66，201-205.

是由于电视“效率”的不断提高，催发、推动着电视技术的不断进步，甚至为社会整体技术的进步带来了许多机遇和可能。

（二）从电视媒体自身的意义上来看电视“效率”提高的作用

首先，电视“效率”提高，有利于推动电视生产力水平的提高。电视“效率”的提高，与科技水平的提高、资金投入的加大、节目生产水平的提高有着相辅相成、密不可分的关系。科技水平、资金投入水平、节目生产水平的提高，与电视“效率”的提高可谓互为因果。以电视传播“数字化”生存为例，由于“数字化”的科技方式、手段全面进入电视生产与传播过程，从而使电视频道资源由“稀缺资源”变成了“过剩资源”，使一家电视媒体办多个电视频道成了现实可能，而同时也带来了各电视媒体之间更加激烈的市场竞争。正因为这样一种局面的出现，使各电视媒体想方设法提高“效率”，以吸引人才，改变媒体战略与策略，调整、整合各种资源，从而使电视生产力水平大大提高。还是从“数字化”说起，由于数字技术的普遍采用，从而使电视节目的制作出现了更高的“效率”。新技术方式、手段的运用，改变了电视的传统制作方式、传输方式，甚至改变了电视的运行方式，这就比“模拟”时代的“效率”不知高出多少倍。而资金的投入也是同样的道理，迄今成功的电视生产与传播经验告诉我们，只要营销战略与策略到位，一般说来，成本的“大投入”往往会有“大产出”的回报。因此，集中优势“兵力”，集中资金“大投入”，往往会带来极为可观的收益。正是上述科技水平、节目生产水平、资金投入水平的不断提高，带来了“效率”的不断提高，从而使人、财、物各尽其用，带来电视生产力水平的大幅度提高。

其次，电视“效率”提高，有利于推动电视生产关系的调整。随着电视生产力水平的提高，必然要求相应的生产关系的调整，以适应迅速发展起来的电视生产力的需要。在计划经济时代，电视传媒的体制、建构、运行方式等都是按事业单位、宣传部门的一般特点去体现的，但当电视也在向“社会主义市场经济”体系转轨、转型的时候，各种不相宜的生产关系状况出现了。有学者曾指出：中国电视的改革难点在于“身份不明”和“条块分割”。“我国的各级电视台至今没有一个明确的身份。是党和政府的宣传机构（行政性的组织机构）呢？还是新闻传播媒体（事业性的单位）？是带有福利性质的公共事业单位呢？还是产业化运作的商业企业？电视从业人员，是纳入国家机构的公务员管理体制呢？还是事业单位的办事人员？或者就是企业的雇员？目前的情况是，这些性质和身份兼于一身，你中有我，我中有你。各种身份都带一点，但都不是那么纯粹。"[①]而"条块分割"的情形则是"中国电视台的设立和布局，基本上是根据行政区划逐层建设的。……短短十年之中，……至少有数千家电视台在中国问世，成为世界电视的一大奇观"[②]，"电视台内部机构的设立和管理，同样是条块分割，没有建立以频道为中心的管理运作机制。电视台的机构是按照不同的报道领域划分的行政管理部门，如新闻部、社教部、文艺部、经济部、少儿部等等。各个部门的节目分别在不同的频道播出，每个部门只为自己部门的节目负责，谁也不为频道的整体形象、整体的播出效果负责。经济效益、广告收入和从业者的工作成效没有直接联系，……使从业人员的主动性、创造性和事业心日见萎缩。电视台成为一个臃肿、庞杂、效率低下的行政机构"[③]。电视生产力的大发展，呼唤着电视生产关系的大调整，对此，中国电视的理论与实践两方面都开始了大胆的探索。有学者就电视生产关系的调整发表的"四次剥离"的改革设想就颇具代表性。要解决电视生产与传播的诸多矛盾与不适应，应实行"四次剥离"，这便是：第一次剥离为"网台分营"，即依循产业经营的思路，把事业体系中的网络和内容生产的"台"剥离出来，实现"产业经营集团组织"。第二次剥离为"制播分离"，即在内容生产的"台"组织体系中，依循第一次剥离的思路，控制频道，开放生产领域，实现"专业化分工、社会化生产"。第三次剥离为"频道分营"，即把新闻、综合频道与体育、影视等娱乐频道分营管理，实现"专业频道，新闻集中、娱乐分散"。第四次剥离为"报道与宣传分离"，即把舆论、公告、政府政令、政党宣传与一般的新闻报道分离，实现"新闻立法、政企分开、体制改革"[④]。目前，中国电视业正在探索各种解决、调整生产关系的思路、方法与途径，从宣传改革、体制改革、管理改革、经营改革、节目改革等方方面面入手，这对中国电视全行业都将产生深刻影响。而电视"效率"的提高，必然会对这些改革起到重要的推动作用。

---

① 徐舫州．中国电视改革的问题及对策［J］．现代传播－北京广播学院学报，2000（4）：9-16.

② 徐舫州．中国电视改革的问题及对策［J］．现代传播－北京广播学院学报，2000（4）：9-16.

③ 徐舫州．中国电视改革的问题及对策［J］．现代传播－北京广播学院学报，2000（4）：9-16.

④ 黄升民．重提媒介产业化［J］．现代传播－北京广播学院学报，2000（5）：1-5+17.

最后，电视“效率”提高，有利于电视整体实力的提高，有利于电视国际国内竞争力的加强。电视的整体实力包括资金、员工队伍、节目内容、管理、技术、营销推广等多个方面。电视技术是推动电视发展的重要动力，随着数字化、网络化、智能化技术的发展，电视整体的运营不断在改革、探索、创新之路上延伸、拓展，也不断提高着“效率”与能力。

二、“品格”提升的意义及评价

如果说“效率”主要着眼于市场、经济、有形资本与资产，那么“品格”则主要着眼于人文、社会、无形资本与资产。电视传播艺术的功能追求，既要足够关注“效率”，也要足够重视“品格”，应当使二者协调实现。尹鸿教授对中国电视传媒研究中，尤其是产业改革研究中的问题发表了这样的评论：“……在方法上基本没有足够的经济学模型的论证，在价值观上往往又将媒介经济学凌驾于媒介社会学、伦理学、政治学、美学之上，单纯强调媒介的经济利益最大化，而对于中国这样一个发展中国家来说，媒介在产业化、市场化过程中，如何能够保证社会信息资源的共享，如何创造民族的认同平台和公共意识，如何维护或者建构主流的伦理秩序和社会规范，如何保持经济利益和社会利益之间的平衡，如何维护社会的大众群体和小众群体、强势群体和弱势群体、中心群体和边缘群体之间的话语平等，如何建设一种公正的舆论环境等等这样一些与媒介的发展方向、道理、出发点相关的重大问题，我们的传媒研究应该说都还没有给予足够的重视和充分的研究，传媒的话题完全成了一个经济学话题。”[①]正因此，尹鸿教授提出，“传媒不是为金钱服务的，而是为人服务的，所以我们的传媒研究不仅要研究传媒如何得到市场价值，更需要研究传媒如何保持它的人文价值”[②]，“传媒的经济在本质上来说，必须与人文视野联系在一起，传媒改革才能够有一种正确的思路”[③]。

“效率”提高的社会意义及对于电视媒体的意义，已在前面做了表述。那么“品格”的提升，有怎样的社会意义，又对电视媒体有什么意义呢？这个问题首先需要从电视传媒巨大的社会影响谈起。

---

① 尹鸿．专业化・人文化、多样化［J］．现代传播，2002（1）：1-2.
② 尹鸿．专业化・人文化、多样化［J］．现代传播，2002（1）：1-2.
③ 尹鸿．专业化・人文化、多样化［J］．现代传播，2002（1）：1-2.

（一）电视传媒巨大的社会影响

电视对于社会有哪些影响？关于这个问题的讨论，始终是相当热烈而成果丰实的，不论是在中国还是在世界。总体上看，集中于"正面的"与"负面的"两个取向和视角来展开。

从电视"正面"的社会影响来看，美国学者梅尔文·L.德弗勒（Melvin L.Defleur）和埃弗雷特·E.丹尼斯（Everette E.Dennis）在其著作《大众传播通论》（*Understanding Mass Communication*）中指出："大众传播不仅对个人而且对社会或文化都有影响；它可以影响一个团体的共同信仰和价值观，影响它对英雄与恶棍的选择，影响它的公共政策和技术。特别是媒介连续不断的信息传播，能对社会变革产生真正深刻的影响。"[①]他们就以电视为主体的大众传媒"影响社会和文化的三种主要方式"做了简明而透彻的阐述："首先，媒介能促进和拓展社会变革，这种影响在发展中国家表现得特别明显。这些国家有时有意识地利用媒介促进现代化进程。其次，媒介可以影响公众对现实、当前的公共问题及其重要性的认识。媒介也影响公众对哪些情况才算需要采取行动力的社会'问题'的看法。最后，媒介是大众文化的工具，它源源不断地为亿万人民提供质朴无华的音乐、戏剧和媒介塑造的人物。我们将会看到，人们对大众文化的质量和效果有过激烈的争论。"[②]日本学者藤竹晓则引用NHK古垣铁郎的一段话，"（电视）的影响并不仅仅在于给部分阶层带来安慰和娱乐，而是在整个国民生活方面发挥可以说是革命性的作用。电视具有着改变国民生活方式的强大力量。"[③]笔者在《影视文化论稿》第四章"电视文化与电视传播"中，也曾表述过电视"创造了人类文化交流与文化传播的奇迹"，"加速了人的社会化进程"，"改变了人的生活方式与价值取向"，具有"巨大的社会教育效果与示范性导向性"[④]等积极社会意义。

从电视"负面"的社会影响来看。日本学者池田大作曾指出："事实上，由电

① 梅尔文·L.德弗勒，埃弗雷特·E.丹尼斯.大众传播通论［M］.颜建军，王怡红，张跃宏，等译.北京：华夏出版社，1989：328-329.

② 梅尔文·L.德弗勒，埃弗雷特·E.丹尼斯.大众传播通论［M］.颜建军，王怡红，张跃宏，等译.北京：华夏出版社，1989：328-329.

③ 藤竹晓.电视的冲击［M］.李江林，樊诗序，编译.北京：北京广播学院出版社，1989：147.

④ 胡智锋.影视文化论稿［M］.北京：北京广播学院出版社，2001：101-104.

视及其他群众性宣传机构提供的信息数量，可以说已经过多了。……甚至已经出现了‘信息公害’（重点号笔者加）……现代人的确已经被埋进浩如烟海的信息中了。他们看不到自己，不知该怎样把握判断价值的基准。”①德国著名学者哈贝马斯致力于对当代大众文化的反思与批评。从媒介文化的角度，他认为这种商业文化（指电视等大众传媒——笔者注）“具有文化上的霸权性质，力求对资本积累的最大化，并限制更为明达的批评。根据这一解读，经济和具备公有制的社会权力这双重压力，凭借一种文化空间度，千方百计地压制社会的批判性疑问”②。而阿多诺、霍克海默尔等法兰克福学派的代表人物，则更直接地抨击着电视等大众文化样式。“他们的论点是，工作和生产的理性化，反映于参与管理、控制和生产消费者文化各种肤浅的工具主义理性的诸种形式。以欺骗性的意识形态为手段，……晚期资本主义的主导文化的作用，是助长对文化领域中的冲突、异质性和特殊性的镇压。这种‘赞同性文化’的形式，在对交换的迷恋胜于对使用价值的看重的同时，使受众产生了希望听到千古不变的演出的欲望。”③阿多诺等将此看作文化上“幼稚和退化”的表现。日本的藤竹晓在《电视的冲击》中对于电视中过多的“色情、金钱、暴力”④给予了批评，并引用美国学者凯特·莫迪所著《在电视前成长》的目录，对电视“对身体的影响、对学习和知觉的影响、对读书的影响、促进攻击性行为、对健康和生活方式的影响、对社会关系的影响”等众多问题予以了关注。⑤张西明先生撰文写道：“欧美的新闻传播学学者们，经常对他们自己的电视节目提出强烈批评，主要是抨击其商业味越来越重，引人思考的严肃内容越来越少，‘垃圾餐文化’（很多美国人把‘麦当劳’之类的快餐称为junk food，即‘垃圾餐’，进而将新闻媒体中的‘流行文化’内容引申称为‘垃圾餐文化’）。……新闻提供的是信息（information），电影给人的是娱乐（entertainment），但商业化的欧美新闻产业却把

---

① 汤因比，池田大作．展望二十一世纪：汤因比与池田大作对话录［M］．荀春生，朱继征，陈国梁，译．北京：国际文化出版公司，1985：116.

② 尼克·史蒂文森．认识媒介文化——社会理论与大众传播［M］．王文斌，译．北京：商务印书馆，2001：86-88.

③ 尼克·史蒂文森．认识媒介文化——社会理论与大众传播［M］．王文斌，译．北京：商务印书馆，2001：86-88.

④ 藤竹晓．电视的冲击［M］．李江林，樊诗序，编译．北京：北京广播学院出版社，1989：130-131.

⑤ 藤竹晓．电视的冲击［M］．李江林，樊诗序，编译．北京：北京广播学院出版社，1989：185-186.

这两者合二为一，以至最后造出了一个新词infotainment，可译为'信息娱乐'或者'娱乐信息'，……在兴致勃勃的'休闲'、'轻松'和'娱乐'中，看多了的人的头脑却变得越来越简单。所以近年来在欧美'反垃圾餐文化'成为一种潮流，'关掉电视'成为一种文化口号。"①

周宪、许钧先生在他们主编的"文化和传播译丛"的"总序"中指出："电子媒介导致了一系列的新现象。首先，它加速了全球化和本土化的进程……其次，电子媒介在促进文化的集中化的同时，又造成了不可避免的零散化和碎片化。再次，电视媒介一边在扩大公共领域的疆界和范围，将越来越多的人卷入其中，但同时它又以单向传播、信息源的垄断以及程序化等形式，在暗中萎缩和削弱潜在的批判空间。复次，电视媒介以其强有力的'符号暴力'摧毁了一切传统的边界，文化趋同于同质化和类型化，但它又为某种异质因素的成长提供了某种可能。最后，电子媒体与市场的结合，必然形成消费主义意识形态以及被动的文化行为，这似乎都和口传文化和印刷文化判然有别。"②他们清醒地认识到，以电视为主导的电子媒介构造了一种新型的文化，这便是"媒介文化"，他们认为："这是一种全新的文化，它构造了我们的日常生活和意识形态，塑造了我们关于自己和他者的观念；它制约着我们的价值观、情感和对世界的理解；它不断地利用高新技术，诉求于市场原则和普遍的非个人化的受众……总而言之，媒介文化把传播和文化凝聚成一个动力学过程，将每一个人裹挟其中。于是，媒介文化变成我们当代日常生活的仪式和景观。这就是我们所面临的现实的文化情境……"③

正是由于电视传媒有如此巨大的社会影响，因此电视传媒的"品格"的提升，对于社会、对于电视媒体自身也就有了格外重要的意义。

（二）"品格"提升的社会意义

电视传媒的"品格"的提升，至少包含三个方面的内涵、内容，即人类性的、社会性的与个人性的，具体的意义如下。

---

① 张西明．传媒帝国的诱惑［J］．读书，2002（3）：121-126.

② 尼克·史蒂文森．认识媒介文化——社会理论与大众传播［M］．王文斌，译．北京：商务印书馆，2001：总序．

③ 尼克·史蒂文森．认识媒介文化——社会理论与大众传播［M］．王文斌，译．北京：商务印书馆，2001：总序．

首先，在人类层面，"品格"的提升，有利于推动人类性的共同的价值准则的建立。电视传媒跨时空、跨国、跨地域的巨大传播能力，为其发挥这一功能打下了技术基础。如果能够在大规模的电视文化传播、交流中，体现出具有普遍人类性价值的内涵与追求，那将是功德无量的——对于人类的进步而言。尽管中国与西方文化传统中有着差异很大的价值取向、思维方式与行为方式，但不论是中国的儒家学说、道家学说，还是佛教教义，或是西方的基督教文化，对于人类性的基本的准则、规范还是有其共性的。在《电视影响评析》一书中，作者就"人文主义视野中的电视"做了一番分析，从中国传统文化、西方文艺复兴以来文化的"人文主义"，到当代德国人文主义、存在主义与法兰克福学派中的"人文主义"，都做了认真的辨析。作者指出："以一种悲天悯人的人文关怀来审视电视，从人文主义的视野观照和反思电视，抨击电视给人类带来的负面影响，揭露电视在人的发展中种种异化作用，力主用人文主义精神来提升电视的文化品位，这不仅代表了中外对电视持批判态度的人文学者的主旨，而且成为世纪之交时电视发展的基本走向。"①而这种为中外文化所共同认同的"人文主义"或人类性的准则，其具体内容、内涵是什么呢？笔者认为，汤因比与池田大作二位著名学者在对话中对于"生命尊严"的观点和见解应当是最基本的"人文主义"的内容、内涵的注脚。池田大作先生说："必须把生命的尊严看作为最高价值，并作为普遍的价值基准。就是说，生命是尊严的，比它再高贵的价值是没有的。"②他还说："只有把自己生命的作用变为美好的东西，去怜悯一切其他生命，不做损害他人的丑事，才能使人的生命在事实上成为尊严的。除此之外，别无他法。"③汤因比先生则认为，"生命的尊严才是普遍的绝对的基准"④，他指出："关于尊严与其他价值不同，任何东西都代替不了尊严这一绝对价值的命题，……人要想对自己的尊严有所觉悟，就必须谦虚。的确，人性是尊严的，……这只限于没有私心的、利他的、富于怜悯的、有感情的、肯为其他生命和

① 时统宇．电视影响评析［M］．北京：新华出版社，1999：226-227.

② 汤因比，池田大作．展望二十一世纪：汤因比与池田大作对话录［M］．荀春生，朱继征，陈国梁，译．北京：国际文化出版公司，1985：428-431.

③ 汤因比，池田大作．展望二十一世纪：汤因比与池田大作对话录［M］．荀春生，朱继征，陈国梁，译．北京：国际文化出版公司，1985：428-431.

④ 汤因比，池田大作．展望二十一世纪：汤因比与池田大作对话录［M］．荀春生，朱继征，陈国梁，译．北京：国际文化出版公司，1985：428-431.

宇宙献身的这样情况。只要为贪欲而进行侵略，人就不会有尊严。"①建立在"生命的尊严"基础上的诸如世界和平、人类进步及普遍的真、善、美境界的追求等，都成了人类性的基本准则、规则。而电视传媒"品质"的提升，将使电视这一最大的大众传媒，在弘扬"生命的尊严"的人文主义精神方面，发挥不可替代的作用。

其次，在社会层面，"品格"的提升，有利于推动不同社会之间、社会内部各阶层之间等的沟通、交流，进而达到社会进步的目标。由于历史、宗教、民族、道德规范、习俗、生活方式等的差异，不同社会之间会产生不同的价值观念、思维方式与心理心态，由此演化为社会之间的不协调、不和谐乃至对立、矛盾甚至严重冲突。在同一社会的内部，由于社会背景、受教育状况、社会地位、社会资源拥有情况、收入等的差异，也会带来不同社会阶层之间在价值观念、思维方式与心理心态上的差异。电视传媒在处理上述社会层面问题之时，所面临的困难是不言而喻的，但不论有多大的困难，电视传媒必须做出自己的选择。电视传媒"品格"的提升，在社会层面意味着对于不同社会"求同存异"的关系处理方式，而对于同一社会内部各阶层关系则应采取总体上的"社会公正"原则。刘华秋同志在《2001年国际形势的回顾与展望》一文中指出，应当"积极维护和尊重世界多样性的现实。提倡'国际关系民主化''发展模式多样化'。世界是丰富多彩的。各国在社会制度、价值观念、发展程度、历史文化传统、宗教信仰等方面存在着一定的差异。各国文明的多样性，是人类社会的基本特征，也是人类文明进步的动力。国家无论大小、贫富、强弱，都是国际社会平等的一员，都有参与和处理国际事务的权利，都有自主选择适合本国国情发展道路的权利。在国际事务中提倡和贯彻民主原则，就是要保障各国的这种权利。世界各种文明和社会制度，应长期共存，在竞争比较中取长补短，在求同存异中共同发展"②。这里，"求同存异"的思路、原则与方式得到充分肯定。而同一社会内部不同社会阶层关系的处理，则需要"社会公正"原则。所谓"社会公正"，"不同于以财富和权力的均等程度来衡量的'平等'，也不同于与效率相对而言的机会'公平'和结果'公平'。社会公正是一个社会的最高理念，是得到广泛认同的价值基础，赖有这个基础，社会才能建立起良好的秩序，追求不同利益的个人才能遵循共同的行为准则，人们才能区分善恶并对惩恶扬善抱有肯定性的

① 汤因比，池田大作．展望二十一世纪：汤因比与池田大作对话录［M］．荀春生，朱继征，陈国梁，译．北京：国际文化出版公司，1985：428-431.

② 刘华秋．2001年国际形势的回顾与展望［N］．解放日报，2001-12-30．转引自《新华文摘》，2002年第4期。

期待”①。电视“品格”的提升，对于消除隔阂、偏见，加强沟通、交流，化解矛盾、冲突，增进理解、认同，事实上已经发挥了巨大作用，在新的时代，将在这一层面为推动整体的社会进步继续发挥其重要作用。

最后，在个人层面，“品格”的提升，有助于个体的、个人的成长与发展。由于电视受众的行为带有突出的个性、个人化的特点，因此，电视传媒呈现于电视荧屏的任何内容，都有可能被作为个体化、个人的电视受众尤其是正在发育成长中的青少年、儿童所选择、模仿、学习。这就是为什么中外许多学者将电视视为又一重意义上的“大学校”，而且极为关注电视与青少年、与儿童的关系。笔者认为，电视在这些方面——推动个体的、个人的成长与发展方面，扮演着十分重要的角色，因此，必须强调电视“品格”的提升，才有可能避免负面效应的产生，才有可能使个体的、个人的成长与发展呈健康、正常、进步状态与趋势。电视传播什么样的内容、怎样来传播，才能达到这一目标呢？这里的思路、方法有很多，关键就在于传播主体对于传播内容的把握——是否有益于个体的、个人的成长与发展。这里有一个重要的衡量标尺：看要传播的内容是否能增进个体的、个人的“教养”。电视有“教养”，才能培育出有“教养”的人，而这“教养”又是以培育个人的“关怀”为宗旨的。《中国青年报》专门组织了关于“教养—关怀”的讨论，这对于电视的反思很有启发，正如这次讨论的组织者所言：“以关怀为本质的教养包括了三个层面。最低层面可以使我们守住底线伦理，使我们不至做出伤害他人的事；中间层面是怎样以得体的方式与他人交往并表达对他人的关怀；最高层面的教养有更丰富的内容，它体现了对人、对己的大关怀，如自立自强——把对他人的麻烦降到最低；如尊重他人的选择——决不以关怀之名行操纵和干涉之实……”②联想到上面已提及的国外不少儿童的家长，愤然提出“关掉电视”的情形，联想到中外许多学者提出的电视对于色情、享乐、拜金、暴力的渲染，所带给个体的、个人的成长历程中的恶劣影响，如果电视的“品质”能得以提升，那么将对多少个个体的、个人的健康成长带来益处。果如是，电视真是善莫大焉、功德无量了。

对于电视“品格”提升的社会意义，一般都容易理解，而电视“品格”提升对于电视传媒自身的意义，则似乎不太容易理解。的确，如果说“效率”提高，将

① 《社会学研究》编辑部．2001：中国社会学前沿报告［J］．社会学研究，2002（2）：1-29．转引自《新华文摘》，2002年第4期。

② 教养的本质是关怀［N］．中国青年报，2002-03-07．转引自《新华文摘》，2002年第4期。

给电视传媒自身带来什么，我们可以从"有形资产"的提高中找到答案；可是"品格"提升，不仅很难从"有形资产"中找到答案，更难从"无形资产"中找到答案。如果说"品质"提升只意味着电视传媒的社会责任，而且还影响电视传媒的"有形资产"的收益，那对于许多电视传媒来说，可能会本能地做出"唯利是图"的选择，但笔者认为，电视传媒的"品格"提升，从电视传媒自身的生存与发展来看，同样具有十分重要的意义。

首先，"品格"的提升，有利于电视传媒塑造自身良好的媒介形象，进而获得充足的无形资产，获得可持续性发展的动力与社会资源。电视传媒的生存与发展，既有赖于"有形资产"——经济利益、市场价值、资本等的支持与维护，更有赖于"无形资产"——声誉、权威、社会形象等的支持与维护。之所以说电视传媒是一个"特殊的产业"，原因就在于此。社会学研究中关于"声望"是这样表述的："……声望，即一个人从他人中获得的良好评价和社会公认。声望以多种形式出现：诸如公众认可和称道，尊敬和钦佩，荣誉和敬意等。声望可以从多种方面取得。那些大慈大悲，慷慨大方，勇敢好胜，富于创造和智力超群的人往往会获得声望。钱可以买到声望，权力可以要求声望，……有时这个过程会倒过来。一个人可以先获得声望，然后再把声望转换为财富。"[①]这尽管说的是个人的"声望"，但对于群体、组织、机构来说道理是一致的。电视传媒通过自己的传播内容和传播方式，在社会中产生巨大影响，引来各种评议、评价，如果通过"品格"的提升，获得"良好的评价和社会公认"，就可以获得一定的"声望"，而这"声望"本身就已经成为电视传媒的宝贵的无形资产，况且这"声望"不仅是一笔"无形资产"，有时也可以"转换为财富"，即有形资产。从中外电视媒体的比较中可以发现，一个电视媒体"品格"的提升，可使电视媒体获得良好的社会形象，这会"累积"起它的无形资产，并不断地转换成"有形资产"的财富。不论是资本的运营，广告的吸引、投放，还是产品的推广，营销的开展等，都会获得比"声望"较低的电视媒体大得多的利益回报。尽管在电视传媒日益市场化、商品化、产业化的今天，人们普遍为电视传媒"唯利是图"的选择而担忧或提出严厉的批评，但事实是这样的：那些真正把握电视传媒本质的"把关人"们，不仅不会忽略，反而极端重视电视媒体自身"形象"的塑造，因为他们懂得，只有"品格"的提升，才可能树立起良好的媒介

① 戴维·波普诺．社会学（下）［M］．刘云德，王戈，译．沈阳：辽宁人民出版社，1987：8.

形象，才可能获得社会的良好评价，从而获得宝贵的无形资产——“声望”，以此“声望”产生权威感、号召力、影响力，进而不断地获取各种社会资源，并在需要的时候可以将其转化为有形资产——物质性财富，而且不断获得可持续性发展的动力与支持。

其次，“品格”的提升，有利于电视传媒对于各种复杂社会关系的协调，塑造恰当、合适的媒介角色，以保障电视媒体的生存与发展。电视传媒的性质、功能、内容、特质与影响，使得各种社会力量都不可能放弃对它的需求与控制。正如英国马克思主义著名学者雷蒙德·威廉斯（R. Williams）所说：“我们不要把决定看成是一个单一的力量，或者是诸种力量的一个单一的抽象，而应该把它看作一个过程，在这一过程中，諸如真正的决定因素——权力与资本的分配、社会和物质的继承、集团之间规模与大小的关系——均会设置种种限制并施加种种压力。”①因此，电视传媒的任何行动、任何选择，直接或间接地受作用于各种社会力量的控制与需求，不考虑这个事实的存在是不切实际的。当然，电视传媒拥有自己的相对独立性，作为一个“责任主体”，它必须审时度势而又负责任地做出自己主体的选择。正如约翰·菲斯克（J. Fiske）所说：“以赢利为目的的各种文化形式的生产与沉迷于这些文化形式的各种常常是颠覆性的理解之间，存在着一种明显的裂隙。……以轰动效应为目的……反映了统一化主体态度的欠缺……”②这些言论既批评了电视传媒等大众传媒“主体性缺失”、片面追求“赢利”“轰动效应”等“效率”的偏颇，又对电视传媒等富于创造性的“主体选择”提出了期待和要求。那么，什么样的电视传媒的“主体选择”是令人称道、认同、赞赏的呢？笔者认为电视传媒的“伦理规范”和“道德约束”最为重要，即合乎社会普遍“伦理规范”和“道德约束”的“媒介角色”的塑造，是电视传媒应对各种社会力量的控制、协调各种复杂社会关系进而获得生存与发展的关键。电视传媒在对传播内容的处理上，有可能出现两种极端的错误倾向：一个是“主体性”“过强”，如不顾社会普遍“伦理规范”和“道德约束”，只为了媒体自身的需要，去过多地干预社会生活本身的规则、秩序，极不恰当地扮演起“政府”“法官”等角色，而招致社会非议；或自我吹捧、自我炫耀，以自我为中心，让社会生活的规则、秩序来迎合、满足电视媒体自身的需要

① 尼克·史蒂文森．认识媒介文化——社会理论与大众传播［M］．王文斌，译．北京：商务印书馆，2001：38.

② 尼克·史蒂文森．认识媒介文化——社会理论与大众传播［M］．王文斌，译．北京：商务印书馆，2001：94.

（如"荧屏做寿"、过度"摆拍"等问题），这些都是由于"电视媒介主体把自我表现的重要性置于传播责任之上"①导致的结果。而另外一个极端的倾向则是"主体性""过弱"。在需要电视媒体提出明确的观点，表达鲜明的态度，表现清醒的立场，呈现主体的创造性、情感性、倾向性的时候，却没有体现出这样的"主体性"。有时在出现问题时甚至推卸责任，不能承受正常的社会批评与压力。对此，笔者的观点是："媒介主体的生命，对内表现为自主性，对外则表现为能动性。因此，电视对内须培养起良好的媒介道德，对外将承担起沉重的媒介责任，媒介行为的规范化，对内取决于媒介的自我道德塑造，对外则依赖于健全的社会监控机制。"②而且要坚持如下的信条："社会道德高于媒介利益，自我调适先于社会监控。"③正因为这两种极端的倾向经常发生，关于电视传媒的"社会责任"的呼吁之声才如此强烈。而对于电视传媒本身而言，只有努力地提升其"品格"，才有可能获得社会较高认同，并形成"权威"的形象、合适的"社会角色"，避免媒体"无形资产"的损失。笔者认为，"电视媒体伦理规范与社会责任的自觉遵循与承担，是电视节目生产获得积极、正面效应的有力保障。某种意义上可能说，权威即是金钱，信誉即是财富"④。

最后，"品格"的提升，有利于电视内部生产与传播良好秩序与氛围的建立与营造。电视的生产与传播，是一个极其庞大而复杂的系统，这个系统中每一个环节、工种的合作，都需要符合电视生产与传播规律、规则的秩序的保障。同时，电视传播与电视艺术水平与质量的提高，还需要一个健康的、有序的、充满热情的生产与传播的"氛围"。电视生产与传播良好秩序的建立、良好氛围的营造都是电视传媒生存与发展不可或缺的重要组成部分。"品格"的提升，将通过对传播主体职业感、敬业感、事业感的培养和熏陶，而使电视生产与传播的秩序、氛围得到有力保障和维护。所谓"职业感"，即每一个环节、工种都须按照特定环节、工种的职业规范和要求去完成工作。所谓"敬业感"，即每一个环节、工种不仅按职业规范和要求完成工作，还能将工作尽可能做到极致，即保质保量地、一丝不苟地完成工作。所谓"事业感"，即从更高的对社会、对生活、对电视媒体负责的层面，去自

① 胡智锋．中国电视观念论［M］．北京：北京师范大学出版社，2000：107.

② 胡智锋．中国电视观念论［M］．北京：北京师范大学出版社，2000：104.

③ 胡智锋．中国电视观念论［M］．北京：北京师范大学出版社，2000：108.

④ 胡智锋．生存环境·战略思考·策略问题——湖北卫视媒介形象塑造三论［J］．现代传播，2001（5）：78-82.

觉地、积极地、主动地甚至百折不挠地开拓、进取、创造，把自己从事的工种、环节当成一个事业，去探索、钻研和开掘。笔者认为，“品格”的提升，有利于使传播主体认识到自己工作的意义和价值，有利于培养他们在职业感、敬业感、事业感几个层面上一步步前进，使良好的生产与传播秩序得以建立，良好的工作氛围得以营造，从而整体提高电视生产与传播的水平与质量。果如是，电视生产与传播的“效率”也会得以提高。

总之，“效率”与“品格”是电视生产与传播中相互依存、相互影响、相互促进的一对关系。作为电视传播艺术功能追求的两个最基本、最主要的部分，“效率”与“品格”有着各自的内涵、外延，也有着各不相同的社会意义与电视媒体自身的意义。但二者又有一个共同的、基本的原则，这便是“趋利避害”的原则。当然，不同国家、地区，不同层级的电视传媒，在生产与传播的现实行为中，“趋利避害”体现为各不相同的具体内容与方式，但从理论上来讲，“趋利避害”显然是“效率”与“品格”所共同遵循的基本原则。中国电视传播艺术也因此显示出了以“趋利避害”原则为前提的、独特的“效率”与“品格”的功能追求特质。

第四章　中国电视传播艺术的功能追求：“效率”与“品格”的有机结合

中国电视传播艺术的功能，在于为中国电视生产与传播提高“效率”、提升“品格”。但提高什么样的“效率”，怎样提高“效率”；提升什么样的“品格”，怎样提升“品格”，显然是一个并不容易回答的问题。这首先要搞清楚，中国电视的生产与传播，究竟面临着怎样的现实生存环境，尤其是与“效率”相对应的经济、市场、商业、产业等情形，以及与“品格”相对应的政治、宣传、文化、道德、社会责任等情形，处于怎样一种关系，这是需要加以分析并理清的前提性问题。

第一节　中国电视的“市场—文化”生存环境特点及评析

中国电视的生产与传播，进入20世纪90年代后，随着社会主义市场经济体系的逐渐建立，随着大众文化的日渐繁荣，随着文化产业、传媒产业发展的渐次推进，而呈现出丰富复杂的景观，这些景观的出现，显然与上述背景息息相关，这些背景的特点也决定了中国电视“市场—文化”生存环境的特点。

一、中国文化市场、文化产业、传媒产业的建构离不开政府的推动

西方的许多文化批评思想、观点、方法对中国20世纪80年代以来的学术、文化判断依然有着很大的影响，如以精英、知识分子的反功利性的立场、二元对立的

方法来看取大众传媒（电视当然是其中极受关注的领域），看取大众文化以及与此相关的文化市场、文化产业、传媒产业等。有学者曾对此发表过极有分量的评析：“……到了90年代，这种反功利诉求的批判矛头转向了大众文化与文化的市场化。问题是，批判者并没有对中国的大众文化与文化的市场化作深入细致的分析，而是仍然在二元对立思维模式基础上简单地把它化约为政治文化的同谋或文化垃圾，进而作简单化的整体性批判。……同时必须看到，以审美的无功利性为基础的精英文化与大众文化对抗模式设置了一套以文本质量以及创造过程的非物质性与非生产性为基础的文化区分标准（精神/物质、创造/复制、高雅/低俗、独特/雷同等），这套标准不能充分阐释大众文化的生产与流通。因为普通大众对于文化产品的选择与评估并不以文本的质量为准绳，而是以文化产品与自己日常生活的相关性为准绳（比如大众对于通俗剧、言情武侠小说以及王朔小说的喜欢就不是用文本质量的标准可以解释的）。”[①] 上述的这个评析实际上道出了一个事实：20世纪90年代以来，在市场经济的推动下，大众文化及相关文化、传媒产业的发展已经很难用过去的无功利的、二元对立的思想方法去做简单批判了。那么这是否意味着我们应当完全放弃旧的思想方法，而完全采用西方式的市场—商业逻辑去看取中国大众及文化、传媒产业的新景观呢？上文作者并没有做“非此即彼”的简单判断，而是进一步指出了中国大众文化及文化、传媒产业“市场化”的特质，他指出：“当我们用文化/市场这个新的二元对立取代文化/国家的二元对立时，我们恰恰遮蔽了国家与市场之间复杂的互动关系，从而无法揭示中国文化市场化的特殊性。这个特殊性就是：中国的市场化之路是在政府的推动下实行的，政府是市场化（包括文化市场化）的真正主体，是自上而下的，而不是自下而上的。与英美国家不同的是，中国文化的市场化开始之时，中国国家的权力结构与文化体制早已形成，而且正是它在极大的程度上形塑着中国的市场，包括文化市场。离开了国家在市场化过程中的作用，我们就无法对中国的文化市场、大众文化以及商业文化作出恰当的分析与批判。概括地说，中国的商业化是在政府与市场、政府与经济的双重语境中生存发展，它与政府既有对抗又有妥协，把它简单地等同于国家意识形态或认为它可以完全不管政府唯商业逻辑是从，都是不合乎实际的。”[②] 由国家政府主导并推动，所开启、发展并繁

① 陶东风.80年代中国文艺学主流话语的反思［J］.学习与探索，1999（2）：98-106.转引自《新华文摘》，1998年第8期。

② 陶东风.80年代中国文艺学主流话语的反思［J］.学习与探索，1999（2）：98-106.转引自《新华文摘》，1998年第8期。

荣着的社会主义市场经济，是中国特色社会主义的最重要的组成部分。体现在文化市场、文化产业，体现在大众文化领域，必然也显现着这样的特点。上述评析并没有做简单的是/非、肯/否判断，但的确道出了包括中国电视在内的大众传媒、大众文化及相关文化市场、传媒与文化产业的基本"市场化"特征。

二、对当代大众文化的正面与负面评价

当代大众文化，尤其是20世纪90年代以来的大众文化，已经成为所有大众传媒发展的共同背景，如何认识中国当代大众文化的特质，对当代中国大众文化做何评价，学术界、理论界已有不少文字予以探讨。有学者认为："从本质上说，当代大众文化是一种在现代工业社会背景下所产生的与市场经济发展相适应的市民文化，是在现代工业社会中产生的，以都市大众为消费对象和主体的，通过现代传媒传播的，按照市场规律批量生产的，集中满足人们的感性娱乐需求的文化形态。简单地说，当代大众文化具有市场化、世俗化、平面化、形象化、游戏化、批量复制等特征。"[①]上述对"大众文化"的描述与法兰克福学派等对于大众文化的批判在思想倾向上是一致的，从整体上看与中国当代大众文化的情形也基本吻合。而对这样一种影响甚巨的大众文化，应给予怎样的正面的与负面的评价呢？上文的作者认为："从积极方面看，当代大众文化对人性总体上持肯定态度，并为人性的充分发展提供了现代化的技术和物质手段。第一，相对于压抑人的肉体欲望，片面弘扬人的道德价值和精神追求的时代，大众文化对感性欲望的刺激与满足极大地丰富和改善了人的生存状况，提高了人的生活质量，促使人们从神圣的政治、宗教的世界中解放出来，'向人的日常生活世界回归'，使现代人一反那种过分沉重的政治中心和伦理本位的生存状态，并由自在自发的或异化受动的生存方式向自由自觉的创造性方式提升。第二，大众文化的功利性和世俗化倾向彻底抹平了文化特权、垄断、偶像，大大推动了文化的多元化和民主化进程。……第三，大众文化的开放性、宽容性及丰富多彩的文化产品创造了一种共享文化空间，彻底打破了中国传统生存方式的封闭性、狭隘性、单一性、低层性，尽管有平面化、瞬间化、碎片化、复制化的特征，却激发了大众强烈的参与愿望和体验的热情，导致人的生存价值与生存意义

---

① 邹广文，常晋芳．当代大众文化的本质特征［J］．学海，2001（5）：68-73. 转引自《新华文摘》，2002 年第 2 期。

的自觉生成。”[①]作者在对当代大众文化的积极意义做了充分的肯定、正面的评价之后，也对其可能带来的消极意义做出负面的评价，“大众文化虽然消解、缓和了政治、伦理、阶级专制对人性的扭曲和压抑，但却带来了一系列人性新的分裂和扭曲的现实与可能性：物质性与精神性的分裂和对立，工具理性与价值理性的分裂与对立，人的现实性与理想性的分裂与对立等。具体表现为感性欲望的泛化、主体人格的异化和精神价值的消解”[②]。这一评价是面对当代大众文化全局与整体而言的，尤其是从大众文化与人的关系角度来表述的，尽管未必全面，但却对大众文化在中国已经发生、正在发生和可能发生的某些本质特征做了辨析。

三、如何认识和处理市场—文化运行中的几对矛盾

在市场经济环境条件下，文化应如何生存、发展，既与市场经济的规则相协调，又不失文化的主体性、创造性价值，这个问题也日益引起学术界的关注。有学者指出：“市场经济以等价交换的自由竞争为基本原则。……经济的平等原则和高度开放要求便从根本上规定了以市场经济为基础的现代文化必须具有宽容的品格。……宽容品格作为一种文化伦理原则，首先奉行文化平等主义，要求承认任何一种异质文化存在的合理性，……其次，它主张文化多元主义，……建立多元共存的文化格局。……再次，它崇尚文化交往原则，……不同的文化价值和模式之间应相互交流、借鉴和吸收。”[③]该文作者还指出：“承认市场经济调控体系条件下文化的开放性格和宽容品格，并不意味着主张文化的相对主义，……多样性受到同一性的约束和调控。……建立在现代市场经济基础上的现代文化也应该是多样性与同一性的统一。”[④]在这里，作者在高度评价现代文化平等、多元、交往的意义，是适应了现代市场经济发展需要的同时，也强调了文化的同一性、主体性特质，强调各个民族、国家的文化同一性，即“文化认同”的重要性，认为“文化认同的实质是文化

① 邹广文，常晋芳．当代大众文化的本质特征［J］．学海，2001（5）：68-73. 转引自《新华文摘》，2002 年第 2 期。

② 邹广文，常晋芳．当代大众文化的本质特征［J］．学海，2001（5）：68-73. 转引自《新华文摘》，2002 年第 2 期。

③ 吴忠．略论市场经济条件下的文化伦理原则［J］．马克思主义与现实，1999（6）：14-18. 转引自《新华文摘》，2000 年第 4 期。

④ 吴忠．略论市场经济条件下的文化伦理原则［J］．马克思主义与现实，1999（6）：14-18. 转引自《新华文摘》，2000 年第 4 期。

的选择。越是清醒的民族越善于构建自身的文化认同体系”①。

在谈到现代市场经济条件下，文化的“个性”创造与“规范”之间的关系时，作者认为，“现代市场经济要求企业自主经营、自负盈亏、自我约束和自我发展。它提倡在等价交换的原则下充分实现个性价值，鼓励个人和企业在经济活动中自由选择和发明创造，以实现利益的最大化。它提倡独立的个性，肯定和尊重个体的价值、尊严和人格独立。建立在这样一种经济体制之上的文化伦理就必然内含着个性自由的原则”②；个性的自由体现为“思想的自主……选择的自由……作品的独创……”③等方面；与此同时，个性的创造自由又必须与“运作规范”相协调，正如作者所说，“市场经济本身既是自由经济，又是规范经济，……要在市场经济的海洋中生存和发展，就必须学会用社会规范来保护自我，……约束自己的行为，……协调各利益主体间的关系”④。而体现在文化领域则是“文化规范”的自觉遵循，如作者所说，“文化运作规范既是文化的政治原则，又是文化的伦理原则”⑤。的确，在市场经济条件下，对文化从业者富于个性的、创造性的活动应当给予充分鼓励，应当使其获得越来越宽广的生存、发展空间，这才能有文化的繁荣局面的形成。但这种个性的自由创造，是绝不能脱离“文化运作规范”要求的，不论是政治性规范，还是社会伦理性规范，都是不可随意逾越的底线。个性与规范性的协调统一，才是文化得以发展繁荣的保障。

在谈到文化的“经济效益”与“社会责任”的关系时，作者指出：“市场经济确认主体对自身利益追求的合理性，不承认经济主体间的超经济关系。市场主体追求自身利益，实现社会经济资源的有效配置主要是通过竞争机制和价格机制（等价交换）来实现的。因此市场经济的实行便对原来计划经济条件下文化资源的配置方式、文化产品的生产方式和消费方式产生着巨大的冲击。完全通过行政手段配置文

① 吴忠．略论市场经济条件下的文化伦理原则［J］．马克思主义与现实，1999（6）：14-18．转引自《新华文摘》，2000年第4期。

② 吴忠．略论市场经济条件下的文化伦理原则［J］．马克思主义与现实，1999（6）：14-18．转引自《新华文摘》，2000年第4期。

③ 吴忠．略论市场经济条件下的文化伦理原则［J］．马克思主义与现实，1999（6）：14-18．转引自《新华文摘》，2000年第4期。

④ 吴忠．略论市场经济条件下的文化伦理原则［J］．马克思主义与现实，1999（6）：14-18．转引自《新华文摘》，2000年第4期。

⑤ 吴忠．略论市场经济条件下的文化伦理原则［J］．马克思主义与现实，1999（6）：14-18．转引自《新华文摘》，2000年第4期。

化资源，单一为了政治需要进行文化产品的生产，无偿进行文化消费的文化活动方式已走到了尽头，沿袭下去只会窒息文化的生机与活力。”①从这一视角出发，作者认为文化生产“注重经济效益”是符合市场经济一般规则的。但同时作者也认为文化生产由于其产品的特殊性，有“通俗文化”与“高雅文化”之别，因而还需“承认道德调节的必要性”，因为“任何一种经济体制都包含着一定的道德价值和文化精神，因此，市场经济的建立就需要人们从其运行机制和内在逻辑中提炼出既符合其本质特点又满足其运行需要的伦理规范，而这种伦理规范的实质是通过对社会利益和他人利益的关注，在个体利益与社会利益、自我利益与他人利益之间保持一种适当的平衡和张力，从而保持市场经济和社会秩序的良性运行”②。作者认为文化在“经济效益”与“社会责任”之间的协调与平衡，还体现为对“垃圾文化”“泡沫文化”泛滥成灾的抵御。

市场—文化运行中的几对矛盾，如上述的平等宽容与约束控制、个性化与规范化、多样性与同一性等，说到底是经济效益与社会效益的矛盾，即“效率”与“品格”的矛盾。如何处理这些矛盾，上文已从理论上做了阐发。在现实的市场—文化运行中，如何协调、把握、调整这些矛盾呢？孟晓驷同志曾著文指出：“文化生产过程的产业化运作是一柄‘双刃剑’，既给文艺的创新和发展带来了新的天地，又容易使文艺这种精神生产受到‘物化’的制约；既可以为文艺的生产提供雄厚的物质支持，又容易使文艺的生产走上单纯追求经济目标的歧途。因此，在借鉴一些发达国家发展文化产业的经验时，我们必须坚持党的文艺方针，遵循文艺自身的规律，‘以我为主，趋利避害’，坚持把社会效益放在首位，努力实现社会效益和经济效益的完美统一，使我国文化产业的发展既为文化繁荣创造强大的物质基础和优越的物质条件，更要使文艺创作真正成为‘艺术家充满激情和独特人生体验的不可重复的精神创造’以及‘艺术家本质力量的生动体现’；既使文艺的生产取得相应的经济效益，更要有利于把社会效益放在首位，从而形成代表先进文化的前进方向的有中国特色社会主义的文化产业。”③

① 吴忠．略论市场经济条件下的文化伦理原则［J］．马克思主义与现实，1999（6）：14-18．转引自《新华文摘》，2000 年第 4 期。

② 吴忠．略论市场经济条件下的文化伦理原则［J］．马克思主义与现实，1999（6）：14-18．转引自《新华文摘》，2000 年第 4 期。

③ 孟晓驷．高科技、全球化浪潮中的文化创新［N］．光明日报，2000-11-16（B02）．转引自《新华文摘》，2001 年第 3 期。

不论是文艺创作，还是大众传播；不论是艺术家的创造性工作，还是新闻工作者的创造性工作，都需在市场—文化的运行中，将经济效益的追求与社会效益的追求尽可能完美地结合在一起，这应成为包括中国电视在内的所有文化、传媒、艺术部门都努力探求的道路。

第二节　提高"效率"：中国电视的现实选择

中国电视传播艺术的实施，是在中国国情条件下，电视生产与传播的现实选择。怎样才能使中国电视的生产与传播，既有"效率"，又有"品格"，达到"效率"与"品格"的有机结合，进而使中国电视卓然独立于世界电视之林，并对中国的社会进步、经济发展、人民生活幸福做出自己独特的贡献，这将是中国电视传播艺术长久的功能追求、职责与使命。这就需要我们对探索电视"效率"与"品格"的实践与理论做一深入研究，从中发掘出宝贵的资源，进而找到"效率"与"品格"有机结合的可行途径。

在建设有中国特色社会主义市场经济的进程中，中国电视如何提高"效率"，以应对国内外电视传媒的竞争，适应市场化的要求，这是中国电视传播艺术极为重要的课题与任务。

"效率"提高的基本思路与方法是"节俭"或尽可能地"简化"。"节俭"或"简化"并不仅仅是经费的节省或投入的降低，还意味着在电视生产与传播的各个环节都能够"节俭"或"简化"，尤其是在策划、创作制作、编排播出、管理、营销推广各个环节上。

一、策划"效率"的提高——"定位"水平的提高

在电视策划艺术环节，如要提高"效率"，必须要在"定位"上下功夫。不论是重要宣传，还是一般性新闻报道；不论是节目，还是栏目；不论是创作性活动，还是社会性活动，都需尽最大努力为其找到准确、清晰、到位甚至不可替代的"定位"。衡量电视策划艺术的"效率"如何，某种意义上就是看其"定位"的水平如何。而"定位"又意味着什么呢？被誉为"有史以来对美国营销影响最大的观念"

的“定位”观念，在美国学者艾·里斯（A. Ries）和杰克·特劳特（Jack Trout）笔下被表述为“简化你的选择过程”①。他们认为：“定位的基本方法不是创造新的、不同的东西，而是改变人们头脑里早已存在的东西，把那些早已存在的联系重新连接到一起。”②也就是说，“定位思维的精髓在于，把观念当作现实来接受，然后重构这些观念，以达到你所希望的境地”③。他们还认为：“定位就是帮助在人们的大脑中找到窗口的一个有组织的体系，它的基本概念是，传播只有在合适的环境中和合适的时间里才实现。”④

以上论述对于电视策划艺术的实施极有启发。这其中有几个要点。

（一）观念的重构

电视策划要为特定对象进行准确的“定位”，并不在于绞尽脑汁地寻找从未有过的内容、样式或形式，而在于从已有的、人们已经尝试成功的经验中，提取有用的、有益的部分，进行重新组合、配置，“把那些早已存在的联系重新连接到一起”。笔者在参与中国电视许多节目、栏目、频道及媒体活动策划的过程中，深深地感到许多电视从业者甚至一些负责的把关人盲目追求“改版”与“创新”所带来的严重负面效果。笔者曾在《当前三种电视现象之评析》一文中说过：“当下许多人把‘改版’与‘创新’理解为彻底改变，或从未有过的‘全新’的改变。……任何电视栏目、电视节目的‘改版’或‘创新’都不应当是‘横空出世’的，一定会有它同类或相近的电视栏目、节目作为依傍或借鉴。没有依傍、借鉴，没有继承，‘改版’与‘创新’在没有此前电视节目，或电视栏目积累基础上，想要取得成功是不可能的。”⑤在以往经验积累的基础上，把相关观念进行重新组合、整合，即“观念的重构”，这是电视策划—定位的重要内容。

---

① 艾·里斯，杰克·特劳特.定位［M］.王恩冕，等译.北京：中国财政经济出版社，2002：10.

② 艾·里斯，杰克·特劳特.定位［M］.王恩冕，等译.北京：中国财政经济出版社，2002：10.

③ 艾·里斯，杰克·特劳特.定位［M］.王恩冕，等译.北京：中国财政经济出版社，2002：10.

④ 艾·里斯，杰克·特劳特.定位［M］.王恩冕，等译.北京：中国财政经济出版社，2002：10.

⑤ 胡智锋.中国电视观念论［M］.北京：北京师范大学出版社，2000：257-266.

（二）"简化"的理念

通俗地讲，"简化"可以理解为将复杂的内容进行"简单化"处理。正如《定位》里所说："定位工作也许要求你极度简化你的传播内容。只有如此，别无他法。混淆是定位的大敌，简单化则是定位的救星。"①这里作者高度评价"简化""简单化"的功效作用，为什么呢？作者不断地强调，我们所处的社会是一个"传播过度的社会"②，一般人会把"信息传播"看作很有效果的活动，如"美国是一个迷恋上'传播'概念的国家，我们对这个过度传播的社会所造成的伤害认识不足"③。而事实上，"在传播过程中，越多反而越少。我们由于过分地运用传播来解决大量的商业和社会问题，结果堵塞了传播渠道，真正被接收到的只是全部信息当中的极小一部分，而且还不是最重要的那部分信息"④。正因此，只有不断地进行"简化"，才会逐渐找到最具本质性的、最独特的、最不可替代的"定位"。这如同欧洲的戏剧家们在对戏剧艺术的探索中，所提出和实践着的"质朴戏剧"或"贫困戏剧"一样，到底什么是戏剧艺术最本质的、最独特的、最不可替代的"定位"呢？在波兰戏剧家格洛托夫斯基那里，戏剧被简化为只有演员与观众以及由演员、观众构成的空间这几个基本要素。在英国戏剧家彼得·布鲁克那里，这样的戏剧被称为营造了"空的空间"的艺术。⑤越是"简化"，"定位"越是明确和不可替代；越是"简化"，越容易统一目标、集中力量、实现突破；越是"简化"，越容易节省、降低成本，不走弯路，达到较为理想的传播效果。

（三）灵活的"适应性"

《定位》中强调，只有在"合适的环境和合适的时间"，才能实现传播的最佳效果，"定位"才有可能奏效。因此，对特定电视生存环境和具体电视传播的情形、

① 艾·里斯，杰克·特劳特.定位［M］.王恩冕，等译.北京：中国财政经济出版社，2002：5.

② 艾·里斯，杰克·特劳特.定位［M］.王恩冕，等译.北京：中国财政经济出版社，2002：21.

③ 艾·里斯，杰克·特劳特.定位［M］.王恩冕，等译.北京：中国财政经济出版社，2002：21.

④ 艾·里斯，杰克·特劳特.定位［M］.王恩冕，等译.北京：中国财政经济出版社，2002：196.

⑤ 参见彼得·布鲁克.空的空间［M］.邢历，等译.北京：中国戏剧出版社，1988.

状态、格局与可能性、现实性等的认真分析和研究，是电视策划—定位所必须慎重考虑的。因时间、环境、情形的不同，而因时制宜、因地制宜、因情形制宜地设置恰当的、最适合的“定位”，这反映出电视策划—定位复杂而又灵活的适应性。笔者在对中国电视前一个时期出现的三种现象——“技术崇拜”与“形式崇拜”，盲目“改版”与“创新”及“收视率迷信”所做的批评中，也对盲目的“客隆”“跟风”等做了反思。[①]笔者认为，对此时、此地、此种环境产生了较大效益的思路、方式、方法、手段，未必见得能对彼时、彼地、彼种环境产生同样的效应，而且照搬照抄，往往会出现“东施效颦”的可笑结果。因此，必须实事求是，从实际出发，从现实性、可行性出发，因时间、地域、环境及具体对象的不同，而做出最“合适”的、灵活的选择。对于电视策划—定位而言，最好的应当未必是“顶尖”的，而是最“合适”的。

（四）系统化的理念

电视策划—定位不等于凭着感觉随便拍脑袋、出主意，而应从特定被策划对象出发，对其生存环境、条件、优势、劣势、现实性、合理性、可能性等做整体的、系统的梳理，它可能源自感性、感觉，但必须有理性地、“有组织”地整理，形成组织化的“体系”，才能使电视策划—定位更趋科学而避免随意性、盲目性。

电视策划艺术“效率”的提高，有赖于上述“定位”水平的提高，从这个意义上来讲，电视策划—定位是互相纠结、密不可分的一对关系。

二、创作制作“效率”的提高——“类型化”叙事方略的采用

电视创作制作环节是电视产品成型的最主要的环节，它涉及众多的工种。这一大的环节所围绕着的主要命题，若从“效率”提高的意义上来理解，那便是“叙事”问题。尽管“非虚构”类内容与“虚构”类内容在叙事上有许多不同，但也存在着共同的叙事规则与方略。简而言之，电视创作制作“效率”的提高，有赖于叙事水平的提高。

① 胡智锋．中国电视观念论［M］．北京：北京师范大学出版社，2000：257-266.

（一）叙事的理念

美国学者阿瑟·阿萨·伯杰（Arthur Asa Berger）在他的《通俗文化、媒介和日常生活中的叙事》一书中引用洛朗·理查森的关于"叙事"的描述："叙事是人们将各种经验组织成有现实意义的事件的基本方式……叙事既是一种推理模式，也是一种表达模式。人们可以通过叙事'理解'世界，也可以通过叙事'讲述'世界。……叙事推理是两个基本的、普遍的人类认知模式之一。另一个是逻辑—科学模式……逻辑—科学模式寻求普遍真实性条件，而叙事模式寻求事件之间的特殊联系。叙事模式中的解释包含在上下文之中，而逻辑—科学解释则是自时间与空间事件之中推断而来。两种模式都是形成意义的'理性'方式。"①这里对作为人类认知方式的"叙事"给予了高度重视，其中有几个要点。

第一，叙事是一种"推理方式"，也是一种"讲述"方式。事实也罢，想象虚构也罢，都是通过"叙事"而得以传播的。叙事使人们获得一种认知，通过叙事的"推理"和"讲述"，使人们获得对于事实或想象虚构的一种认知。

第二，叙事是一种"有组织"的讲述，而成型的叙事必然会形成一种"模式"。叙事把人们日常生活的经验，按照某种方式去讲述，因对象、地域、民族、时代及讲述者的不同，而可能形成各种不同的"模式"。叙事"模式"既是传统的延续，也是人们习惯的思维方式、生活方式等的反映。

第三，叙事的特质在于"寻求事件之间的特殊联系"。与逻辑—科学模式"求真""求同"的寻求"普遍性"不同，叙事的特质在于寻求事件之间（包括非虚构和虚构）的特殊联系，也就是说，人们对于叙事的期待更多是与众不同的、新奇的、令人产生新鲜感受的发现和表达，通过富于个性和特色的"讲述"，使所讲述对象（事件及联系）产生令人耳目一新的感受和理解。

第四，叙事不能丢掉对于"意义"的追求。叙事尽管期待与众不同的、富于个性特色的"讲述"，但并不意味着天马行空、随心所欲地编织，叙事的目的是给人们呈现出"有现实意义"的事件，通过特定的、"有组织"的讲述，使人们对于某种对象领域（事件）有更深刻、更独到的理解和感受。

---

① 阿瑟·阿萨·伯杰．通俗文化、媒介和日常生活中的叙事［M］．姚媛，译．南京：南京大学出版社，2000：10-11.

（二）“类型化”的理念

在电视创作制作领域、环节，“叙事”集中体现在电视节目的“类型化”生产之上，而每一种“类型”的电视节目创作、制作，也基本形成了“模式”化的生产理念与方式。

从大的节目“类型”来看，有新闻类节目、娱乐类节目之分，而细分则有许多不同的角度和方法，形成不同的节目“类型”。不同国家和地区历史文化传统的差异和电视经验、电视观众接受和认知习惯的不同，也形成了各不相同的节目“类型”划分。如中国电视传统习惯将新闻、文艺、专题、生活服务作为主要“类型”节目进行组织生产。美国则以新闻、谈话、娱乐、生活几种节目“类型”为主导。同是“谈话”类节目，美国及欧洲的谈话比较重视“脱口秀”（talk show）的“秀”的表现，而中国的谈话类节目对于社会意义、思想导向等显然格外重视。同是电视剧，中国电视剧成了中国传媒宣传的重要构成部分，总体上有很强的意识形态属性与规范，而美国的“肥皂剧”则更占主导地位。同是电视纪录片，欧洲更趋向以“人类学”视野、眼光进行拍摄、制作，中国则把纪录片对社会现实的意义看得很重。

电视节目“类型”的划分，是电视传播内容历史发展的结果；电视节目“类型化”的生产，则是电视生产与传播日益“市场化”的结果。为了使电视节目在市场上获得较好的效益、效果，电视生产与传播者逐渐找到了“类型化”生产的一系列“模式”、“套路”和技法，这些都是使电视创作制作提高“效率”的较为成功的思路、方法与经验。

如在欧美电视中，电视新闻为赢得观众，并在媒体竞争中取胜，经常对新闻事件做出“故事化”处理，这被称为“构架（framing）新闻”模式。就像美国学者坎贝尔（Campbell）所说：“构架是通过选择某些故事而舍弃其他故事而进行的，还借助于那些用来表现被选择供广泛传播的故事所使用的技巧，例如将信息融汇在叙事格式之中，或将特定的角度强加给观众，这些角度强调某些细节而舍弃其他细节，例如争执、危险或冲突。”[①]由于这样的“构架”和“选择”，有可能给电视观众带来刺激与好奇，所以电视新闻的“类型化”生产在欧美电视中就呈现出渲染、夸张的

① 戴安娜·克兰．文化生产：媒体与都市艺术［M］．赵国新，译．南京：译林出版社，2001：15.

负面效应甚至危言耸听的表述内容与表述方式，这对许多人来说已不足为奇。

（三）"标准化"生产的理念

"类型化"生产的一个鲜明特点，便是电视节目创作制作日益形成"工业化"的流水线作业方式，而流水线上的每一个工序都日益"标准化"，这在电视娱乐类节目生产中体现得尤为突出。

如美国的情景喜剧的创作制作，"使用的节目编排包括一系列片段，每一个片段都依靠同一个背景和主要人物"①，这就使得观众"理解和欣赏某一特定片段不需要熟悉以前的片段"②。而肥皂剧的创作制作则"使用一种不同的、连续的格式编排。每一个片段与其他片段密切联系在一起，并且可能提到几年前甚至十几年前播放的片段中描述的事件"③。这些手法已经成了一些情景喜剧、肥皂剧"标准化"的创作制作"模式"或"套路"（formula）。正如卡维尔第（Cawelti，1976）所说："套路有两个主要特征：①它们有着具有普遍吸引力的标准情节；②它们体现在它们从中广泛传播的文化中有意义的人物身上，体现在背景和复杂紧张的场面中。"④卡维尔第认为，"套路简化了现实生活的复杂性，使复杂问题变得比较简单和易于理解"⑤。卡维尔第还列举了一些"类型"电视剧的主要"套路"，如：①历险故事，这种故事讲述一位英雄克服了重重阻碍，战胜了种种危险，完成了一项重要的道德任务；②言情故事，作者在故事中追溯了一种浪漫关系的发展；③神秘故事，这种故事的目的在于调查一个隐蔽的事件或解决一个谜；④情节剧，这种故事强化传统价值，但同肥皂剧和畅销书一样，增强了情感和戏剧因素；⑤讲述外邦异族的故事，例如恐怖故事和某些侦探小说。⑥

① 戴安娜·克兰．文化生产：媒体与都市艺术［M］．赵国新，译．南京：译林出版社，2001：81-87.

② 戴安娜·克兰．文化生产：媒体与都市艺术［M］．赵国新，译．南京：译林出版社，2001：81-87.

③ 戴安娜·克兰．文化生产：媒体与都市艺术［M］．赵国新，译．南京：译林出版社，2001：81-87.

④ 戴安娜·克兰．文化生产：媒体与都市艺术［M］．赵国新，译．南京：译林出版社，2001：81-87.

⑤ 戴安娜·克兰．文化生产：媒体与都市艺术［M］．赵国新，译．南京：译林出版社，2001：81-87.

⑥ 戴安娜·克兰．文化生产：媒体与都市艺术［M］．赵国新，译．南京：译林出版社，2001：81-87.

在电视节目创作制作过程中，“类型”生产的“模式”“套路”的标准化还体现为：“各种类型的场面……尽管顺序有所变化，在这个意义上，程式（scheme）是不变的。作者为了防止叙事结构的枯燥乏味，吸收了一些枝节内容和不可预测的事件，为基本情节编排增添了生动和趣味。……在套路故事中，表面细节有变化，但基本结构始终是相同的。”①

之所以电视节目创作制作在叙事上日趋“类型化”，日益按特定的“模式”“套路”的“标准”去生产，说到底，是为了降低成本，提高“效率”，培育并迎合观众趣味、口味，最终获得较高市场回报。这其中，有几个原因值得注意。

第一，“标准化”生产迫于成本压力。据说，“自从七十年代初以来，生产电视节目素材的成本翻了三番，从平均每小时二十万美元涨到平均每小时七十五万美元（Cantor & Cantor，1998）。为了增加生产费用，它们不得不减少利润率，结果，它们往往依靠标准制式”②。这里说的是美国电视节目生产成本的情况，这种情形在电视生产“市场化”程度不断提高的国家和地区也是普遍存在的。要降低成本，最好的办法就是“标准化”生产，这使数量、产量、规模可以得到保证，相对从总量上就可以降低成本。

第二，“标准化”生产对应着电视对观众的阶层性划分。据甘斯（Gans，1974）的研究，电视观众按“趣味”（口味）分为不同阶层的“趣味公众”，他大概将“趣味公众”划分为五个阶层，即“高雅文化、中上等文化、中低等文化、低俗文化和准民间文化”③。电视节目生产，为达到相对最佳的传播效果，必须对每一阶层“趣味公众”进行有针对性的研究和分析，分别设置多个阶层观众的“趣味”标准，正如克兰所说：“同广告活动一样，电视节目制作人开始根据生活方式而不是根据社会阶级来界定他们的观众。相应地，在迎合社会各阶级内部的以及各阶级之间共同的各种趣味过程中，产生了节目编排的多样性。”④

第三，“标准化”生产迫于市场风险的压力。尽管电视节目生产理论上是应当

① 戴安娜·克兰．文化生产：媒体与都市艺术［M］．赵国新，译．南京：译林出版社，2001：81-87.

② 戴安娜·克兰．文化生产：媒体与都市艺术［M］．赵国新，译．南京：译林出版社，2001：64-66.

③ 戴安娜·克兰．文化生产：媒体与都市艺术［M］．赵国新，译．南京：译林出版社，2001：35-36.

④ 戴安娜·克兰．文化生产：媒体与都市艺术［M］．赵国新，译．南京：译林出版社，2001：35-36.

鼓励创新的，但各电视媒体却普遍并不热衷于冒这种"创新"可能带来的市场风险以及由这种风险带来的经济上成败的压力。吉特林（Gitlin，1983）认为，"因为创新被认为有风险，所以电视台更倾向于生产与过去的成功之作相似的产品。……电视工业提供了一种重新组合的文化，在这种文化之中，新产品被用于模仿过去的成功之作，将几个同类产品的特点结合在一起，或使用过去在其他媒体中获得成功的产品，如模仿畅销书或成功的百老汇戏剧。通过吸收成功的节目的特征和根据这些节目创造新节目，电视的派生产品（spin-off）将这种重新组合的策略应用到自身的媒体之中"①。

第四，"标准化"生产受制于熟练掌握"标准"的生产者。由于电视生产与传播的复杂性，使得从事电视创作制作的生产者需要熟悉与把握电视生产与传播各环节的规范、特质，尤其是为电视写作的人们。没有对于电视生产"标准"的熟练掌握，很难适应电视生产与传播的需要。吉特林的研究表明，在美国"将全国范围和所生产的节目素材的数量联系起来看，实际为电视网生产节目素材的人数很少。……掌握了标准形式的作家有一百名左右，电视网找他们制作新节目。他们是将这项工业价值内在化的行家里手"②。事实上，对电视生产与传播各种"标准"的熟练把握，与在"电视圈"里累积的创作制作经验有极大关系，这与许多文学、艺术的创作大不一样。一个缺乏这方面经验累积的新手，不仅很难做出令电视媒体接受的"产品"，而且速度、效率也很难令电视媒体满意。倒是那些在"电视圈"积累深厚经验的生产者，未必见得有什么"创新"的可能，但基本"达标"往往是不成问题的。这也带来了一个悖论：电视节目希望"创新"以唤起观众、市场的新的注意，但又没有把握让新手去"练兵"；而那些经验丰富的"老手"却又往往陷入旧有"标准"理念太深，缺乏突破的能力与意愿。但两相权衡，电视媒体还是习惯于寻求那些对已有"标准"熟练把握的人来支持创作，这就使一种"标准"形成后保持相当长时间的控制力与辐射力。

电视的节目生产、电视节目的创作制作之所以普遍选择"类型化""标准化"的路子，是电视节目本身批量生产的客观需求。没有相对统一、稳定的"类型化"生产"标准"的设计，没有相对统一、成型的"模式"与"套路"的引入，很难大

① 戴安娜·克兰．文化生产：媒体与都市艺术［M］．赵国新，译．南京：译林出版社，2001：64-66.

② 戴安娜·克兰．文化生产：媒体与都市艺术［M］．赵国新，译．南京：译林出版社，2001：64-66.

规模、大批量地推出电视产品。对于电视媒体来说，没有一定数量的电视产品的支撑，那么在电视媒体竞争中就会成本提高，在市场上就可能面临失利。因此，从提高效率、降低成本的意义上讲，采用“类型化”生产的叙事方略，是符合电视传媒利益的。

电视节目生产、电视节目的创作制作“效率”如何，当然最终要靠市场、靠观众来检验。正如美国学者乔治·康姆斯多克所说：“电视业的业务内容，其实就是将观众的‘注意力’贩卖给有意将其商品销售给这一批观众的客户。正确地说，电视业的产品并非节目，乃是观众。”[①]而电视观众往往因趣味差异，自然而然地形成了不同的“受众群体”。电视节目与受众群体之间存在着复杂的互动关系，“一方面电视媒介要分析各种人群的人口统计特征和收视规律，据此来为自己定位，制作适合观众需求的相应的电视节目，另一方面，电视节目也在积极地构建受众群体，让‘收看某个或某种电视节目’成为部分人的习惯，也成为这些人聚在一起的原因，从而成为受众群的人口统计特征之一。一句话：受众市场是寻找到的，更是培育出来的”[②]。

确如上述观点所言，电视节目的创作制作所形成的“类型化”“标准化”生产的特点，是与电视对于“受众群体”的趣味、需求的判断密不可分的。电视观众的“注意力”一方面是随意性的、很难准确捕捉到的，另一方面也是大体可以推断出来的。何况，一个成熟的节目“类型”，既源于电视观众的趣味、需求，又反过来培养、培育了一批习惯于特定“类型”节目特点的观众群。观众只要认同了特定的“类型”节目，电视节目作为产品的意义就可以实现，电视节目创作制作的“效率”才会得以提高。

所以，对于电视节目创作制作采用“类型化”的叙事方略因而形成的电视生产的种种“模式”，笔者认为不应当简单地予以否定。从更深层的意义上来看，所有个人化的创造要获得成功，都自觉不自觉地与某种集体无意识的“模式”有着千丝万缕的联系，因为所有“模式”都可以找到特定时代、现实、历史、文化的积淀的背景，都几乎是“集体无意识”的一种表征。笔者曾经就此做过评论：“集体无意识的‘模式’的形成、存在与发展乃至繁荣，绝不是偶然的，一定有其存在的社会

---

① 乔治·康姆斯多克语，见《美国电视源流与演变》，转引自苗棣，范钟离．电视文化学［M］．北京：北京广播学院出版社，1997：24，81.

② 参见汪文斌，胡正荣．世界电视前沿 I ［M］．北京：华艺出版社，2001：5，28.

依据。……所以重要的不是去简单地蔑视、无视乃至去摧毁某些或某种'模式'，而应正确地、辩证地去看待'模式'。我认为，影视艺术生产创作中出现的各类、各种'模式'，是其本体成熟的一种标志，能够成其为'模式'而被广泛仿效并推广，证明它是有生命力的。有时一种'模式'也在曲折变化中拓展、丰富着并不断获得新的生命力……如果某种'模式'被证明已经没有必要存在的话，它也会自然而然地被淘汰出去……"[①]

三、编排播出"效率"的提高——时段设计水平的提高

电视节目创作制作工作的完成，对于电视编排播出来说，只是原料和素材的基本完成，而一个电视产品的真正完成，必须要经过编排、播出方可实现。如果说电视是将非虚构的和虚构的内容集结为统一的"信息链"，将非艺术性的和艺术性的信息统一进行组织，那么这个工作即编排播出，这里是不论内容为何种性质——非虚构也罢，虚构也罢；非艺术性也罢，艺术性也罢，所有的内容都将寻求一种最为合适的编排播出规则与方式，而这一规则与方式的核心是什么呢？换言之，若要提高电视编排播出的"效率"，从哪里突破呢？笔者认为这个核心、这个突破点就在于：时段的设计。时段设计水平的提高，意味着电视节目编排播出水平的提高。

（一）时段设计的理念

在《世界电视前沿Ⅲ》一书中，编著者在对许多国家、地区的电视节目编排做了一番分析后，又做了这样一段述评："在美国、英国、法国、德国、日本等国家地区每个时段的板块设置都考虑到受众群体特色和接受习惯，电视台基本上根据人的作息时间和生物钟节律来安排节目。不同的时间段针对不同的观众安排不同的节目，制造相应收视氛围，甚至播出相应的广告。"[②]从这段述评中，我们可以找到电视节目编排播出提高"效率"的几个要点。

——时段的设计对应着电视观众的接受习惯，而观众的接受习惯是有着一般"生物钟规律"的。所谓"生物钟规律"是与日常生活的自然时间分布相吻合的。一般说来，日常生活的自然时间分布分为早间、上午、午间、下午、晚间、深夜等

① 胡智锋．影视文化论稿［M］．北京：北京广播学院出版社，2001：69.

② 参见汪文斌，胡正荣．世界电视前沿Ⅲ［M］．北京：华艺出版社，2001：14-18.

时段。每一个时段都有观众特定的生活、工作状态相对应。如早间时段，一般观众都处于整理卫生、吃早餐、准备上班的状态，因而对于一天的天气状况、主要新闻的需求较多，而且主要作用于观众的“听觉”，所以相对需要节奏较快的新闻播报。上午、下午时段大多是不出门、不上班的老人或家庭主妇在家看电视，因而与家庭生活有关、有情趣的肥皂剧、脱口秀节目更适合安排在这些时段。晚间“黄金时段”多指的是晚饭之后、休息之前的晚间时段，有一定分量的新闻杂志类节目、精彩娱乐节目和影视剧更受观众欢迎。而深夜时段的目标观众大多是精力旺盛、入眠较晚的年轻人，他们更多需要休闲、时尚甚至带些神秘、冒险色彩的节目，当然还要谐趣幽默。每一个时段观众的接受习惯的不同，来自生活中每一个时段生活、工作情况的不同。因此，时段的安排必须考虑这种具有一般规律性的观众的接受习惯，不然可能就会出现“事倍功半”、出力不讨好的收视效果。

——不同时段对应着不同的受众群体，因而时段设计应考虑、研究各时段主要受众群体的收视特征。每个时段都对应着某个“主打”的目标观众群，这是电视编排播出的历史经验所反复证明的一个事实。有些时段甚至是全世界都大同小异的，如下午、傍晚时分，一般都是儿童垄断的时间段，因为此时他们从学校或幼儿园刚刚放学回家，还没有吃晚饭，正是他们看电视的“黄金时段”。根据这样的特点，几乎所有电视台都在这个时段播放适合儿童口味的动画片和少儿节目。再如上午、下午的白天时段基本上是由不上班的老人或家庭主妇垄断的时间段，他们最重要的需求就是打发时光，避免无所事事的烦闷，所以那些连续不断的、或令人发笑或令人流泪的喜剧、言情剧之类的节目往往最受他们欢迎。而午夜时段新闻时事访谈节目的普遍推出，是对应了这一时段许多知识分子、“白领”人士、中产阶级观众的接受心理的，因为这个时段看电视的多是这样一些工作很忙、回家很晚、无暇看到新闻的人，而这些观众又往往对新闻背后的背景有深度了解的愿望，所以有一定深度的新闻时事访谈节目的播出，能够满足他们的需求。

——时段的设计要充分体现“不同”与“差异”，以形成特色鲜明的“收视氛围”。从大的范围来看，一般人们的生活与工作都有工作时间、休闲时间的差异，如周一到周五一般都是“工作时间”，而周六、周日则一般是“休闲时间”。相比较而言，周末“休闲时间”里人们的状态比较放松，对娱乐的需求要比平常高得多，所以周末电视节目整体的安排要比日常节目更多考虑娱乐、休闲、幽默、放松的风格。从每一天的时段安排来看，“不同”与“差异”也是显而易见的，对“收视氛围"营造的特点要求也是显而易见的。如早间时段从内容选择看，简短的新闻和适合出行之前收看的带有一定服务性的信息的发布是符合这一时段人们的普遍需求的，因此在节奏上、在播报风格甚至背景音乐上都体现了简洁、明快的特点。而晚间"黄金时段"的节目则总体上显现出情节性、娱乐性较强的特点。午夜节目则相对有一定深度，对时事背景的分析、阐释更具力度。

——时段的设计还要对应相应的广告的播出。电视广告既是电视盈利的重要渠道，也是电视节目系统中独特的一个构成部分。在特定的时段上，安排播出什么样的广告，也是值得编排播出研究的重要工作。不论是从时段主要节目内容来看，还是从时段主要受众群体和收视氛围来看，都有其特定的消费取向相呼应。因此，确定特定时段的主要受众群体的消费取向，便可以根据这些消费取向安排播出相应的广告。广告与时段的吻合，将为广告商和电视台带来"双赢"的效果，而且也会为观众所接受、认同；反之，广告播出时段不妥，则可能无法达到广告商及电视台的要求，而且还会招致观众的反感与厌烦。

（二）节目编排的策略

在节目编排播出方面，美国学者彼特·K.普林格（Peter K. Pringle）总结了常用的5种电视节目编排策略，分别是：水平策略、棋盘策略、垂直策略、正面策略、反向策略。[①]

所谓"水平策略"，指的是"在每一天的同一时段播出同样的节目，培养目标观众的收视习惯，使他们每天都会坐在电视机前收看同样的节目。……许多节目在宣传自己的时候也常常会加上一句'每天晚上×点，准时播出'之类，让观众对于这个节目怀有一种安全感，只要在这个时段、这个频道，就能找到这个节目"[②]。

所谓"棋盘策略"，正与"水平策略"相反，指的是"在每天的同一时段播出的是不同的电视节目。当水平策略使用过多，观众已经对每天收看同样的节目感到厌烦的时候，棋盘策略可以给观众造成新鲜感。黄金时间电视节目的编排经常使用这个策略"[③]。

所谓"垂直策略"，又被称为"版块策略"，指的是"把目标受众相同或相近的

① 参见汪文斌，胡正荣．世界电视前沿Ⅲ［M］．北京：华艺出版社，2001：14-18.

② 参见汪文斌，胡正荣．世界电视前沿Ⅲ［M］．北京：华艺出版社，2001：14-18.

③ 参见汪文斌，胡正荣．世界电视前沿Ⅲ［M］．北京：华艺出版社，2001：14-18.

几个节目放在同一个时段连续播出，形成版块优势。观众在看完一个适合自己口味的电视节目以后，往往不急于换台，而是看看下一个节目是什么内容，如果下一个节目也对胃口，就会一直收看下去，造成连续收视”①。

所谓“正面策略”，指的是“与竞争对手在同一个时间段展开正面交锋，以同类型的节目来争取同样的目标受众”②。

所谓“反向策略”，则是为了避免针锋相对，“如果对手在某个时段里已经安排了拥有绝对优势的强档节目，那么可以考虑安排与之类型相反的节目，争取其他群体的目标受众”③。

除了上述5种编排播出策略外，经常被电视媒体采用的还有大量有特色、有启发的方式、方法，如“无缝隙”编排策略。所谓“无缝隙”编排，指的是为了让观众专注于自己的节目而不随意调换频道，尽量在两个节目之间减少广告，或用其他提示的方法来组合节目，使节目整体感加强，呈现出“无缝隙”连续、整体播出的效果。再如“周边效应”编排策略。所谓“周边效应”编排，指的是利用收视率较高、观众认可度较高的名牌节目或黄金时段节目的吸引力，来带动此前和此后播出的其他电视节目，使围绕名牌节目或黄金时段节目的前后节目收视率得以拉动，产生“周边效应”。尤其是对那些新推出的、观众尚不熟悉的电视节目，特别需要得到“周边效应”的拉动。④

正如有学者所说：“电视是依时间顺序进行传播活动的媒介，如同报纸的版面设计一样，电视传播意图则是通过时间的分割来体现的。在某个时间段里，设置哪些栏目，并依一定原则把不同栏目整合成一个播出流程，可以视之为时间—内容的分割与组合的艺术。这是一项系统工程，涉及时间资源和节目资源的开发与合理配置，大有学问。”⑤电视的编排播出是对电视创作制作出的产品，按照“时段”进行重新设计、组织的创造性过程，而其科学依据则是对于特定时段观众观赏需求的有针对性的研究与判断。电视编排播出“效率”的提高，有赖于电视传媒对于“时段”设计的水平的提高，通过独到的、符合电视生产与传播一般规律的时段设计，既能使有限的节目资源获得合理、充分的开掘，又能收到良好的收视效果，达到较

① 参见汪文斌，胡正荣．世界电视前沿Ⅲ［M］．北京：华艺出版社，2001：14-18.

② 参见汪文斌，胡正荣．世界电视前沿Ⅲ［M］．北京：华艺出版社，2001：14-18.

③ 参见汪文斌，胡正荣．世界电视前沿Ⅲ［M］．北京：华艺出版社，2001：14-18.

④ 参见汪文斌，胡正荣．世界电视前沿Ⅲ［M］．北京：华艺出版社，2001：14-18.

⑤ 叶家铮．电视媒介研究［M］．北京：北京广播学院出版社，1997：26.

高的"效率"。欧美等发达国家和地区在这一方面积累了较为丰富的经验，值得我们去学习、借鉴。中国电视的编排播出已经得到了普遍重视，也逐渐探讨着符合中国国情的编排播出的思路、方式与方法，取得了不少宝贵经验，有待去进一步整理、开拓。

四、管理"效率"的提高——运行体制的建构与完善

电视既是一种事业，也是一种产业；电视既包括节目的生产，也包括节目的传播；电视既有自己的核心业务（电视节目的生产与传播），也有相关的业务。因此，电视需要进行很好的"管理"。而电视管理"效率"的提高，则在于一套有效的运行机制的建构与完善。

发达国家和地区在电视管理方面的经验值得我们借鉴。以美国为例，由于美国的自由竞争的市场经济体系已建立起一个高度专业化、高度细分化的经济运行体制，所以美国的电视业也与此相匹配，建立起了一个比较完备的、适应市场经济体系需要的电视运行体制。正如有学者所说："（美国）电视业的运作基本包括前期的市场调查与研究、中期的生产与播出、后期的效果调查和研究等。我们通常所说的电视业往往只是指电视播出机构，即电视台，其实一个完善而成熟的电视业还应该包括为电视服务的调查研究产业、节目制作产业、电视台及其节目的营销产业等。"①

这里仅就电视节目生产与传播的运行机制做一剖析。还是以美国为例，电视台本身一般只负责日常新闻类节目的制作，而其他大量节目则多由专业化的节目辛迪加即节目制作公司承担制作。电视台通常从节目制作公司那里购买来节目，在自己的台里播出。这样，电视台就主要作为播出机构，成为电视产品的流通商，而节目制作公司则主要作为制作机构，成为电视产品的生产商。

将制作与播出相对分立，使作为播出机构、流通商的电视台，与作为制作机构、生产商的节目制作公司各司其职，分别降低了成本，提高了专业化水平和"效率"，从而获得"双赢"的效果。这样一种运行体制的意义至少有以下几点。

——可以使电视媒体的运作成本降低，并使电视媒体的竞争力加强。如果电视媒体将过多精力投放于各类具体电视节目生产的话，用于节目的宣传、策划、创

① 汪文斌，胡正荣．世界电视前沿Ⅰ［M］．北京：华艺出版社，2001：61.

作、制作等的人力、物力、财力的投入将大大提高，用于协调各环节工种的管理也将随之需要不断完善，因而整体的运作成本会越来越高，节目品种越来越多，摊子越铺越大，而且出现各种事故、问题的概率也不断上升。而如果将非新闻类、非常规类、非主打类节目的生产包袱甩向社会，只保留最基本的节目的生产，将精力更多地投入对于市场、观众的调查研究，对于自身节目系统的格局、规划的研究，对于战略性、策略性规划的研究，以及编排播出、营销推广等的研究，就可以腾出大量的人力、物力、财力，而且还可以减少由于“人满为患”导致的“人浮于事”的低水平运作状态，整体运作成本因而也可以大大降低。这样“轻装上阵”的结果是，媒体竞争力大大提高，面对市场的变幻、风险，可以快速、有效地予以反应和应对。

——可以使节目制作公司的专业化水平得以提高，进而使社会的节目制作专业化水平大大提升，使观众可以享受更多、更好的电视节目。将大量非电视媒体主打新闻节目交由社会的节目制作公司——节目辛迪加去生产，使节目辛迪加可以在竞争中，逐渐放弃“大而全”的粗放型生产方式，而瞄准自己最擅长的节目品种、类型，精心构思、打造，逐渐形成细分化市场中某一种类节目的生产优势、特色，进而形成品牌效应。欧美许多著名的电视剧、电视谈话节目、电视娱乐节目等均出自节目辛迪加之手。市场细分的结果，就使得节目辛迪加在制作某种类节目的专业化水平得以大幅度提高。而不同的节目辛迪加专攻不同的节目品种、类型，又使得社会整体的节目制作专业化水平大大提高。节目制作专业化水平的提高，必然给电视台带来更加优化的电视节目源，进而使广大电视观众可以享受到更多、更好的各类电视节目。

——通过制作—播出关系的调整与分工，电视媒体与节目制作公司可以形成良性互动关系，从而使各自的“效率”都不断得到提高。电视媒体与节目制作公司在市场细分化的进程中，不断强化其各自突出的功能、职责，播出与制作关系不断得以调整。一方面，电视媒体自身也不断寻求其更独特的定位，这就使其购买节目的品种、类型也不断专业化，以使其电视屏幕形象更鲜明、突出、有个性。另一方面，电视节目制作公司又根据电视媒体的调整、变化，有针对性地为各电视媒体提供专业化的、品种类型更具特色的电视节目，而且不断由一家、数家电视媒体延伸到全球每个国家和地区。这就形成了电视媒体—节目制作公司相互需要、相互影响、相互推进的良性互动局面，从而使电视媒体与节目制作公司的“效率”都得以提高。

欧美发达国家和地区靠运行机制的建构与完善，对电视生产与传播的管理"效率"的提高起了极其重要的保障与促进作用。在这一方面，我国的电视节目运行体制还有很大差距，专业化水平不高，各工种、环节职业规范性不强，整体运行中人、财、物等的管理机制既不严格，也不灵活，这方面的问题已成为我国电视传播艺术"效率"提高的很大障碍。有学者曾说道："……电视节目创新要想走上一个可持续发展的轨道，也就必须建立一整套完善的节目运行体系。所谓节目运行体系是指节目在生产过程、生产方式和生产机制等方面具有一系列基本的操作规范，在这种规范的调整和控制之下，节目的设置、生产、播出以及改版、创新等均能够科学、合理而有效地进行，从而减低运营成本、整合有效资源，提高资源利用率、扩大节目的传播效果。"①

在电视生产与传播各个环节上，"效率"的提高都有其突出的富于特点的成功途径。这方面我们可以直接借鉴、学习欧美发达国家和地区相对成熟和完善的市场经济环境中的电视运作的已有经验，取"拿来主义"的姿态，为我所用。当然，由于国情条件不同，并非所有的模式、思路、方法都要"全盘接受"，还要因地制宜地进行辨别、分析。但不管怎样，中国电视媒体的竞争已全面展开，在这种情形下，努力地提高电视生产与传播各个环节的"效率"，无疑是中国电视生存、发展的必然的现实选择。

第三节　提升"品格"：中国电视的时代使命

关于"品格"提升的社会意义与媒体意义，笔者已在上一章中做了较为详尽的阐述。对于中国电视而言，提升什么样的"品格"，怎样提升其"品格"，才能使自己卓然独立于世界电视之林，卓然独立于中国传媒与艺术世界，并为人们广泛接受、认同与赞赏呢？这是中国电视传播艺术理论与实践中必须回答的重要命题。

对于中国电视而言，独特的政治品格、文化品格、审美品格、道德品格不仅是一种规范与要求，更是它赖以生存、发展、卓然独立的不可或缺的内在精神与外在形象的标志与标识。

---

① 汪文斌，胡正荣．世界电视前沿 I［M］．北京：华艺出版社，2001：41.

一、政治品格

中国电视与其他主流传媒一样，都是党和政府的宣传媒介，承担着宣传党的基本路线和方针，塑造社会主义中国的良好形象，沟通党、政府和人民的联系等政治任务，这些都是中国电视与其他传媒共同的政治品格，集中体现在中国电视“正确的舆论导向”“弘扬主旋律”等方面。而电视声画合一、即时性、兼容性、全息性等传播特点和优势，又使得中国电视在体现其“政治品格”方面经常扮演着格外复杂而又格外重要的角色，因而也就呈现出其独特而重要的形象。

（一）总体的、宏观的、全局性的政治观点、正确导向要与具体的、微观的、生动的形象相结合

电视是要靠声画兼备的具体、生动、可感知的形象来传达理念的，这是它与许多传媒尤其是印刷媒体不同的特点。电视要充分体现其“政治品格”，离不开到生活中选取最典型、最生动、最具说服力、最具感染力的形象，或通过艺术虚构，创造出生动、感人的屏幕艺术形象，以此来传达正确的政治观点和正确的导向，方能达到良好的传播效果。

（二）常规宣传与舆论监督相结合

电视在日常的传播活动中，大多按照正确的宣传指导思想，对于党和政府的重要政治思想、观点，对于人民群众建设社会主义现代化的创造性工作，予以常规的、正面的报道或表现，这无疑是电视应有的“政治品格”。但也有这样的情形：在电视报道或电视艺术创作中，对于不良的、恶劣的、错误的思想、观点、言论、倾向进行批评、曝光乃至揭露、批判。用电视传媒独特的方式、手段去实施这样的行动，是一种“舆论监督”。尤其是对于政治性活动的舆论监督，这是异常复杂、敏感的一个领域。对于负面的报道、负面的批评，应当保持怎样的状态，才有可能达到较好的效果呢？徐光春同志有这样一段话讲得很好：“……要讲究监督的艺术，注意监督的策略。不能光凭一股子热情去开展监督的工作，要从选题取材、遣词造句、角度时机、政策分寸、力度大小等各方面进行认真的分析研究，从有利于问题

的解决入手，提出舆论监督的具体工作方案，把原则与策略、热情与艺术很好地结合起来，把困难减少到最低限度，以取得良好的监督效果。”[①]常规宣传一般从正面来发布、阐述党和政府的政令、政策与方针，而舆论监督，尤其是电视舆论监督，则从批评的角度来揭露问题、发现问题、提出解决问题的建议与思路。舆论监督的时机、分寸、力度把握适度，将有利于党和政府推进政治民主化进程，有利于党和政府一系列方针、政策的落实，有利于安定团结的政治局面的形成。这将从一个特殊的视角体现电视的独特政治品格。如果做到了这一点，中国电视独特的政治品格将体现得极其充分，其意义远远超过媒体自身的意义。

（三）电视宣传艺术的探索与体现

电视“政治品格”的显现，离不开电视宣传艺术方方面面的探索。中国电视在多年的历史经验积淀中，形成了极具中国特色的电视宣传艺术的思路、方式与方法。在重要的政治宣传报道中，尤其是政治性热点、焦点、难点等敏感领域地带宣传的把握，对中国电视的从业者来说是一个艰巨的考验。中央电视台《焦点访谈》以及《东方时空》的《焦点时刻》栏目，在总结了以往同类节目的历史经验和教训的基础上，提炼出了既符合电视传播规律，又符合中国政治宣传要求的一系列有效措施。如关于节目的选题，他们提出了三句话的选题原则：“领导重视、群众关心，普遍存在。”[②]这三句话看起来简单，但内涵丰富，充满了智慧。试想，一些敏感领域和问题，如果不是“领导重视”，那从大局、全局来看，还不可以马上抛出，因为要等待合适的时机，当引起领导足够重视时，解决问题的时机便到来了。同样，如果不是“群众关心”，那就很难对社会产生广泛影响，只有将选题与“群众关心”挂上钩，才有可能产生强烈共振、共鸣，达到较好的传播效果。此外，仅有“领导重视、群众关心”还不够，如果只是偶然、突发、特殊的个例，不具有“普遍存在”的普遍社会意义，也是不够典型的，也许被报道内容本身可视性强，也足够有“热点、焦点”的分量，但若不能“普遍存在”，其代表性、典型性、普遍性就不具备。只有将这三点结合起来，才能做到“有利于安定团结、统一思想，有利于缓解

① 徐光春．关于舆论监督的几点思考［N］．光明日报，2000-01-04.

② 中央电视台新闻评论部．把握生活主流　遵循电视规律　增强传播效果［J］．电视研究，1995（8）：14-20. 转引自叶家铮．电视媒介研究［M］．北京：北京广播学院出版社，1997：248-253.

矛盾、解决问题，有利于平衡心态、引导群众，有利于传播信息、促进改革”[①]。

为了具体体现这三句话的特质，从业者们提出“加强节目的时效性和针对性”“加强报道的深度”等要求，在报道的时机、分寸的把握上，尤其形成了一些宝贵的经验。关于播出时机问题，他们认为：“什么时候是节目播出的最佳时机呢？……应是节目发挥最大新闻价值的时候。对于大多数报道，特别是突发性事件，能快则快，一个小时、一分钟甚至一秒钟都不能耽误。而对问题性报道，则要捕捉良机。早了不行，那里矛盾正处于白热化，问题正值扑朔迷离之时，说了可能会‘添乱’；晚了也不行，矛盾冰释，问题解决，这时再播，‘马后炮’而已。”[②]言外之意，此类节目最佳的播出“时机”是介于“过早”（“添乱”）和“过晚”（“马后炮”）之间，显然对于“时机”——“良机”的把握需有相当的经验与智慧。而对于报道的“分寸”或“度”的把握也同样重要，包括报道中画面的运用、提问的安排、同期声的调动等都非常重要。两个“焦点”组的同志总结出了“软焦点硬道理，硬焦点软着陆”[③]的普遍规则，就是对于此类节目分寸把握的很好注解。

中国电视独特的“政治品格”的实现，不仅是政治宣传需求的体现，也是中国电视自身赖以生存、发展的意义、价值、形象的体现。换言之，只有“政治品格”得以提升，中国电视才能不仅很好地完成政治宣传任务，而且还以自己独特的方式，获得其不可替代的政治地位、作用与意义，并以此获得其独特的电视屏幕形象特征。而要达到较高的“政治品格”，就需要研究电视传媒的特质，研究电视舆论监督的独特价值，研究电视宣传艺术的一般规则与方式、方法。

二、文化品格

中国电视是中国文化的重要组成部分，也是直观展现中国文化的一个重要窗口

① 中央电视台新闻评论部 . 把握生活主流　遵循电视规律　增强传播效果［J］. 电视研究，1995（8）：14-20. 转引自叶家铮 . 电视媒介研究［M］. 北京：北京广播学院出版社，1997：248-253.

② 中央电视台新闻评论部 . 把握生活主流　遵循电视规律　增强传播效果［J］. 电视研究，1995（8）：14-20. 转引自叶家铮 . 电视媒介研究［M］. 北京：北京广播学院出版社，1997：248-253.

③ 中央电视台新闻评论部 . 把握生活主流　遵循电视规律　增强传播效果［J］. 电视研究，1995（8）：14-20. 转引自叶家铮 . 电视媒介研究［M］. 北京：北京广播学院出版社，1997：248-253.

和阵地。从整体上看，中国电视的"文化品格"，应与社会主义中国文化发展的总的趋向相适应、相吻合，才会有所作为、有所贡献，也才会有自己独特的文化存在价值。

中国电视的文化品格，应在社会主义文化的先进性、开放性和传承性上努力探索和体现，使电视产品不仅有可观的市场价值、经济效益，更体现出鲜明的中国特色、中国风度、中国气质，以教育人民，同时满足人民对于高尚的电视产品的文化需求。

（一）电视文化的先进性

在20世纪90年代中国社会主义市场经济体系全面建构的时代背景下，中国电视与其他文化部门一样，受到了各方面价值取向的影响和冲击，来自社会、来自理论和实践的不同思想、观念发生了相当的冲突与矛盾。一部分人强调文化的"市场化""商业化"要求，认为只要是有市场价值、商品价值的电视产品，就是优秀的、好的产品，而更多的人则坚持电视产品作为精神产品的特殊性，认为应当给电视文化灌注"先进文化"的品格、理念与精神。仲呈祥先生对此做出了发人深省的批评，他指出："……当今确实出现了一股值得我们高度关注的非审美媚俗文化。尽管它们对于'先进文化前进方向'的审美文化主流来说，还只是支流，但影响大，且有蔓延之势，不可小视。今天，我们的主流是对爱国主义、集体主义、社会主义和传统美德的颂扬和呼唤，但中华民族毕竟有两千多年的封建文化传统，有过一百多年的半封建半殖民地文化影响，还有过十年'文革'浩劫的遗患，因此，在当今人民群众的文化鉴赏心理中，确实还残留着某些落后的、愚昧的和不健康的东西。对这股非审美媚俗文化消极顺应，扫尾强化群体鉴赏心理中的不良一面，而它又反过来助长了这股非审美的媚俗文化。"① 仲先生的这段文字，不仅揭示了当时中国电视文化中存在的"落后""愚昧""不健康""非审美""媚俗"等突出表征，而且还揭示了这些与"先进文化"相对的落后文化之所以存在甚至有"蔓延之势"的多重原因——几千年的封建文化、上百年的半殖民地半封建文化及十年"文革"造就的严重负面反应。这些文字深刻挖掘出"落后文化"的文化背景与深层根源。在此基础上，仲先生还对这些"落后文化"带来的严重危害做了发人深省的警示："这股非审美媚俗文化……放弃了文化的神

① 仲呈祥语，见沈卫星 . 重提文化格调［N］. 光明日报，2002-01-09（B02）.

圣使命和社会责任。它不是着意于提高全民族整体精神素质的长远利益和根本利益，而是在赵公元帅指挥下迎合低级情趣和不健康的欣赏心理，与先进文化和优秀作品争夺观众，宣扬以感官享受为人生内容、以'跟着感觉走'为人生哲学，造就一种浅薄、浮躁、油滑、媚俗的群体性鉴赏习惯，营造一种与改革开放和现代化建设需求相悖的贪图私利、寻欢作乐、玩物丧志的文化氛围。上述种种不健康的文艺作品，作用于执政党中的意志薄弱者，很可能导引他们走向赖昌星们的'红楼'，走向腐败堕落；作用于广大受众，将败坏国民的审美修养和精神素质。"①

曾庆瑞教授将鼓吹"市场化""娱乐化""商品化"的思潮称为"现代大众文化"思潮，而将"现代大众文化"思潮与主流文化、精英文化的矛盾、对峙，称为一场"文化较量"。曾教授从电视剧文化领域的这场"文化较量"中，提出了11个值得重点关注的问题："1.是提倡为人生的艺术，还是鼓吹为消遣的游戏；……2.娱乐，是灵魂的愉悦，还是感官冲动的满足；……3.……是做'人类灵魂的工程师'，还是做消费文化商品的制作者；……4.世俗化是否就等于和生活同格化，就可以不要人生的重大追求；……5.平民化是否就等于平庸化，就能够不要英雄；……6.是'非个性化''模式化'，还是艺术化；……7.是消极地适应观众，还是在适应的同时注重提升观众；……8.'适应观众'，'满足'平民的文化需求，是否就要'媚俗'；……9.是造就平庸、纵容媚俗，还是呼唤全社会增强反对平庸、抵御媚俗的能力；……10.'全球化'是否就不要'民族化'；……11.……文本是否'拒绝解释或无需要解释'。"②在对上述矛盾、对峙的思想观点进行了认真的辨析后，曾教授严肃指出："……要充分认识到自己肩负着伟大的历史使命和严肃的社会责任，坚定不移地确立自己高尚的审美情趣和卓越的艺术追求，牢固地树立自己的敬业精神和奋斗作风。那种不屑于当什么'人类灵魂的工程师''不再关心作品的历史感或时代感、艺术性或思想性、终极价值或精神升华'的种种说法，是十分错误的，极其有害的，一定要加以摒除，彻底抛弃。"③

黄会林先生始终对中国电视的"品格"问题给予高度关注，她旗帜鲜明地指出："国有国格，人有人格，电视艺术也有自己的'品格'。"④黄先生以电视"高

① 仲呈祥语，见沈卫星．重提文化格调［N］．光明日报，2002-01-09（B02）．
② 曾庆瑞．守望电视剧的精神家园［M］．北京：北京广播学院出版社，2002：161-168.
③ 曾庆瑞．守望电视剧的精神家园［M］．北京：北京广播学院出版社，2002：161-168.
④ 黄会林．民族化：中国电视艺术的现实与未来［M］// 黄会林．艺苑论谭——放言影视戏剧艺术民族化．北京：中国文联出版社，2002：103-105.

品格"为目标追求，对许多电视现象进行了极有说服力的批评。如对于近些年颇为流行的以"戏说"为突出特点的"古装戏"，她站在"先进文化"和"品格"的高度，做了如下批评："电视是一种最现代、最有传播力和穿透力的媒体，电视也是一种文化产业，文化产业应该有文化内涵。我认为，电视上的古装戏和其他节目一样要有人文的关怀、审美的愉悦和心灵的震动。我们的电视制作人常说节目要面对市场，这没错，问题是我们想没想到我们的作品正在以怎样的一种方式影响着一代人的历史观呢？"[①]黄先生就此进一步分析："……中国老百姓有一个传统，通过看戏了解历史，尤其是经济和文化不发达地区的观众。'戏说'一类的古装戏往往离开历史事实很远，却使很多人误以为历史就是这样的。……这样的古装戏究竟合不合适？……而绝大多数人在看时往往把历史真实和艺术真实画上等号，这样的古装戏过量地充斥荧屏，后果是不言而喻的。"[②]黄先生还对此类古装戏对于"正确的历史观"的混淆提出了警醒，她"衷心希望从事古装戏创作的电视工作者多一份历史责任感，好好把把关，做个无愧于历史无愧于良知的守望者"[③]。

中国电视文化的先进性，已被上面诸位先生表述得十分深刻，尤其是建构中国电视"先进文化"的"品格"所具有的重要意义，也在他们的文字中被阐释得非常透辟。而这些论述，的确应当引起所有电视从业者足够的关注与重视，并在电视生产与传播实践中，在电视的理论批评活动中，予以充分的体现和落实。

（二）电视文化的开放性与传承性

电视文化的"开放性"，指的是以海纳百川的胸怀、视野与眼光，吸收、吸纳一切人类优秀文化、文明成果。不是故步自封，而是面向世界；不是孤芳自赏，而是向各种优秀文化学习、借鉴；不是急功近利，而是着眼于长远发展。而电视文化的"传承性"，则是对自身历史文化优秀传统的继承、延续与发扬光大。不是妄自

① 黄会林．古装戏关乎一代人的历史观［M］// 黄会林．艺苑论谭——放言影视戏剧艺术民族化．北京：中国文联出版社，2002：385-386.

② 黄会林．古装戏关乎一代人的历史观［M］// 黄会林．艺苑论谭——放言影视戏剧艺术民族化．北京：中国文联出版社，2002：385-386.

③ 黄会林．古装戏关乎一代人的历史观［M］// 黄会林．艺苑论谭——放言影视戏剧艺术民族化．北京：中国文联出版社，2002：385-386.

菲薄，而是充满民族自信心和自豪感；不是言必称“洋”，而是善于挖掘本土文化资源宝库；不是食洋不化，而是从本民族的经验、积累中提取、提炼有益的营养。“开放性”与“传承性”是相辅相成的一对关系，没有足够的“开放”，“传承”就陷于封闭、萎缩；而没有足够的“传承”，“开放”就成了失去自我。所以，“传承”中的“开放”和“开放”中的“传承”，是在相互影响、相互推动、相互发展中前进着的，不可偏废。

张凤铸教授曾就“开放”与“传承”在影视文化建设中的意义发表过这样的观点：“有中国特色的社会主义文化深深植根于人民群众的历史创造活动，继承发扬民族优秀文化和革命文化传统，不断吸收世界文化成果，建设和传播有中国特色社会主义的内容和中华民族形式相结合的全新的文化，是电影电视义不容辞的根本任务。”[①]这里既有“开放”、吸收，也有“传承”、延续。他还进一步阐述了“开放”与“传承”的具体内涵，他指出：“‘汇天下之精华，扬独家之优势’‘走自己的路’是中国广播电影电视的宝贵经验。只有具备鲜明的个性和特色，才有根底，才有价值，才有魅力，才有影响，才有出路。越是民族的，越是世界的。……中华民族文化，将吸收现代化的进步观念，如竞争意识、赢利意识、公平意识、法制观念、品牌观念、更新意识、反馈意识、信息观念等，从而否定了中庸之道、随遇而安的封建意识，冲击了传统文化中不合时宜的思想束缚，大开人们眼界，鼓舞人们开拓进取。”[②]

在“开放”与“传承”的众多关系中，商业—市场与艺术—文化的关系对于中国电视“文化品格”的塑造意义非常重大。周星教授在对中国电影如何协调这一关系上发表的意见，对于电视“文化品格”的打造很有启发。他指出：“艺术的评判不应先定出‘红五类’或‘黑五类’，由此拒斥或迎合什么，宽阔的视野是有利于艺术健康长足进步的。对于21世纪的中国电影发展来说，鼓励远比排斥更为重要。……沿着关注生活的现实主义艺术创新的路子发展，摒弃对商业的鄙弃态度，中国电影的吸引力会更为显著。”[③]周星教授进一步指出：“……这是敏感的问题，是对市场需求与艺术追求的关系如何处理，实际上也就是长远利益与目前生存要求的

① 张凤铸.前言（代序）[M]//张凤铸，等.影视艺术新论.北京：北京广播学院出版社，2000：10-11.

② 张凤铸.前言（代序）[M]//张凤铸，等.影视艺术新论.北京：北京广播学院出版社，2000：10-11.

③ 周星.跨世纪中国电影艺术与商业观念辨析[M]//张凤铸，黄式宪，胡智锋.全球化与中国影视的命运.北京：北京广播学院出版社，2002：187，191-192.

关系。艺术价值当然不是短期的显现，它是人类美好追求的永恒性表现。但是，实际上最为优秀的作品总是得以和现实生活相呼应，所以，理所应当获得市场的良好回报。这时艺术价值是和市场价值同一的。"①

为什么塑造中国电视的文化品格如此重要？怎么样来塑造中国电视独特的文化品格呢？黄会林先生对此进行了深思熟虑的研究，并做出了旗帜鲜明的回答。她指出："……高质量的、民族风格常有的电视艺术作品，对于增强本民族在世界舞台上的思想文化影响力度、塑造本民族在国际社会中的美好形象，有着不可替代的重要作用。在我国，各类电视节目以其非凡的影响力，成为培植良好的民俗民风、塑造独特的民族性格、推动社会主义精神文明建设的利器，这已是不争的事实。"②黄先生对中国电视艺术的历史经验做了高度的概括，她认为："中国电视艺术走过的道路，是一条具有鲜明的中国社会主义特色的民族化之路；中国电视艺术的成功与成就，正是民族化探索与追求的成功与成就。"③中国电视艺术的成长、发展的进程，被黄先生凝结为"民族化"的"最高品格"④。她进一步把"民族化"的品格构成总结为"民族化的题材资源，为中国电视艺术提供了无限的宝藏"⑤，"民族化的思想、情感特征，赋予了中国电视艺术以独特的人文内涵"⑥等内容。

综上所述，"文化品格"是构筑中国电视、形成中国电视文化最重要的品格特征之一，这不仅是发展社会主义先进文化的需要，也是中国电视生存、发展所不可或缺的内涵与内容。只有坚持中国电视文化的先进性、开放性与传承性，才能造就具有中国气派、中国特色、中国风格、中国气质的优秀电视文化，才能对内获得社会欢迎，并对社会有益；对外塑造良好的国家与民族形象，并受到世界的尊重与认同。

① 周星．跨世纪中国电影艺术与商业观念辨析［M］// 张凤铸，黄式宪，胡智锋．全球化与中国影视的命运．北京：北京广播学院出版社，2002：187，191-192.

② 黄会林．民族化：中国电视艺术的现实与未来［M］// 黄会林．艺苑论谭——放言影视戏剧艺术民族化．北京：中国文联出版社，2002：103-105.

③ 黄会林．民族化：中国电视艺术的现实与未来［M］// 黄会林．艺苑论谭——放言影视戏剧艺术民族化．北京：中国文联出版社，2002：103-105.

④ 黄会林．民族化：中国电视艺术的现实与未来［M］// 黄会林．艺苑论谭——放言影视戏剧艺术民族化．北京：中国文联出版社，2002：103-105.

⑤ 黄会林．民族化：中国电视艺术的现实与未来［M］// 黄会林．艺苑论谭——放言影视戏剧艺术民族化．北京：中国文联出版社，2002：103-105.

⑥ 黄会林．民族化：中国电视艺术的现实与未来［M］// 黄会林．艺苑论谭——放言影视戏剧艺术民族化．北京：中国文联出版社，2002：103-105.

三、审美品格

电视审美品格，由电视本体性的审美和电视功能性的审美构成。从电视本体性的审美来看，电视的审美品格具有电视媒体本身的特质；从电视功能性的审美来看，电视的审美品格具有历史性、民族性的特质。

（一）从电视本体性的审美来看，电视独特的媒体特点决定了电视与其他传媒样式、艺术样式的不同

高鑫教授将电视的审美特质概括为“兼容性”“多样性”“参与性”“当代性”[①]四个方面。仅从其“兼容性”来看，又包括“科学与艺术的兼容”“时间艺术与空间艺术的兼容”“诸多艺术元素的兼容”“多种艺术手段的兼容”[②]四个方面。在论及“科学与艺术的兼容”时，他认为：“由于科学与艺术的结合，使得这种新兴的艺术样式，产生了两个方面的鲜明特点：就其创作者来说，是制作的迅速和快捷；就其接受者来说，则要求电视艺术更加贴近生活，具有真实性和参与性的审美效果，……从而产生一种如闻其声，如见其面，如临其境的艺术感应，产生其他艺术所不可替代的审美享受。”[③]在论及“时间艺术与空间艺术的兼容”时，他认为：“电视艺术……将时空结合在一起……从三维空间，走向多维空间……对人类以往的时空观给予了突破性的开拓和变革。这不仅有力地强化了它自身的美学创造机制，而且使它比以前的各种艺术形式具有更大的艺术负载能力，更大的美学涵蕴和艺术变量。”[④]此外，高鑫教授还认为，电视艺术的审美特质体现为音乐、舞蹈、戏剧、文学、绘画、摄影等各种艺术元素和手段的艺术美的综合。[⑤]

（二）从电视功能性的审美来看，电视的审美品格有其自身“与时俱进”的历史性特质，更有其深厚宽广的民族性特质，而电视审美品格自身的历史性特质，与深厚宽广的民族性特质又是融合在一起的

在《中国电视节目生产的本土化战略与对策》一文中，笔者对中国电视的审美

① 高鑫．电视艺术学［M］．北京：北京师范大学出版社，1998：19-25.
② 高鑫．电视艺术学［M］．北京：北京师范大学出版社，1998：19-25.
③ 高鑫．电视艺术学［M］．北京：北京师范大学出版社，1998：19-25.
④ 高鑫．电视艺术学［M］．北京：北京师范大学出版社，1998：19-25.
⑤ 高鑫．电视艺术学［M］．北京：北京师范大学出版社，1998：19-25.

品格做过这样的描述："中国电视的美学传统与审美品格，与中国社会主义的美学传统与审美品格紧密相连。在50年代至70年代，以社会主义现实主义为主要创作方法，以理想主义、英雄主义为目标追求，呈现出壮美、崇高的主导美学类型。80年代，改革开放的时代精神为中国电视注入了新的美学因素，以批判现实主义为主要创作方法，以文化反思与浪漫激情的结合为主要特征，呈现出优美、和谐的主导美学类型。90年代中国电视形成'多元化'的格局，现实主义、浪漫主义与现代主义乃至后现代主义方法多元并存，以纪实主义、娱乐化、新英雄主义、平民化为新的特征，深沉、悲壮与优美、和谐及滑稽、不和谐等美学类型多元鼎立，审美品格呈现多元复杂的局面。……不论怎样变化，和谐、合一依然是中国电视审美品格境界中最为基本和重要的类型，即在电视产品中，在对立、矛盾、冲突中追求和谐、统一、合一，这是我们民族'和合之美'美学传统的现代延续。"①

黄会林先生从建构影视艺术"中国学派"的高度，将中国传统美学范畴与当代中国电视实践创造性地"嫁接"在一起，从创作技艺、手法，到创造境界、效果，多层面、多角度、全方位地探寻着中国电视民族化审美品格的特质。在黄先生的《中国影视美学民族化理论建设》一文中，她将"气韵""神韵""情理""形神""虚实"等重要范畴及"人""道""风骨""性灵"等重要范畴与丰富多彩的中国电视实践有机地结合起来，寻求其内在的对应与联系。②正是这样一种独特的角度、思路与方式，使黄先生从整体上发现："民族化的艺术表现特质，成就了中国电视艺术独有的美学范畴，确立了自己的审美方式、美感构成和审美价值取向，也已深刻地体现在我国的电视创作和观众评价之中。"③关于中国电视民族化的审美品格，黄先生已指出了理论与实践的一个重要发展方向，在这个方向上还有许多具体工作有待进一步发掘、开掘，因为这里蕴含了如此丰富的养料。

与黄先生的探索与追求一致的是，张颂教授从民族有声语言——表述系统的构建角度，对具有民族审美特质的电视传媒中的有声语言规律进行了深入研究。张颂先生认为："有声语言存在于三个空间之中。首先是生存空间，……其次是规范空

① 胡智锋．中国电视节目生产的本土化战略与对策［J］．文艺研究，2001（4）：17-20.

② 参见黄会林．中国影视美学民族化理论建设［M］// 黄会林．中国影视美学民族化特质辨析．北京：北京师范大学出版社，2001：9-12.

③ 黄会林．民族化：中国电视艺术的现实与未来［M］// 黄会林．艺苑论谭——放言影视戏剧艺术民族化．北京：中国文联出版社，2002：103-105.

间，……最后，是审美空间，……”[①]这就由一般的“朗读学”提升到“朗读美学”层面，而且对有声语言的“朗读美”提出了四个重要的审美品格的范畴，即“民族美、风格美、意境美、韵律美”[②]。

仲呈祥先生则在对中国电视剧的具有时代特色的美学品格的阐述中，对中国电视整体的审美品格进行了高屋建瓴的概括。仲先生指出：“第一，中国电视剧美学追求的指导思想是马克思列宁主义、毛泽东思想和邓小平建设有中国特色社会主义理论，它通过对中国当代社会主义社会现实的社会关系的真实描写和艺术表现，为人类在中国屏幕上展示出一个崭新的、充满理想和希望的美学境界。这正是中国电视剧的艺术美所具有的历史新质。……中国电视剧一直把‘创作具有鲜明的社会主义时代精神、深刻反映现实生活、讴歌社会主义新人、富于民族特色的作品’，当成自己的神圣职责。中国电视剧创造的屏幕世界，热情地讴歌了社会主义新型的人际关系中成长起来的有理想、有文化、有道德、有纪律的一代新人无私奉献的崇高精神及其人情美、人性美，展示出一种广阔而深邃、美好而诱人的崭新的美学品格。”[③]他同时也对“崇高、壮美即阳刚之美”的美学品格，对其他“多样性和丰实性”的美学品格做了宏观的描述。

中国电视审美品格的体现，一方面来自电视传媒自身本体性的许多特质，另一方面更来自中国历史文化传统、当代中国现实生活等锻造出来的具有民族性、历史性、时代感的审美需求。换言之，审美品格既有普遍性，也有功能性的特质。中国电视的审美品格的形成，是中国这个特定的国家、民族、文化土壤所造就的，也为生长、生活在这个土地上的人民群众所喜闻乐见。中国电视的审美品格的形成，与中国电视观众独特的审美需求、审美口味息息相关。当然，审美需求、审美口味也需要培养、培育。因此，将植根于几千年传统文化和传统美学基础之上，建构在历史的、时代的生活基础之上，与当代中国人民的需求同步、同行的中国电视，赋予更多有中国特色、中国气派、中国风格的美学品格，是时代的呼唤，也是中国电视的职责与需要。事实上，从理论到实践，对中国电视审美品格的探索与追求已经积累了相当的经验，有待进一步去整理、总结。

---

① 张颂．朗读美学［M］．北京：北京广播学院出版社，2002：2.

② 张颂．朗读美学［M］．北京：北京广播学院出版社，2002：10.

③ 仲呈祥．中国电视剧概观及其审美特征论纲［M］// 仲呈祥．十评飞天奖．天津：百花文艺出版社，1996：172-174.

四、道德品格

电视要遵循社会的普遍的伦理道德规范，这是电视道德品格的基本要求；电视还要自觉地摒弃错误的、对社会有害的、低俗的思想行为，并张扬美好的、积极的、健康的、有益于社会进步的道德风尚，这是对于电视道德品格提出的较高要求。社会主义中国的电视，在"道德品格"的追求与体现上，更有其独特而丰富的内涵。

道德品格的要求，是维系人类社会生存发展的不可或缺的基础。在市场经济条件下，道德品格的重要性日益突出。早在200多年前，著名的英国古典经济学家亚当·斯密已经发现并深刻地研究了这一问题。所以，一方面，我们看到亚当·斯密写下了他论述市场经济的名著《国富论》；另一方面，他同时又写下了著名的《道德情操论》，来赞美人类的同情心和道德，从而引出了所谓的"斯密问题"①。斯密认为，道德有"正义"和"同情心"两个层次。"正义"意味着对等性，人与人之间的对等性；而"同情心"则体现为一种美德。用斯密的话说，"同情心"意味着一个人对他的同胞的爱和对自我利益的克制。斯密把"正义"与"同情心"等道德内涵视为"一种对光荣而崇高的东西的爱，一种对伟大和尊严的爱，一种对自己品质中优点的爱"。姚洋先生在研究"斯密问题"时认为，"道德的丧失正在使我们的经济蒙受巨大的损失，……现金交易量大增，交易成本大大提高"②。这些观点对市场经济中"道德"所带来的正面、负面效应做了较为深刻的阐述。

在著名学者弗朗西斯·福山笔下，"道德品质"体现为"诚实"与"信任"，即我们今天普遍推崇的"诚信"。他认为"诚信"可以积累丰富的"社会资本"（无形资产——笔者注），这便可以大大降低市场经济运行中的"交易成本"，从而使社会步入良性循环状态。福山认为："社会资本的定义简单地说，就是一个群体的成员共同遵守的，例示的一套非正式价值观和行为规范，按照这一套价值观和规范，他们便得以彼此合作。如果这个群体的成员能期待其他成员的行为可靠和诚实，他们就能彼此信任对方。信任的作用像一种润滑剂，它使一个群体或组织的运作更有效

① 参见姚洋．道德情操［J］．读书，2001（10）：3-9.

② 参见姚洋．道德情操［J］．读书，2001（10）：3-9.

率。”[①]福山还比较了拥有“社会资本”，即拥有较高道德品质——诚实、信任与没有“社会资本”的不同：“在没有社会资本的情况下，利用各种正式的协调机制，如合同契约、等级制、宪法和法律等等，也完全有可能建立成功的群体。但是非正式的规范（这里指的是‘诚信’等道德品质——笔者注）可以大大降低经济学家所说的‘交易成本’——用于正式协议的监督、立约、裁定和强制执行等事务上的费用。在一定的形势之下，社会资本还可以促进更高程度的创新和群体适应。”[②]

道德品格不仅是一种社会伦理规范的体现，而且在市场经济运行中具有提高“社会资本”、降低“交易成本”的特殊功效。由此可见，对于所有追求“效率”提高的行业、部门、领域来说，建构良好、高尚的“道德品格”有着何等重要的意义。

而对中国的大众文化、中国电视提出“道德品格”的要求，有着重要的现实原因。尽管中国大众文化、中国电视整体上的“道德品格”是好的，但的确也出现了许多不良的表现，令人忧虑。雷达先生指出：“当我们在向市场靠拢时，当我们在大力肯定人的商业化操作下从事写作时，当我们片面追求‘上座率’、‘发行量’和寻找所谓‘卖点’时，当我们热衷于追求新奇、刺激、有趣时，往往可能会出现冲淡甚至放弃对人的精神价值，对高尚道德理想，对人性的全面发展，对人的终极关怀的追求的倾向。与此同时，在某些作品中，还会出现对纵欲主义、颓废主义、虚无主义、享乐主义的有意无意的放任和玩赏的态度。”[③]

不论是从社会主义精神文明建设的体现来看，还是从中国电视自身形象的塑造、“社会资本”的增加等方面来看，抑或是从中国电视观众主流的心理、审美等需求来看，上述问题都是值得认真研究并予以坚决抵制的。只有从道德品格的建构上“净化”电视荧屏，中国电视才可能既完成了社会职责，受到观众的衷心欢迎，又成就了自身，以良好的形象屹立于世界电视之林。

---

① 弗朗西斯·福山（Francis Fukuyama）《大断裂：人类本性与社会秩序的重建》一书中的部分内容（*The Great Disruption*：*Human Nature and the Reconstitution of Social Order*，New York：Free Press，1999），转引自《文化的重要作用——价值观如何影响人类进步》，新华出版社，2002 年 2 月版。

② 弗朗西斯·福山（Francis Fukuyama）《大断裂：人类本性与社会秩序的重建》一书中的部分内容（*The Great Disruption*：*Human Nature and the Reconstitution of Social Order*，New York：Free Press，1999），转引自《文化的重要作用——价值观如何影响人类进步》，新华出版社，2002 年 2 月版。

③ 雷达语，见沈卫星．重提文化格调［N］．光明日报，2002-01-09（B02）．

独特政治品格、文化品格、审美品格、道德品格的确立、追求与体现，是"全球化"语境下中国电视生产与传播"本土化"道路选择的重要标志与标识。中国电视传播艺术的理论与实践的极为重要的功能，就是探索、发现如何提升中国电视整体的政治品格、文化品格、审美品格与道德品格的思路、方式、方法。在对中国电视生产与传播各环节进行"创造性处理"的过程中，自觉地追求"品格"的实现，不仅有益于社会，而且对中国电视自身也是极为重要的，是中国电视自身赖以生存与发展，并且在中国社会、文化发展格局中，在世界电视格局中获得认同、尊重并得到赞赏的重要构成部分。

总之，"效率"的提高，"品格"的提升，对于中国电视来说，是相辅相成、互相推进的两个方面。"效率"的提高，有助于"品格"的提升；"品格"的提升，则有助于"效率"的提高。中国特色社会主义的电视的生存、发展、繁荣、进步，应既考虑"效率"的提高，也考虑"品格"的提升，不可偏废。而中国电视传播艺术的功能追求，恰恰是"效率"与"品格"的有机结合。不论是宏观、中观、微观等不同层面，还是战略、策略、战术等不同层面，中国电视传播艺术都理应努力探求"效率"与"品格"有机结合的思路、方式、方法，这才有利于推进中国电视整体质量与水平的提高。

中国电视传播艺术在几十年的探索与努力进程中，从实践到理论都积累了独特、多样而丰富的经验与理念，不断地从这些积累中发现、开掘、整理、提炼出新的经验与理念，将是一个长期的任务。而不断进展中的中国电视新的经验与理念，更需我们密切关注，在更为广阔的视野、空间中予以把握、整合，朝着中国特色社会主义电视的目标，不断地耕耘，不断地开拓，不断地前进。

中 篇

第五章　目标：电视节目生产“本土化”的战略与对策

电视传播艺术各个环节的具体实施都离不开其“预期目标”。由于电视的核心产品是电视节目，于是电视节目生产就成了电视的主体内容。电视传播艺术的实施便渗透在了电视节目生产的全过程中。那么，从整体上、从宏观上，电视传播艺术的目标也可以看作中国电视节目生产的目标。笔者认为，“本土化”就是中国电视节目生产的战略性目标。中国电视节目生产“本土化”这一命题的提出，有着深刻的产业背景与媒介背景，由此推出的战略目标与对策也是建立在这样特殊复杂的背景基础之上的。

第一节　命题提出的产业背景与媒介背景

一、产业背景

毫无疑问，传媒产业是文化产业的一个重要组成部分，而电视产业又是传媒产业的一个极其重要的组成部分。电视产业的核心产品是电视节目，因此电视节目生产便成为电视产业、传媒产业进而也是文化产业的一个非常重要的组成部分。研究文化产业、传媒产业，不可不涉及电视节目生产，而一个国家和地区电视节目生产的产业化水平，在某种程度上也标志着一个国家和地区传媒的产业化水平。

电视节目生产并非仅仅等于电视节目制作，而是一个复杂的系统。它既包括电视节目制作从策划、构思、采集到编辑、合成等的全部过程，同时也包括电视节目生产的组织、运作、经营、开发等诸多环节。电视节目这一产品作为可以进入市场的商品，一方面符合一般商品的普遍市场规则，另一方面由于电视节目这一产品的特殊复杂性——它同时是一种具有民族性、社会性、文化差异与审美差异的特殊精神产品，这便使其进入市场时受着多种因素的限制，呈现出独特、丰富而复杂的内涵。

我们可以看到，当今世界文化产业、传媒产业的整体格局是发达国家借助其经济强势，向发展中国家和地区大规模地倾销其文化产品，包括大量电视节目，一方面从发展中国家和地区那里获得了极大的经济利益，另一方面又极大地削弱甚至毁灭了发展中国家和地区丰富多彩的民族传统文化，而使得人类整体的文化创造受到极大的扼制。这样一种"全球化"、"国际化"、"一体化"乃至"趋同化"的文化传媒格局，是伴随着发达国家文化产业、传媒产业的强势而形成的。

中国电视节目生产，建立在历史悠久、积累丰厚的五千年中华民族文化创造基础之上，在60多年的历史进程中，形成了自身浓郁的民族特色、时代特色与地域特色，形成了中国特色的传播内容、传播方式与传播品格。作为一个占人类近五分之一人口的东方大国，中国始终自觉地承担着对于人类的重大而神圣的使命与职责；作为中国文化产业、传媒产业重要组成部分的中国电视节目生产，也理应对世界电视节目生产提供具有中国特色的传播理念与传播内涵。

二、媒介背景

在新时代，我们究竟面临着怎样的媒介背景或媒体环境？如何认识这媒体环境的基本性质与功能，如何把握这媒介环境中的诸多复杂的关系？尤其面对新媒体的巨大冲击与挑战，电视如何找到自己继续创新发展的空间？与此相关联的电视文化格局、电视创作状态、电视传播样式、电视经营方式、电视艺术形态等将会是怎样的形象？对于电视从业者及电视关注者，这些无疑是不能回避的重要命题。

我们不得不正视这样的现实：

——网络传播正在迅速地"蚕食"电视的观众与市场；

——"全球化"正在强有力地"挤压"本土文化的生存空间；

——传统的电视艺术形态、创作状态也被大规模地瓦解和颠覆；

——各种媒体相互之间的对峙、分离、独立的状态正在被打破，出现大兼并、大融合之势……

有人将这来势凶猛的融通所有传统传播媒介样式的容量巨大、包罗万象的媒体（融报纸、杂志、广播、电影、电视、动画、娱乐等于一体），称为“新媒体”、“全媒体”或“媒介集成”，不管怎样的称谓，一个崭新的媒体环境事实上出现在我们面前，它以不可阻挡之势，迅疾蔓延拓展着，使传统媒体（包括电视）在此环境中或自惭形秽，或消解溶化，或得到新的发展机遇。

在全球迈向“信息时代”的今天，谁也不能无视“新媒体”对于人类社会生活的不可替代的重大影响。即使退一步，只从媒介自身的发展历程来看，“新媒体”时代的到来，也是具有划时代意义的。从原始口语的传播、交流，经由文字、图像、影像等众多媒体的推波助澜，进入21世纪，向着网络传播方向发展。但与人类历史上几次大的传播革命相比，此次“新媒体”的崛起，不是简单的、一对一的“替代”，而是更为包容、更为强烈的“融合”。

中国电视人对“新媒体”的崛起、新媒体环境中电视的生存，有着特殊的敏感。当中国电视遭遇挑战的时候，一些有思想、有文化、有责任心、有使命感且具有相当电视从业经验的人，已经开始了他们对这一问题严肃、冷静的思考。

在“新媒体”环境下，中国电视应采取怎样的战略与对策？笔者认为，应当在技术、制度、观念几个层面上做较大力度的“整合”工作。从技术上看，设备设施的数字化、制作标准的国际化、传播方式的网络化、覆盖规模的全球化是发展的大趋势。从制度上看，集团化的组织机构、产业化的经营方式、多样化的融资渠道、制作与播出分离的管理方式等应成为“制度创新”的主要内涵。从观念上看，有以人为本（包括媒体从业人才为本、受众为本）的观念、以质取胜（包括精品战略、收视率的“质”）的观念、以专业化（包括频道专业化、服务对象群体专业化）为目标的观念、以本土化（包括节目内容、文化构成、审美品格、表述方式等）为追求的观念。只有朝着这个方向努力，我们的民族电视才有可能在剧烈的全球媒介竞争中立于不败之地。

第二节　“本土化”：中国电视节目生产的战略目标

什么是中国电视节目生产的“本土化”？简单说来，就是依据中国的特殊国情，立足中国的社会现实，按照中国电视媒体自身的运行规律，遵循中国电视观众的接受习惯与实际需要，组织、制作与传播具有中国民族特色、气派、风格、口味的电视节目。

需要指出和说明的是，“本土化”观念并非一个封闭的、停滞不动的观念，而是一个流动着的、跟随中国社会发展而不断发展着的概念。中国电视节目生产“本土化”的战略目标体现在电视的节目内容、文化构成、审美品格与表述方式等多个方面。

一、电视节目内容的“本土化”

电视节目的内容，是电视媒体与电视观众在相互影响、相互适应、相互制约的“互动过程”中逐渐确立和发展起来的。电视媒体应当传播什么样的节目内容，与电视观众需要什么样的节目内容，是一个问题的两个方面。而中国电视节目内容的“本土化”，必须同时考虑这两个方面的问题。

当电视媒体处于相对“垄断”的地位，电视的节目内容作为相对的“稀缺资源”而与观众相处时，电视观众往往处于较为被动的接受状态。如果电视观众只能接受到很少的几套节目时，他们可能会从节目的序曲一直看到节目的“再见”，几乎别无选择，这时就谈不上节目内容如何怎样的问题了。

当电视频道资源日渐丰富，电视的节目内容已不再是“稀缺资源”的时候，电视观众的选择空间、选择权利日渐加大，电视节目内容就该考虑如何怎样的问题了。

而当电视媒体日益国际化、电视媒体间的竞争日趋激烈之时，电视的节目内容可能成为“过剩资源”，电视观众参与节目的空间、权利就显得格外重要，而电视节目内容的“本土化”问题也就必须要我们去面对并予以解决。

中国电视节目内容的“本土化”，在中国电视的基本建设阶段（1958—1978年）还不是一个突出问题，而在中国电视的本体建设阶段（20世纪80年代以来）开始凸显。在80年代改革开放的时代潮流中，一方面，我们开始引进国外、境外的电视节目（如电视剧、电视纪录片、电视娱乐节目）；另一方面，我们开始了节目内容“本土化”的探索，其中以电视剧、电视专题片、电视综艺文艺节目最为突出。贴近中国社会现实生活、针砭时弊、反思历史、奏响时代主旋律的一批优秀电视剧受到观众的热情欢迎；展现祖国大好河山、讴歌人民创业成就、扫描社会生活风情的一批优秀电视专题片（“专题片”这个名称本身就非常“本土化”）也应运而生；而以电视春节联欢晚会为代表的电视综艺文艺节目更是异军突起，成为中国人传统“春节”庆典中的一道新风景、一个新民俗。

而在90年代，随着改革开放的深入，中国从社会主义计划经济体制向社会主义市场经济体制大规模“转型”的展开，中国电视经历了电视纪实节目——电视栏目化——电视谈话类节目——电视直播节目——电视游戏娱乐节目5种节目理念、节目观念的变革历程。毋庸置疑，这些电视节目理念、观念都不同程度地受到了国外、境外电视节目理念的影响，但在引入后经过摸索和积累，也已经越来越“本土化”，越来越被中国电视观众所习惯、所接受、所喜欢。

进入21世纪，中国电视节目内容的“本土化”应迈出更大的步伐。尤其是具有品牌效应的频道、栏目和节目，应是重点开发的对象。在“两头”上下功夫应是基本思路——应着力建设和开掘代表国家、民族电视节目产品水平的“精品”，以及在电视观众中广受欢迎的常规电视节目。

二、电视文化构成的“本土化”

电视的文化构成，即电视不同价值取向、不同价值层面的构成，我们一般将电视文化构成笼统地划分为三大类——主流文化、精英文化与大众文化。与西方建立在资本主义市场体制基础之上的电视媒体不同的是，中国电视媒体的首要功能、基本价值取向是主流意识形态观念的宣传与传播，即主流文化是中国电视文化格局中最重要、最基本也是主导的文化构成。而在社会主义市场经济体制的建立过程中，大众文化也得到了空前的发展与繁荣，但中国的大众文化并不意味着简单迎合电视观众的某些趣味（包括低俗趣味），而是建立在主流文化主导的基础之上的。中国电视的发展从整体上看既完成了主流文化构建的任务，也完成了大众文化传播的使命。相比较而言，精英文化中以个性化、深度化、创造性、创新性为特征的电视产品，在电视文化构成中相对比较薄弱，有待进一步开发、开掘。

中国有数千年丰厚文化传统的积淀，有众多的人才资源、智力资源，在良好的机制中，一定能够创造出融中国大国风度、民族特色与时代精神于一体的现代中国电视文化新景观。

三、电视审美品格的“本土化”

世界各民族、各国家以及不同群体的美学传统与审美趣味的差异，导致了电视审美品格的差异，这是我们探讨电视审美品格“本土化”可能性的前提。

中国电视的美学传统和审美品格，与中国社会主义的美学传统与审美品格紧密相连。20世纪50—70年代，以社会主义现实主义为主要创作方法，以理想主义、英雄主义为目标追求，呈现出壮美、崇高的主导美学类型；80年代，改革开放的时代精神为中国电视注入了新的美学因素，以批判现实主义为主要创作方法，以文化反思与浪漫激情的结合为主要特征，呈现出优美、和谐的主导美学类型；90年代，中国电视形成“多元化”的格局，现实主义、浪漫主义与现代主义乃至后现代主义方法多元并存，以纪实主义、娱乐化、新英雄主义、平民化为新的特征，深沉、悲壮与优美、和谐及滑稽、不和谐等美学类型多元鼎立，审美品格呈现多元复杂的局面。

不论怎样变化，和谐、合一依然是中国电视审美品格境界中最为基本和重要的类型，即在电视产品中，在对立、矛盾、冲突中追求和谐、统一、合一，这是我们民族“和合之美”美学传统的现代延续。

四、电视表述方式的“本土化”

电视的表述方式，或电视的表述风格，包括电视的叙事方式、语言风格等。电视的表述方式必须符合电视传播者、电视观众及与他们共处的特定时空之间的关系。所谓电视表述方式的“本土化”，即意味着电视在叙事方式、语言风格等方面，满足民族特色、地域特色及时代特色的需要。

中国电视的叙事方式建立在中国传统思维方式的深厚基础之上，如线性的逻辑思维与感性的形象思维的结合，主体情感抒发、表现与客体意象展开、再现的结合，单一视点与多个视点的结合，写实与写意的结合等，都是一贯的原则。再如对情节性、故事性的重视，对现实性、教化性的重视，对完整性、统一性的重视，对整体性、群体性的重视等。

中国电视的语言风格与中国语言自身的特质密切相关，集形、音、义于一体、口语与文字相辅相成的中国语言体系（含书面语和口语），是中国文化民族特色的鲜明表征之一。在长期的历史沿革中，中国语言也呈现出丰富多彩又协调统一的地域特征（中国语言体系中众多方言的存在）。在改革开放后，外来文化尤其是外来语言，又不断充实着中国语言体系，使之呈现出时代特色。

中国电视的语言风格恰如中国电视的脸面与衣饰，是中国电视“本土化”特色最直观的一个部分。中国电视的语言风格（包括广义的电视画面、声音及照明、服饰、造型等各种电视语言手段）的锻造与锤炼，对中国电视“本土化”有着重要的推动作用。

中国电视表述方式的“本土化”，适应、满足了中国电视观众的观赏习惯与传统趣味。如同西餐固然很好，但对于中国人来讲，中餐是不可替代的一种满足和需要，中国电视表述方式的“本土化”，意味着中国电视需要制作中国百姓喜闻乐见的中餐大宴。

第三节　对策：提高中国电视节目的品质与品格

实现中国电视节目生产“本土化”的战略目标，关键在于提高中国电视节目的品质与品格。电视节目的“品质”，指的是电视节目自身的某些自然属性，或电视节目“原料”本身的某些特征、特质。对于一个电视节目来说，其选题以及拍摄素材本身所具有或蕴含的那些特征、特质就是电视节目的“品质”。对于一个电视媒体来说，从整体上努力选取具有重要或独特意义的选题，或拥有重要或独特意义的拍摄素材，是其发展壮大的非常可贵的资源。电视节目的“品格”，指的是在电视节目中所灌注的那些主体特征、特质，即在电视节目中融入的创作主体的独到观察、体验、感悟与发现等。同样品质的电视节目“原料”，经过不同创作主体的创造性加工、改造、处理、提炼、概括，可以达成不同的“品格”。

中国电视节目生产的“本土化”，意味着一方面需要我们努力提高电视节目的“品质”，另一方面需要我们努力提高电视节目的“品格”。仅有“品质”的独特、丰富，或仅有“品格”的独特、丰富都是不够的。“品质”与“品格”的同时提高，即意味着中国电视节目文化审美附加值的提高，进而意味着中国电视节目生产抵御“全球化”“趋同化”“一体化”能力的提高。

电视节目生产不是孤立的，而是与电视栏目、频道乃至电视媒体的整体运作紧紧联系在一起的。因此，提升、提高中国电视节目的“品质”与“品格”，除了在人才使用、体制创新等方面提供有力保障外，还需制定一些对于中国电视媒体具有普遍意义的战略性对策。这就是笔者在本书后文中将提到的“内容为王”“频道专业化”“品牌战略”“素材增殖”等命题，这里先略过不提。当我们提出中国电视的“本土化”战略目标之时，除上述对策以外，还要特别强调“媒体伦理与媒体社会责任”的极端重要性。

对于电视负面社会效应的论述，在中外许多学者的著作中已被表述得相当深刻。的确，电视在其自身利益的实现过程中，会经常面临与社会伦理规范的矛盾与冲突。许多电视媒体在这些矛盾与冲突中，也许会倒向“唯利是图”。从眼前利益看，这种选择不能不说有其合理性（电视媒体“迎合”观众某些“恶俗”口味，相应制作、推广此类节目，以赚取商业上的利益），但从长远来看，这种选择也许得不偿失。在当今世界纷纭复杂的政治、经济、文化既相互合作又相互冲突的格局中，电视媒体应负起其社会责任，在电视节目生产中确立正确的政治形象，确立令人尊敬的民族形象，确立有尊严的国家形象。面对社会“转型期”种种现实社会矛盾，电视媒体也应遵循媒体伦理规范，尊重每一个阶层、每一个人，确立良好、公正、公平的社会—公众形象。电视媒体伦理规范与社会责任的自觉遵循与承担，是电视节目生产获得积极、正面效应的有力保障。从某种意义上可以说，权威即是金钱，信誉即是财富。

中国电视节目生产“本土化”的问题，随着“全球化”浪潮的蔓延，将显得日益重要。同时，对中国电视节目生产“本土化”战略目标和对策的研究，也必将随着中国电视传媒方方面面不断推进的改革，而得以深化、丰富和逐渐完善。这将是一个长期的过程。

第六章　系统：中国电视三大节目系统及其传播艺术特质

中国电视节目体系实际上由不同的节目系统构成。每一个节目系统都有其特殊的任务、性质，因而也就有了不同的战略与战术对策，即有不同的传播艺术特质。本章将就中国电视节目构成及其不同系统的传播艺术特质做一简述与评析。

在半个多世纪的历史进程中，特别是改革开放以来，中国电视事业完成了一次又一次的飞跃，创造了一个又一个的辉煌，电视已成为广大人民群众生活中不可或缺的亲密伙伴，它在推进我国政治民主化、社会进步、经济腾飞等方面扮演着日益重要的角色，成为中国社会文化的重要组成部分。具有中国特色的电视传播与电视艺术所形成的令人瞩目的文化景观，从中国内地本土、对外宣传与传播、境外和国外引进三个向度不断地开拓与丰富，而与之相对应的电视节目系统也可以从三个方面进行考察，即中国本土电视节目系统、中国对外电视节目系统和中国引进电视节目系统。

第一节　中国本土电视节目系统

一、简况

中国本土电视节目系统是由中国内地本土的电视组织、机构所生产的，为本土受众服务的各类电视节目构成的系统。

中国的电视事业诞生于1958年9月2日，这一天，新中国第一座电视台——

中央电视台的前身“北京电视台”开始正式播出。1978年5月1日，“北京电视台”正式更名为“中国中央电视台”。直至21世纪初的40多年的建设道路上，中国电视经历了初创、发展、繁荣、转型四个阶段。总体上说，初创与发展为前20年，繁荣与转型是后20年。前20年完成了中国电视在人才、技术、覆盖上的准备，为后20年的大发展奠定了良好的基础。20世纪80年代是以节目为核心的制作人时代，当时最重要的节目样式是电视剧、电视专题和电视综艺，如《四世同堂》《红楼梦》《西游记》《秋白之死》《新星》等电视剧，《话说运河》《话说长江》《丝绸之路》等电视专题片以及每年一度的电视春节联欢晚会等。20世纪90年代是以栏目为核心的制片人时代，标志是大量名牌栏目的诞生，如《东方时空》《焦点访谈》《综艺大观》《实话实说》《新闻调查》等。到1999年，全国各级电视台共办有1065套节目，每周播出电视节目66960小时，节目包括新闻、文艺、体育、社教、电视剧、纪录片、谈话节目等，电视已深深融入了广大群众的日常生活。

二、战略思考与战术对策

在新时代继续推进中国内地本土电视节目系统的发展，必须改进我们的电视观念和具体运作方式，也就是说要使中国电视的观念与运作“现代化”，而“现代化”的目的主要是提高中国电视节目的“品质”与“品格”。要同时提高“品质”与“品格”，除了在人才使用、体制创新等方面提供有力保障外，还需要制定一些战术对策。

（一）加大策划力度

传统的电视媒体那种“我播你听，我做你看”的方式，使媒体比较被动，但是为提高收听收看率而迎合听众、观众也是错误的，居高临下和盲目迎合都不可取。电视节目的真正前景是靠有力的策划来实现的，通过各种方式和渠道来实现对既有资源的有效整合，策划出内容新颖、形式活泼、富有中国特色、为广大听众和观众所喜爱的节目，达到既能体现媒体主体意志，又能满足广大听众、观众的口味的效果。这一点也可以概括为：建筑在娴熟地把握听众、观众的收听收视习惯、心理基础上的媒介策划需加大力度。

（二）频道专业化

目前国内电视频道资源较为丰富，随着数字技术的进一步推广，一个电视媒体将会拥有更多的频道。理论上讲，电视听众、观众可同时收听、收看到的电视频道可以达到几百个。在这样的情况下，电视媒体的竞争往往体现为频道之间的竞争。尽管在频道专业化方面广播走在了电视的前面，而电视媒体近年来也有所动作，但总的来看，频道专业化程度还不够。所谓“频道专业化”，就是以特定的内容、特定的服务对象构成的频道。我们现在所熟悉的如电视的体育频道、电影频道、生活频道等可能在未来还嫌宽泛，也许像社区广播频道，钓鱼、足球频道等电视频道更能满足未来听众、观众的需要。因此根据自己媒体的实际情况，组建、创办有特色的专业频道应是大势所趋，而包罗万象的综合频道也应该突出重点、突出主打内容。

（三）品牌战略

每一个电视媒体在自身的历史积累中，都有可能成长起有相当影响力、相当水准的知名人物、节目、栏目等，要想在媒介竞争中立于不败之地，有计划、有针对性地培育这些知名人物、节目、栏目，努力使其成长为具有持久影响力与号召力的品牌，是电视媒体战略对策中重要的一环。在这方面，许多电视媒体已加快了脚步，加大了力度，采取各种措施，甚至用优势的政策吸引人才，开创新的品牌。品牌的建立和被人们认同需要很多条件，包括推出的时机、推广的策略、后开发的策略等。因此，塑造什么样的品牌、怎样推广品牌都应成为电视媒体战略规划中的重要组成部分。

（四）素材增殖

“素材”主要指节目素材，而节目素材又包括了原创性素材、引进（购买）性素材、加工性素材等类型。对于电视媒体来说，哪些已有原创性素材是独家拥有、不可替代的，哪些引进性素材是可以多种角度、多个层面、多个场合、多次组合的，这些问题需要我们搞清楚。在海外电视媒体中，我们看到他们非常注意整理、加工这些素材，使之不断地“增殖”，进而“增值”。电视媒体在制定自己的战略与策略时，应当好好地“翻翻家底”，使有限的节目素材发挥出最大的效益。

（五）信息处理

电视屏幕是由一组组“信息链”构成的，电视节目便是这电视媒体发出的有机的“信息链”中的一环。以往我们习惯于只从电视节目生产的具体制作入手考虑组织、运作，实际上电视节目的成功传播效果的实现，与电视节目在“信息链”中的位置、时段以及推出的时机等也有密切关系。此外，我们常以“信息量”来衡量电视节目的某种价值，一个电视节目“信息量”的多或少、大或小固然不可忽视，但“信息质”在电视节目生产和信息处理方面也许更为重要。所谓“信息质”至少有三个层面的内涵：第一，信息的新鲜、独特性。电视节目能够提供与众不同、鲜为人知或不为人注意的信息，这是“信息质”的基本层面。第二，信息的理性深度。电视节目能够对于同质、同类信息进行深刻的理性分析，提出有分量的主体观点，这是“信息质”的较高层面。第三，信息的感染力。电视节目提供的信息不仅新鲜独特，也不仅有理性深度，还能够激起观众的理性情感、心灵共鸣，有力地影响和感染观众，这应该是电视节目“信息质”的最高层面。

（六）建构“媒介事件”

电视媒体要有所作为，必须要在社会上推出自己媒体所建构的“媒介事件”，即抓住社会生活中的一些具有潜在社会影响的人物活动或事件，通过本媒体的介入、观察和发现，使其成为社会广泛关注的事件，如爱心捐助、寻求各类服务包括科技、商务和具有公益性的社会救助服务等。只有不断推出有广泛社会影响的“媒介事件”，才能树立起电视媒体的形象。

第二节　中国对外电视节目系统

一、简况

中国对外电视节目系统指的是由中国本土电视机构组织生产的，面向域外，为境外、国外观众服务的各类电视节目构成的系统。

我国的对外电视节目主要以中央广播电视总台中央电视台的中文国际频道（CCTV-4）和中国国际电视台新闻频道（CGTN）为主，这两个频道的节目目前已覆盖世界绝大多数国家和地区，并进入互联网，增加了我国对外电视的传输手段。中央电视台对外电视节目主要有《中国新闻》《中国报道》《中国文艺》《走遍中国》《中华艺苑》《中华医药》《天涯共此时》等。此外，全国各省、自治区和直辖市所属电视机构也多开办有对外节目，规模较大的除了北京广播电视台、上海广播电视台外，还有浙江广播电视集团、福建电视台等。

对外电视节目主要是要面向世界，在全球化的格局与语境中，电视对外宣传和传播面临着更加复杂、艰巨的任务。在这一形势和条件下，中国电视将担当起跨文化传播使者的角色。换言之，中国电视在跨文化传播中，将成为开拓民族文化、沟通异域文化、塑造国家与民族形象的最为直观的一个部分。要塑造国家形象、民族形象，便不能不考虑中国电视自身形象的塑造。中国电视将以怎样的形象在跨文化传播中占据有利地位，必须认真地予以探讨。

二、战略思考与战术对策

中国对外电视节目的追求目标应当是实现国际化与民族化，即一方面与国际接轨，另一方面保持民族的特质。

（一）国际化意识

中国电视在长期的发展中，主要承担着对内宣传和传播的任务。尽管我们非常重视中国电视的对外宣传和传播，但对内宣传和传播所形成的习惯却往往成为我们有效地推动对外宣传的障碍。中国对外电视节目要在跨文化传播中迅速提升它的影响力与号召力，必须确立国际化意识。第一，内容选择。跨文化传播中，选择怎样的内容是我们首要考虑的问题。以往我们在这个方面积累过不少有益的经验，也留下了不少值得注意的教训。体现在节目中，一般性的国内政策宣传和国内关注的命题，与国际化视野中的具有人类性意义、世界性意义和全球性意义的命题有时并不吻合。在这种情形下，我们的节目理应把握具有人类性意义、世界性意义和全球性意义的命题，将对内宣传与传播的内容进行国际化的处理。这一方面是对国际化惯例的尊重，另一方面也有利于国家的文化安全。第二，思维方式。中国的电视节目在长期的对内宣传与传播中，形成了较为成熟的一套传播理念和思维方式。这种方式体现在传播者与受众的关系上，有两个突出的特征：或以传播者为中心来发布信息、宣传指导，或以受众为中心，强调收视率，强调满足与迎合受众的口味需要。这实际上也是中国电视从计划到市场、从宣传到产业经营转型过程中比较极端的矛盾在电视传受关系上的体现。这种非此即彼的思维方式与传播理念，在跨文化传播中应当克服。我们提倡以积极的传受互动取代传者中心或受众中心的思维方式与传播理念。第三，表述方式。以语言表述为核心的电视整体表述方式，是电视跨文化传播的最基本、最直观的一个方面。不论是中文传播还是外文传播，中国对外电视节目的语言表述都必须本着更客观、更辩证、更具亲和力的方向来进行。我们应当摒弃那种居高临下、生硬干涩、空洞乏味甚至强加于人的语言表述，按照更国际化意识的语言表述方式组织对外传播。第四，制作方式。电视是建构在现代科技文明高度发展基础上的大众传播媒介。从传输到制作，从拍摄、录制到编辑，众多环节不断提升着科技含量，如体现在屏幕上的声音、画面、色彩、照明等，业已形成了公认的国际惯例和标准。我们理应遵循这些惯例和标准，不断提升中国对外电视节目的科技含量和制作水平。

（二）民族化品格

中国对外电视节目作为中国文化的有机组成部分，在跨文化传播进程中承担着传播民族文化、提高民族文化品格的使命。第一，文化构成。在对内电视宣传与传播中，中国电视体现着主流文化、精英文化和大众文化三足鼎立的格局构成。这三种价值取向相互协调，满足了中国社会各个层面的需要。但在对外宣传与传播中，或许塑造中国电视的整体文化形象，体现泱泱大国的大气磅礴，体现中华民族五千年文明的丰厚积淀，是我们面临的最重要的命题。在对外宣传与传播中，中国对外电视节目的文化形象不应是零散的、随意的，而应是整体的、完整的。第二，智慧含量与人文关怀。中华民族在人类文明的进程中，以其高度的智慧而为世界所称道。因此，在中国电视的对外宣传与传播中不断提升其智慧含量，是中国电视民族化品格的具体体现。尤其是当今世界，人类面临着人与自然、人与社会以及人与自身的矛盾冲突和困惑，如何有效地解决人类所面临的这些困难与问题，中华文化的智慧理应发挥它不可替代的影响与作用。因此，中国对外电视节目有责任将这种民族文化的深厚内蕴传播到世界各地，以我们民族的独特智慧，实现中国电视的人文关怀。第三，审美品格。中国文化在历史积淀中形成了具有浓郁东方情调的审美品格与审美特征。尤其是新中国成立70多年来，我们逐渐形成了中国特色社会主义的审美品格与审美特征。中国对外电视节目在自身审美品格的建构中，依托传统文化与社会主义文化的背景，同时也融入了众多的现代化元素，逐渐形成了中国电视的独特审美品格与特征。在跨文化传播进程中，这种审美品格理应以更加具有东方情调、东方韵味的形象予以呈现。

（三）多层面的主体性视点

任何媒体的形象塑造都不可能脱离媒体的主体性视点的确立。对于中国对外电视节目而言，主体性视点的确立则有着更为丰富的内涵。第一，中国人的视点。中国电视的跨文化传播首先体现的是中国人的主体观点。对于国际上所发生、所关注的重大事件和问题，中国人是如何判断、如何理解、如何思考的，都将通过中国电视来展现给世界。即使是在常规的各种类型节目中，如电视剧、电视纪录片、电视专栏节目和电视娱乐节目之中，也处处体现着中国人的主体视点。如果不能体现出中国人的主体视点，那将无法树立起中国电视的形象。第二，中国对外宣传的视点。我们强调跨文化传播中的国际化意识，但同时也强调对外宣传与传播中的“以我为主”的原则。在各类节目中，尤其是面对重大国际性事件与命题的新闻节目中，必须坚持“以我为主”的原则立场，清晰、明确地提炼出中国政府、中国社会的主体观点。第三，中国电视媒体的视点。电视媒体在具体的跨文化传播进程中，理应以具有能动性的形象呈现出来。在各类节目中，应当努力寻找媒体独特的角度、方式、方法与手段，以具有鲜明个性风格的主体形象，生动、鲜活地传达出自己的主体观点。在媒介的主体观点的体现上，发现、策划与组织“媒介事件”，赋予“媒介事件”以独特的意义和价值，是中国电视媒体跨文化传播中尤其需要加大力度的部分。

（四）现代化运作

中国对外电视节目的国际化、民族化、主体性体现，离不开现代化的运作。这其中涉及与国际接轨的经济、政治、文化、法律等内容。尤其是在节目推广方式和品牌塑造方面，尚有巨大的开拓与运作空间。第一，节目推广方式。毋庸置疑，西方主流电视媒体借助其经济强势，向发展中国家和地区大规模地倾销其电视节目，在世界文化产业、传媒产业的整体格局中，占据着主导和有利地位。他们在节目推广方面，形成了一整套较为成熟的方式与模式。这一方面使之获得了极大的经济利益，另一方面又极大地削弱甚至毁灭了发展中国家和地区丰富多彩的民族传统文化，扼杀了他们独特声音与形象的传播。在这种情形下，作为发展中国家的中国，应当清醒地认识这一事实。同时，应当积极地学习与借鉴西方主流电视媒体的较为成熟的节目推广方式与模式。在电视节目的品种、类型构成上，在电视节目的内容与制作方式上，在电视节目的营销与推广上，遵循国际惯例，以世界电视普遍能够接受的方式予以运行。这不仅可以带来中国电视的可观的经济效益，更有助于中国电视的国际形象的确立，并进而有效地传播中国民族文化，有效地传播当代中国的声音。第二，品牌塑造。中国电视媒体在跨文化传播中，要成功地塑造其独特的民族形象与国际形象，必须依靠自己的各种优势，打造具有民族特征和国际水准的电视品牌。电视品牌包括体现电视特征与特质的人物（如主持人）、节目、栏目与频道等。以往我们曾经在对外宣传与传播中，将具有中国特色的古典文学名著改编的电视剧、电视综艺节目（春节联欢晚会）等作为中国电视的形象代表，传达到世界各地。这些节目在华人世界中获得了广泛认同，但在更大的范围中，则很难取得我们所期待的传播效果。当我们引进《千年沧桑》《失落的文明》等具有深刻人文内涵、体现了西方文化特质和西方电视制作水平的大型专题节目，引进经典的电视纪录片、动画片和电视电影等类型节目的时候，无疑也认同了它们的品牌。除了这些著名的电视节目，我们同时也熟悉了克朗·凯特、拉利·金等王牌节目主持人，熟悉了“发现”“国家地理杂志”等专业化频道。这些人物、节目和频道等，无疑成了体现西方文化和西方电视水准的品牌，既有其民族特色，又体现着国际品质。中国电视在跨文化传播中如何塑造自己的独特形象？我们不仅对内要塑造符合中国社会和大众的需要和口味的电视品牌，同时也要塑造既体现民族特质，又体现国际品质的电视品牌。

第三节　中国引进电视节目系统

一、简况

中国引进电视节目指的是从境外、国外引进的，由境外、国外电视机构生产的，经过翻译、加工、处理，在中国内地本土播放的电视节目。1958年，中央电视台的前身——北京电视台试播成功后，我国与苏联和东欧社会主义国家交换的电视片，如《苏联新闻》《德意志民主共和国新闻》《匈牙利新闻》等节目就被作为第一批国外节目引进播出。随着片源的增加，1959年下半年，《国际新闻》栏目开播，几个国家的新闻片首次被编排在一起播出，每次10分钟左右，《国际新闻》可以说是中国电视最早的引进节目栏目。

引进节目真正的发展还是在粉碎“四人帮”之后，随着1977年10月《世界各地》、1979年1月《外国文艺》的开播，中国电视界吹来一股异域的清新空气。1980年以后，中央电视台又陆陆续续开播了《动物世界》《电视译制片》《维也纳新年音乐会》等栏目和节目，在这一段时间内，像13集的《卢浮宫》、26集的《世界电影之林》、大型文献专题片《人民必胜》等都取得了巨大的社会反响，尤其是从境外、国外引进的大量译制影片、译制电视剧，如《大西洋底来的人》《姿三四郎》《诽谤》《血疑》《排球女将》《霍元甲》等。

到了1990年之后，引进节目渐入佳境，先是《正大综艺》开播，由于其形式的鲜活、内容的精彩，引起了巨大的轰动，一时间引来电视同行们纷纷效仿。《环球》和《人与自然》栏目可以说在当时也都领风气之先，而《每日佳艺》等栏目的开播，也在电视栏目的整体包装上做了一番有益的尝试。在此期间，译制片部分也由最初的一个栏目，发展到9个栏目，每周首播超过13个小时，译制影片、译制电视剧的国别、品种、类型极为丰富，成为中国电视文化中一道不可或缺的亮丽风景。①

随着国际交流和我国电视事业的蓬勃发展，我国电视引进节目的主体范围日益扩大，所有这些引进节目大大丰富了人们的电视屏幕和文化生活，也在某种程度上反映出我国改革开放的广度、高度和深度。

二、战略思考与战术对策

跨文化交流中到底应遵循怎样的方针和策略，追求怎样的目的和目标，这是我们引进节目中必须考虑的问题。我们认为跨文化交流，具体到引进国外、境外电视节目中，一个核心的理念就是体现我们民族文化的主体导向，一言以蔽之，就是本土化的目的和目标、方针与策略，亦即“洋为中用”“以我为主”，丰富和提高我们

① 资料来源：中央电视台国际部过彤所著《关于国际部引进节目的思考》。

民族自身的文化。

（一）引进的内容

不论是哪个国家、民族和地区，不论是什么品种和类型，也不论是何种引进方式，我们首先关注的还是引进节目的内容，这些引进的内容应当符合我们民族文化建设时代性和战略性需要。而从民族文化建设的长远战略性需要来看，体现未来世界可能性的各种优秀影视产品，体现各个国家、各个民族和各个地区不同历史时期较高文化成就的优秀影视产品同样是我们引进的重点。

（二）文化品格和审美品格

引进节目中体现民族文化主体导向的重要部分是文化品格和审美品格，即按照我们民族的价值理念、思维方式和审美趣味去选择、发现，去加工和改造。这种选择、发现、加工、改造并不是意味着对引进节目的随意篡改和曲解，而是保留其符合我们文化需要的部分，剔除其不符合我们文化需要的部分，并用各种方式，按照我们的价值理念、思维方式和审美趣味去艺术地修饰，使其成为建构我们民族文化的有机组成部分，这在大量的节目译制中留下了许多宝贵的经验。通俗地表述，就是由简单的“硬译”变成具有创造性和艺术性的“转译”。

（三）表述方式

这主要体现在表述语言中。众所周知，语言是表现人类思想文化、进行文化交流的最直观的载体。语言的表述，各民族、国家、地区都有其独特的方式和样式、习惯与特征，这也是跨文化交流中我们经常感到最棘手、最困难的部分。由于国家、民族和地区的差异，在语言表述层面上经常会面临沟通、交流的较大麻烦。如何既尊重异域文化，又能够体现我们民族文化的固有特征，这是表述方式方面我们将长期面对的重要课题。当然我们也要看到，随着引进节目的逐渐增多，我们民族固有的表述方式也处于不断变动的状态。在表述方式或者说语言表述层面，把握合适的“度”是最为重要的。既保持一些引进节目原生状态的语言特质，又加入一些本民族长期形成的语言表述习惯，在这二者之间保持适度的张力，既尊重异域文化，又能给我们自己的民族文化带来补充和新的营养。

中国电视由电视传播和电视艺术两大部类构成。沟通和连接电视传播和电视艺术的中介地带为电视传播艺术，它包括如何以艺术化的方式进行传播，如何使电视艺术按照传播规律进行创作与推广。电视传播艺术既是电视传播所探求的，也是电视艺术所探求的，它适用于所有的电视节目。作为中国电视节目体系中一个极具特色的组成部分，电视引进节目如何体现电视传播艺术的种种规则和特质，我们认为至少有三个方面的问题值得注意。

1. 主体视点

毫无疑问，电视节目的主体是传播者，它包括电视信息传播类节目的从业者和电视艺术的创作者。但对电视引进节目来说，则存在着双重主体。一重主体是被引进节目的原创者，另一重主体则是引进节目的各个环节的“转译”者，包括引进节目的翻译、编辑、制作等环节的工作人员。因此，谈到电视引进节目的主体视点，情形就比本土制作的电视节目更为复杂。一方面，我们需要尊重、理解被引进节目原创者的主体视点，即尊重被引进节目原创者看问题的角度和方式；另一方面，引进的过程对于我们而言必然要遵循“以我为主”的方针和原则，所以在“转译”过程中，我们自己的主体视点即我们看问题的立场、角度和方式应成为把握和驾驭引进节目的主导。21世纪初，中央电视台国际部在加大主体视点的渗透力度上就已形成了日渐成熟的思想与方法。在引进《千年沧桑》和《失落的文明》等大型系列专题节目过程中，为了突出我们民族的、国家的以及媒介的主体视点，对原节目进行了大量的处理。在保持原节目风貌整体不变的前提下，加入了大量的中国权威学者与人士的谈话和演说，对该节目进行了创造性的整理、加工，使之既保留原节目特色，又突出我们自己的主体视点，这一创造性处理获得了广大观众普遍认同和高度评价。

2. “屏幕魅力”

电视引进节目由于其语言载体、叙事风格和艺术表现与我们有较大差异。因此，如何能对中国观众产生“屏幕魅力”就是一个非常棘手的问题。如果用翻译的要求来做比喻，引进电视节目做到“信”相对不难，做到“达”则相当不易，而要达到“雅”的境界，即产生“屏幕魅力”，则需经过相当艰苦的艺术再创造。从中央电视台国际部推出的许多优秀引进节目的成功经验来看，除了自己主体视点的准确把握外，还要充分地调动电视的各种手段和方法，依照“转译”者的文化积累和艺术想象力，通过翻译、配音、录制、字幕及各种特技等方式手段来增加“屏幕魅力”。其中，语言部分是最为关键的。如何将异域文化的语言“转译”为符合我们民族审美趣味的语言，进而既展现异域文化的独到之处，又散发出我们民族的独特文化艺术魅力，这是一个永远值得探讨的跨文化传播与交流的重大问题。

3. “时机”与“卖点”

不可否认，东西方文化的经典名作，包括影视经典作品，具有长久的价值与魅力，但是对大多数影视产品来讲，在传播的过程中选择恰当的“时机”，寻找独到的“卖点”，可以达到更好的效果。中央电视台国际部在引进世界名著名片的过程中，许多“时机”与“卖点”的选择是恰如其分的。如《一曲难忘》《居里夫人》等名片的推出恰逢我国政府提出“科教兴国”战略方针之时，这些片子所贯彻的科学品质、教育品格和文化品位恰好符合了当时时代的主潮流，因此播出后受到了广大观众的热烈欢迎，并得到中央领导的关注和赞许，而《正大综艺》《环球》《国际影院》《人与自然》《动物世界》等众多名牌栏目也常常注意选择和引进那些符合当下时代潮流和观众兴趣的“时机”和“卖点”来推广引进节目。在这一点上，中国电视引进节目还有巨大的空间等待我们开拓。

总之，中国电视引进节目不只是一个简单的文化引进现象，而是需要站在先进文化发展方向的制高点上，以积极的开放姿态来探索跨文化交流中“本土化”的内容、品格与方式，来探讨有中国特色的电视传播艺术特质。只有这样，中国电视的引进节目才能在中国电视节目体系中，在跨文化交流与传播中，扮演更为重要的角色，做出更为重大的贡献。

中国本土电视节目系统、中国对外电视节目系统、中国引进电视节目系统三个部分鼎足而立，构成了中国电视文化的完整形象。这三个部分相互依托、相互推动、相互补充，各具特色。塑造良好的中国电视形象，一方面要求中国电视的改革不断前进，另一方面要求中国电视的开放不断地向前推进。我们期待着中国电视在全球化、国际化的格局和背景中，在中国经济、政治、社会、文化的全面改革开放的进程中，逐渐探索出一条具有中国特色的民族化、本土化的电视文化建设之路。

第七章　品牌：电视品牌的特征及创建

中国电视节目在经历了从以节目建设为核心到以栏目建设为核心再到以频道建设为核心的阶段的同时，开始逐渐确立了电视的品牌意识，并启动了电视的品牌创建。关于电视的品牌及品牌创建的问题得到了业内外人士的广泛关注和热烈讨论。究竟什么是电视品牌，电视品牌应具有怎样的特征，以及如何创建电视品牌，这些问题在电视传播艺术各个构成环节上都有着重要价值，值得深入探讨。

第一节　电视品牌内涵与外延

“品牌”从字面上看，是由“品”和“牌”整合而成的概念。所谓“品”，意味着品质、本质、实质；“牌”则意味着标牌、标志、标识。二者合在一起，意味着那些有特定品质和特定规定性的对象。品牌首先是一个商品的概念，它指的是在市场经济发展进程中逐渐形成的那些有稳定品质、独特理念、鲜明标识及较强竞争力、较大影响力，广受欢迎和瞩目，并产生了较高价值（远远超过产品本身成本价值）的那些产品。后来品牌不仅仅指称市场流通中的产品，又扩展为制造、生产这样一些产品的企业、公司和经营者、生产者、制造者。

电视的品牌与一般市场流通中的商品的品牌有相通的共性，也就是说，电视品牌首先指称的是那些在电视的竞争中具有较为稳定的品质、鲜明的特征、较强的竞争力及核心理念、较大的影响力，广受欢迎的那些节目、栏目等产品，后延伸到电视媒体及电视节目、栏目的经营者、生产者、制作者。

第二节　电视品牌的特征

电视品牌既然是具有特定品质的电视产品，那么具体说来这种品质应体现为怎样的特征呢？在今天，当电视品牌概念出现某种泛滥化趋向的时候，对这个问题保持清醒的认识是十分必要的。综观国内外大家所公认的那些电视品牌，笔者认为基本上都具有以下几个特征。

一、稀缺性

所谓稀缺，就是少有，通俗地讲，应当是“人无我有”。而所谓稀缺性，所谓“人无我有”，指的是电视产品中那些具有原创性价值，或者比较少见的电视产品。从原创的意义来看，最先创造一种具有鲜明特色的电视内容或样式是稀缺性的。如国外最先开创的“真人秀”电视节目《幸存者》，就具有原创性价值，不论是内容还是形式都具有稀缺性特征。从少有的角度来看，那些电视荧幕上不多见的节目内容和样式，如中国电视开创的“春节联欢晚会”，及以妇女、老人等为对象的对象性节目、栏目等，在一个时期内也体现出稀缺性特征。这些内容与样式或具原创性，或比较少见的电视节目、栏目，具有成长为电视品牌的潜质。

二、优质性

所谓优质性，指的是电视产品应具有某种优良的品质，通俗地讲，可以说是“人有我优”。优质性是在比较中产生的。电视的节目、栏目或频道，还有电视的媒体和电视从业者，同一类别、同一类型的为数不少，什么样的电视产品有可能成长为品牌呢？笔者认为，应当是在同类比较中显现出优良品质的那些产品有可能成长为品牌。如，综艺类节目数量极大，但在一个时期内，《综艺大观》和《正大综艺》无疑是其中的佼佼者，堪称一个时期内中国电视综艺节目的品牌；体育类的节目、栏目同样数量巨大，但《足球之夜》等显然最为优秀；游戏娱乐类节目、栏目在世纪之交最多达到了几百档之多，但《快乐大本营》《欢乐总动员》无疑是最具影响力的品牌；其他诸如电视媒体、电视频道、节目主持人等堪称品牌的，必然是那些在同类比较或竞争中名列前茅的产品或人物。

三、独特性

独特性意味着鲜明的个性，通俗地讲，可以说是“人优我特”。同样优质的电视产品，哪种产品更具竞争力呢？笔者认为，那些具有鲜明个性特征的产品更具品牌价值。鲜明的个性，未必没有缺点，未必完美，却可以给观众留下深刻的记忆。以主持人为例，倪萍的真情表露从职业主持人的角度来看，也许可以被指责为缺乏控制；从收视效果来看，或许可以被指责为过度煽情。但是，倪萍的这种无所保留的真情倾诉的确在文艺综艺节目主持人当中具有极其鲜明的个性，有人称她为“煽情大师”，不无调侃之意，但其鲜明的个性却给广大电视观众留下了难以磨灭的印迹。倪萍之所以成为中国电视文艺综艺节目主持人最具有影响力的人物，应当与她这种鲜明的个性有着必然的联系。

四、极致性

极致性意味着把某种特征推向极致，通俗地讲，可以说是“人特我绝”。电视产品拥有自己鲜明的个性特征实属不易，但若推向极致，则会达到不可替代的一种境界。达到这样境界的电视节目、栏目需要很多条件，包括电视生存的外部环境、内部环境，或者说需要天时、地利、人和各种条件才能得以保证。

我们可以看到，在20世纪90年代中后期，《焦点访谈》产生了空前的社会影响，是因为它在实施电视传媒的舆论监督方面成为中国电视不可替代的标志性栏目，不论是栏目的社会效应，还是由栏目拉动的经济效益，都是其他电视栏目难以望其项背的。《焦点访谈》之所以创造了这样的辉煌业绩，是因为它在实施舆论监督的时候，牢牢把握住了“领导重视、群众关心、社会普遍存在”的选题及制作原则。这三句话很好地协调了主流、精英、大众三种文化价值取向的关系，很好地维护了社会各个阶层、各个方面关系的平衡，既有鲜明的导向性，又有广泛的社会性，也不乏自身独特、深刻的主体观点与视角，做到了“三老满意”（老头子、老百姓、老板）。正因此，《焦点访谈》将电视传媒的舆论监督在广度、高度和深度上于一个时期推到了极致，成为这一领域的品牌栏目。

而作为以经济精英为主要访谈对象的谈话栏目《对话》，则坚持走“高、精、尖”的道路。有人说《对话》的嘉宾“前脚才进中南海，后脚便要来《对话》”，这不无夸张，但的确可以显示《对话》嘉宾层次之高。尽管《对话》的收视率并不高，但其影响力却是有目共睹的。由于《对话》在嘉宾选择和话题设计上强调高层次、精英化、尖端性和前沿性，且在众多同类节目、栏目中做到了极致，因此，《对话》不仅在社会影响力方面，也在经济效益上创造了一个奇迹。

此外，我们还可以看到，以演艺界、娱乐界、明星作为主嘉宾的谈话栏目《艺术人生》，在同类节目、栏目中影响力、美誉度都是最高的。之所以有这样的地位，是由于《艺术人生》在开掘嘉宾的情感历程和寻求嘉宾与观众的真情互动方面做到了极致。《艺术人生》的前期策划组织，尤其是对主嘉宾情感历程中最为脆弱、最可能令其心动的部分设计到位，因此，我们常常可以看到《艺术人生》中的嘉宾大多都会在不经意中进入栏目所设置的“套子”，流下动情的眼泪。而《艺术人生》在观众的征集及现场观众与嘉宾的情感互动方面更是匠心独运，每一期的观众都是通过各种形式征集来的。由于这些观众大多带着与嘉宾相伴相随的感人故事来到现场，因此，他们的情绪状态几乎都是非常饱满的，这就保证了现场观众与嘉宾之间情感互动的深度和力度，在这一点上，《艺术人生》无疑是同类节目、栏目中接近极致状态的一档，因此具备了成为电视品牌的重要条件。

第三节　如何创建电视品牌

电视品牌除去上述的四个基本特征外，还有一个最为基本的特征，便是稳定性。也就是说，电视品牌应当在内容、样式等各个方面具有一种稳定性的品质或品格。如果说稀缺性、优质性、独特性、极致性这些特征的活动需要电视人拥有不可替代的素材资源、社会资源、人才资源乃至体制性的资源，进而在电视生产与传播中将智慧与创造力充分发挥出来，那么，稳定性则要求电视生产与传播的各个环节具有相对稳定的甚至相对固定的流程、环节的规范。显然，拥有电视品牌的稀缺性、优质性、独特性、极致性特征的条件极为苛刻，而拥有电视品牌的稳定性特征的条件则是可以学习、借鉴的。这里仅从“稳定性”品质的角度就品牌电视节目创建的命题做一探讨。

要实现电视品牌节目稳定性的品质与品格，需要形成电视节目生产、创作与制作的模式化、规范化。从一些成功的电视品牌节目的经验来看，笔者认为，至少应在电视节目生产与创作的叙事层面形成一定的模式与规范。笔者将这种叙事模式、规范概括为“八化”。

一、宣传话题化

中国电视不论是何种类型的节目，都不可能脱离宣传的任务与要求。宣传的任务与要求体现为正确、准确、明确的导向，但导向不出问题并不是电视节目的最终目标。让正确、准确、明确的宣传导向产生更好的宣传与传播效果，应当是电视节目所追求的目标，而宣传话题化是实现这一目标的很好的途径。所谓“宣传话题化”，是指将宣传内容转化为百姓可以产生兴趣的话题与谈资。电视节目进行宣传不能对报告文件照本宣科，而应想办法结合百姓生活的实际，转化、提炼出与百姓的兴趣点相吻合的、贴近百姓日常生活的、能够引发他们继续关注和探讨的话题。衡量“宣传话题化”的标准应当是电视节目播出后是否可以成为广大观众在工作、生活，乃至饭桌上继续讨论和议论的谈资。

二、话题故事化

电视节目仅仅选择一个有意思的话题还是不够的，应当将特定的话题转化为一个有情节的故事。话题也许是抽象的，而故事则应是具体的、生动的。通过故事的讲述，既可以把抽象的、理性的话题变为具体的、感性的故事，又可以在观众中留下更为深刻的记忆，尤其是那些曲折的、富于戏剧性和悬念性的故事，最能吸引观众的注意力。

三、故事人物化

电视节目选择具体可感的故事的同时，还应当聚焦于故事中的人物。电视是一个以活人为主要传播符号的传播媒体，因此，选择有意思的故事中的那些活生生的人物是展开故事的最有效方式和手段。通过人物生动的语言，特别是人物命运的变化，可以使故事的讲述更为生动，更能引起观众的共鸣。

四、人物细节化

电视节目当中的人物若要引发观众的共鸣，仅靠一般性的记录是不够的。对人物细节的捕捉，包括人物的话语、表情、动作，以及人物与特定场景相关人物之间的关系，甚至人物外部的形体、服装等，这些细节的捕捉在特定的环境中往往具有不可替代的价值。由于电视可以将人物的细节放大、强化，因此，捕捉什么样的细节往往意味着电视传播者主体的一种引导。细节捕捉和把握的到位，可以给观众带去最为直观的信息的刺激，有时甚至可以达到"此时无声胜有声"的传播效果。

五、细节情感化

电视节目中，细节的捕捉和表现不应当成为孤立的行为，除了电视传播者某种思想、态度、倾向和意义的灌注以外，更应渗透着、体现着某种情感，也就是说，不能为细节而细节。某个细节的捕捉，应当与特定环境中人物的悲欢离合、喜怒哀乐的情感相联系。如果能将人物的话语、表情、动作与人物的某种情感连接在一起，那将使细节更具冲击力、表现力和感染力。

六、情感趣味化

电视节目应当表达、传达某种情感，但对情感的表现与传达又是应当加以控制的。从审美的角度来看，当电视节目所渲染的情感不足，则可能会使观众有不过瘾之感，达不到他们的审美期待与要求；然而，当电视节目所渲染的情感过度饱和，则给观众留下的审美空间过于狭窄，缺乏审美张力，同样令观众不满。而协调电视节目情感状态的是趣味。电视节目创作者与制作者应当具有"情感趣味化"的驾驭能力。当情感不足时，以富于趣味的声音或画面来予以补偿；而当情感接近饱和之时，又能以趣味予以割断。这些趣味包括生动的话语和灵活的场面调度等，趣味的加入可使电视节目保持适度的审美张力。

七、趣味个性化

趣味的设计与表现也不是孤立的。除了与话题、故事、人物、细节、情感相吻合外，它还应当拥有自己的个性，在什么时候、什么情境中插入富于趣味的声音与画面，插入何种趣味的声音和画面（幽默、调侃、搞笑等）是非常考究的。趣味插入的个性应当是自然而然、水到渠成的，是某种智慧的洋溢、灵活机智状态的显露，并不是什么样的趣味都可以插入任何电视节目中的，不能为趣味而趣味。

八、个性观点化

如果说故事、人物、细节、情感、趣味、个性等更多倾向于具体、生动、形象、感性，那么这样一些感性化的内容要达到较好的传播效果，还需要灌注理性的内容。也就是说，电视节目个性的张扬最终应当体现为有思想价值、有理性力度的观点，电视节目的竞争最终还是某种观点的竞争。同样的宣传内容，同样的话题，同样生动的故事、人物、细节、情感、趣味，最终却未必有相同的传播效果。提升电视节目品格的关键在于：一方面张扬节目的个性，另一方面在个性中提炼出有深度、有力度、有价值、有冲击力的观点。这些观点可能来自节目中的人物，而更多则有赖于电视节目的创作者、制作者，来自电视传媒本身主体的水平。

电视节目的生产与传播在叙事层面提出“八化”的要求，是对电视节目稳定性的品质和品格实现的一种表述。按照这样的要求去策划、设计和制作电视节目，从理论上来讲，可以达到和实现稳定性的品质和品格要求。

应当看到，电视品牌的创建是一个系统的工程，它需要各种资源的有机整合，包括外部的经济、政治、文化的环境，以及内部的人才、体制、素材、管理和营销等各个方面的到位。随着中国社会的整体进步，随着中国电视自身改革与发展经验的不断丰富，相信中国电视的品牌创建拥有充满希望的前景。

下 篇

第八章　主体：中国电视节目传播的主体变迁与建构

第一节　中国电视节目传播主体的变迁

自19世纪末电影传入中国，不断变幻的影像便在形塑和传播着不同的“中国故事”。从制作主体上看，这些“影像中国”的创作者既有生于斯、长于斯的中国人，也有走异乡、行异路的外国人。从传播效果上看，这些产生于不同历史时段、为不同政治经济文化情势所铭写的影像既有获得中外一致好评的，也有在中国内部影响很大但国际传播效果较差的，或是在国外获得好评却在国内引发较大争议的。如果将这些不同制作主体和不同的国际国内传播效果进行连接，便可以建立起中国故事影像传播的多种路径。这种抽象的分类和梳理，虽然难以准确对应“中国故事”自身演进的历时性脉络，但在一定程度上可以帮助我们建立和理解“中国故事”坐落的世界图景，从而为当下更加复杂情境中的跨国文化传播交流提供参考。

一、他者之镜：外国人拍摄的“中国故事”

事实上，最早关于中国的活动影像便是由欧美人拍摄的。电影发明伊始，卢米埃尔兄弟、托马斯·爱迪生等人派出的摄影师便来到中国拍摄和记录了香港、上海、北京、天津等地的景象。[①]可以说中国在电影史上的第一次“入画”，便是借由“他者之镜”完成的。

到20世纪30年代，好莱坞故事片中已陆续出现了大量的华人形象，既有大

① 程季华 . 中国电影发展史：第一卷［M］. 北京：中国电影出版社，1963：6-7.

卫·格里菲斯《残花泪》里跨越种族之爱的中国青年，也有更为人熟知的邪恶的傅满洲、驯顺的陈查理。然而此时无论华人角色是善是恶，只要是主要角色，便基本由白人演员装扮。大多数时候，真正的华人只能扮演无关紧要的滑稽角色。这种将中国和华人当作有着异国情调的低人一等的他者加以利用的做法，在当时努力救亡图存的中国有识之士看来是无法忍受的恶行。

最著名的例子是1930年2月上海大光明戏院放映好莱坞大明星罗克（Harold Lloyd，今译哈罗德·劳埃德）主演的《不怕死》（*Welcome Danger*），复旦大学教授、著名剧作家洪深和友人前往观看，看到以打闹喜剧的滑稽荒诞程式再现华人的段落，愤怒离席，回到家后仍愤懑难消，最终重回戏院，登台以好莱坞“辱华片”为引进行演讲，引发观众响应并要求戏院退票，却被带往租界巡捕房拘禁，最终在上海和全国酿成轩然大波的“《不怕死》事件”[①]。可以说，正是出于对外国人拍摄的“中国故事”和华人形象的不满，在对一系列好莱坞电影“辱华”的指认中，中国电影的民族身份才得以最终确立。按照秦喜清的理论概括，便是“从银幕形象问题上自然衍生出国体观念，使电影与民族/国家概念有机地联系起来，成为确立电影的‘中国’身份的思想基础”[②]。

也就是说，在“亡国灭种”的威胁下，中国从清末便开始艰难地向现代民族国家转型，在这一漫长的“自我识别”“自我确认”的过程中，对于他者的敏感起到了非常重要和关键的作用。外国人拍摄的“中国故事”，即便不把华人再现为邪恶的怪物、滑稽的小丑、异国情调的玩物，而是抱有相当善意去描绘中国人的困境与抗争，也会因为其中对贫弱中国客观现实问题的呈现，而引起此时有着极为敏感爱国心的中国人的疑虑。米高梅公司拍摄、根据赛珍珠小说改编的《大地》（*The Good Earth*）便是著名的一例。该片在筹划阶段便受到中国报刊高度关注，国民党也派人监督，并由中国左翼影人喜爱的保罗·穆尼（Paul Muni）主演，整体来说也呈现了中国人顽强抗争、绝不屈服的精神（特别是最后抗击蝗灾的一幕）。然而，由于此时中国社会所处的极端情势（上映时已是抗日战争全面爆发前夕），这样一部影片仍在一定程度上笼罩在“辱华片”的阴影中。[③]

① 汪朝光.“《不怕死》事件”之前后经纬及其意义［M］// 李长莉，左玉河.近代中国的城市与乡村.北京：社会科学文献出版社，2006：244-259.

② 秦喜清.欧美电影与中国早期电影：1920-1930［M］.北京：中国电影出版社，2008：29.

③ 宫浩宇.20世纪30年代抵制“辱华片”运动——以《大地》事件为例［J］.北京电影学院学报，2011（5）：33-40.

可以说，惨痛的半殖民地历史和由此衍生的集体心理奠定了此后相当长时间内中国社会对于外国人拍摄“中国故事”的基本态度。不过，尽管总是有着相似的问题，但不同外国人在不同时代背景下拍摄的“中国故事”还是引发着不尽相同的国际和国内反应。下面我们按照不同的传播和接受情况做一点举例分析。

（一）双向抵达：获得中国内外一致好评

尤里斯·伊文思（Joris Ivens）于1938年拍摄的《四万万人民》（*The 400 Million*），可以说是第一部由外国人拍摄而最终也为中国人所认同的“中国故事”。伊文思和他的美国左翼朋友们（“当代历史家”影片公司）原本打算以更具“故事”性的方式组织出一部可以反映中国时代精神的影片，但因为战场条件的限制和国民党审查机构的政治干涉，最终采取了更偏向直接记录的方式。

这部“介于好莱坞与新闻片之间”的团结电影[①]，对中国抗战情形进行了由面到点的描绘，其中既有日军空袭后的残酷景象，也有中国社会各界为抗战而努力的场景，拍摄到的人物既包括周恩来、宋庆龄、郭沫若、蒋介石、宋美龄等名人，也有更多在困苦环境中奔走的普通人。作为一名国际主义战士，伊文思在到达中国前刚刚以国际纵队成员的身份参与了西班牙内战中的反法西斯斗争，他来中国拍片的本意是为了让国际社会（尤其是欧美观众）了解中国正在遭受的侵略，给予中国更多的支持和帮助。虽然拍摄的过程历经了坎坷和挫折，访问延安的计划在国民党的阻挠下未能实现，一些有感染力的真实场景因为陪同者认为有“辱华”疑虑而未能拍摄，但伊文思最初的目的还是得到了很好的达成。这部影片不但在当时增进了欧美观众对东方战场的了解，在今天更成了中国社会回顾和讲述抗战的重要资料和“记忆”。更为关键的是，在影片拍摄完成后，伊文思在“临走时还把埃摩摄影机一架和剩余胶片赠给八路军办事处运往延安”[②]。这份馈赠由吴印咸和袁牧之带回，为“延安电影团”的成立和此后人民电影的发展创造了条件。换句话说，这部由“飞翔的荷兰人”伊文思讲述的“中国故事”不但成了中国人自己的“中国故事”，更为此后中国共产党领导下的“中国故事”影像制作创造了可能。

《四万万人民》和中国当时的局势与可能的未来发生紧密联系，获得了国际、

① 托马斯·沃.《四万万人民》（1938）与团结电影：介于好莱坞与新闻片之间［J］. 何艳，译. 电影艺术，2009（2）：123.

② 程季华. 中国电影发展史：第二卷［M］. 北京：中国电影出版社，1963：33.

国内的共同认可，还联系着“二战”中的全球反法西斯同盟。稍晚于伊文思，苏联和美国的电影人也拍摄了在中国内外广泛传播的“中国故事”，其中弗兰克·卡普拉执导的《中国之抗战》(*The Battle of China*，1944)，作为美国进行战争动员的“我们为何而战”(*Why We Fight*)系列影片之一，是其中传播最广的一部。

在新中国成立之后，由于两大阵营对峙的冷战情势和50年代后期社会主义阵营内部的分裂，外国人拍摄中国影像、讲述“中国故事”的机会大幅减少。受到中外共同欢迎的就更为罕见，纪录片《北京的星期天》(*Dimanche à Pekin*，1956)、中法合拍故事片《风筝》(*Cerf-volant du bout du monde*，1958)是其中最著名的例子。法国电影大师克里斯·马克拍摄的《北京的星期天》以丰富的色彩、巧妙的剪辑，配合外国人易于理解的解释旁白，通过一系列日常生活场景，展现了新中国的朝气与潜能，阿涅斯·瓦尔达用剪纸拼贴出的怪异中文更给这部将中国视作世界的缩影的影片添加了俏皮的色彩。罗吉·比果和王家乙联合执导的《风筝》则通过风筝、信与孙悟空将法国的孩子带到了北京，通过孩童的视角呈现出一个陌生、新鲜、充满善意的中国。作为和《红气球》一样的经典儿童电影，《风筝》超越了具体的时空，成了中国和法国几代人共同的童年回忆。

在改革开放尤其是80年代之后，更多的外国电影公司开始有机会来中国拍片，其中最为成功的典范是贝纳尔多·贝托鲁奇执导的《末代皇帝》(*The Last Emperor*，1987)。该片得到了中国官方的全方位支持，雇用了1.9万名临时演员，破例获得许可在故宫中实景拍摄，时任文化部副部长英若诚更亲自在片中扮演角色。在第60届奥斯卡金像奖上，《末代皇帝》获得了最佳影片、最佳导演、最佳改编剧本、最佳摄影在内的9项大奖，成为奥斯卡历史上得奖最多的影片之一，更是迄今为止“中国故事”在奥斯卡取得的最好成绩。片中饰演婉容的陈冲也成了“登台发奥斯卡奖的第一个中国人”①。在中国国内，由于该片“个人是历史的人质”的主题与80年代文化氛围的高度共振，也获得了广泛和热烈的讨论。在很大程度上，该片也助推了中国内部的“末代皇帝”热和“清宫戏”热。

不难发现，外国人拍摄的“中国故事”如果想要在中外都获得良好的传播效果，既需要本身达到较高的艺术水准、符合国际社会此时对于中国的想象和需求，也要吻合中国社会在不同历史时期的集体心理和时代精神。

---

① 严敏.登台发奥斯卡奖的第一个中国人[J].电影评介，1988(6)：1.

（二）他者映像：国外传播好于中国传播

如前所述，在新中国成立之前，外国人以中国为题材、元素进行的影像创作经常被指认为“辱华片”，这是半殖民地人民和形成中的现代民族国家通过他者反身确立自我的方法。在新中国成立之后，由于冷战造成的政治、经济和军事对峙，这份敏感在不同的意义上得到了延续和深化。

其中最著名的事件便是围绕安东尼奥尼《中国》（*Chung Kuo-Cina*）的争议。1972年，意大利广播电视公司促成了著名左派导演安东尼奥尼来到处于“文革”之中的中国拍摄纪录片。在中国广播局的接待、安排和协助下，安东尼奥尼完成了这部长达三个半小时的纪录片。完成后的影片在意大利、美国等西方国家的电视台广泛播出，获得了总体正面和积极的评价，为西方世界创造了认识和了解新中国的机会。然而，由于当时中国特殊的政治形势，从官方媒体到社会各界展开了对该片轰轰烈烈的批判。[①]这一批判潮甚至给意大利政府造成了压力，威尼斯的警察局长曾经阻止该片在威尼斯双年展上放映，引发轩然大波。爱慕和尊敬中国的安东尼奥尼也因为“发现自己被指责为受苏联修正主义和美国帝国主义雇佣、引起八亿人民憎恨”而陷入焦虑。[②]撇开鲜明的政治因素，《中国》遭受误读和错位理解还在于安东尼奥尼是按照西方人的好奇视角打量他所看到的中国，很多现代中国、社会主义中国想要抛弃的匮乏和简陋，在他看来是更值得记录的传统与神秘。而新中国努力想要呈现给世界的伟大建设成就（南京长江大桥、万吨轮、红旗渠等），对于已然身处工业社会的西方并不新鲜，认为不值得花太多篇幅描绘。而这种双方需求的错位，在当时身处严峻国际国内政治环境的中国获得了最大限度的放大，造成“中国故事”影像传播的重大遗憾。[③]

改革开放尤其是90年代引进外国大片以来，中国对于外国人拍摄“中国故事”的意识形态疑虑大幅减少，但出于民族情结和保护民族电影工业的立场，对于好莱坞改编生产的“中国故事”的接受也并非一帆风顺。迪士尼以中国著名“代父从

① 杨正泉 . 安东尼奥尼与影片《中国》的风波［J］. 百年潮，2010（3）55-59.

② 温贝尔托・艾柯 . 论阐释或难为马可・波罗——谈安东尼奥尼的关于中国的影片引起的重大事件［J］. 单万里，译 . 当代电影，2007（6）：35-38.

③ 所谓的“《中国》反华事件”在 1979 年获得平反。2004 年，在北京电影学院举办的“安东尼奥尼电影回顾展”上，《中国》最终得以在中国放映。

军”的故事改编的动画电影《花木兰》(*Mulan*，1998)，1999年2月在中国上映时只获得了1100万元人民币的票房。这其中固然有当时中国电影市场狭小、影片上映时距离美国首映已有半年等客观原因，但可做比较的是，同年上映的国产动画电影《宝莲灯》获得了远高于此的2900万元票房。也就是说，当迪士尼精心打造的花木兰风靡全球的时刻，中国人还没做好拥抱这个“中国公主”的准备。到2008年梦工厂制作的《功夫熊猫》(*Kung Fu Panda*)上映时，这一情形发生了很大改变，这一将中国国宝熊猫和国粹功夫加以结合的好莱坞创造，打破了中国的动画电影票房纪录。不过相对观者如潮的事实，当时国内媒体和网络上对于“文化入侵”以及“为何中国人拍不出”的讨论也同样激烈。近些年来，随着中国自身影视工业的完善(国内电影票房爆炸式增长、“国漫崛起”等)，有中国元素的好莱坞制作大多变为中美合拍后，这种出于保护民族影视工业的忧虑大幅减少了。

从历史上看，外国人拍摄的“中国故事”的国外传播大多天然好于国内传播，这是由他们制作和拍摄这些影像的出发点所决定的。这些创作者是按着自身的刻板印象，去创造一种服务于异国银幕的“他者映像”的。也就是说，在中国自身的影视市场发展起来之前，对于国外的影视制作者，“中国故事”主要是一种可供发挥的叙事资源、差异于西方的文化元素。

(三)破镜入画：中国影响大于国外影响

自2002年中国进行院线制改革以来，国内电影市场迅速扩张。近十几年来伴随移动互联网的发展，网络流媒体也创造了大量的影像需求。中国在各种层面上都已然成为全球最大的影视消费区域之一。

在这一时代背景下，越来越多的外国电影公司、制作者开始尝试“破镜入画”，让自身像中国人一样去想象和观察，拍摄更符合中国视域的“中国故事”。法国著名导演让-雅克·阿诺2015年拍摄的《狼图腾》(*Le dernier loup*)便是其中著名的例子。该片根据中国作者姜戎的同名畅销小说改编，由中国演员冯绍峰、窦骁等主演，以极为巧妙的方式通过游牧文明与农耕文明、西方与东方的相互辩证、替换和统一，完成了一种新时代的中华民族叙事。[①]作为一部中法合拍片，《狼图腾》在欧

① 陈子丰.旧事重提：文化转折点上的《狼图腾》[J].艺种，2019(1)：97-104.

洲也获得了较好的反响（其中法国票房为881万美元），但其票房收入的绝对主体仍来自中国。[①]影片获得的提名和奖项也基本都来自中国，从中国电影金鸡百花奖、中国电影华表奖到北京国际电影节、澳门国际电影节、香港电影金像奖，可以说这部法国人拍摄的“中国故事”的影响主要发生在中国之内。

与好莱坞电影业大力吸引中国资本、以合拍片之名争取中国市场的方法不同，欧洲许多知名电影人近年来更多地尝试直接在中国展开工作，费利普·弥勒2013年拍摄的《夜莺》、比利·奥古斯特2017年拍摄的《烽火芳菲》都是类似的例子。但由于外国电影人不内在于中国社会和中国文化，即使放弃西方视角、试图以中国视角编织故事，有时也不免尴尬和臆想，其传播和影响往往仍局限于中国本土，无法辐射更大的范围。

不难发现，这类外国人拍摄的“中国故事”增多，本身是中国电影产业和市场发展的结果。今天，中国已经成为全球电影人才的“淘金地”，越来越多的外国人开始借助中国资本、中国市场讲述“中国故事”。随着中国国力的进一步增强，这类外国人为中国拍摄的“中国故事”，在未来也可能出现具有全球传播力的作品。

二、自我之像：中国人拍摄的“中国故事”

相对于以陌生目光审视中国的外国人，中国电影人制作的“中国故事”从一开始便携带着对中国社会和中国人民生活境况更深刻的体认，是不同时期中国人绘制的“自我之像”。从20世纪20年代中国民族电影产业形成到新中国成立后50—70年代的“人民电影”，从80—90年代的“第五代”“第六代”电影到电影产业改革、院线制改革后的商业电影和类型片，不同时代的中国电影人都在参与和讲述着当下的“中国故事”。从传播效果来看，也可以分为在中国内外都获得好评、在国外传播好于在国内传播、在国内传播好于在国外传播的几类。需要再度强调的是，全球性的广泛传播和地方性的热映热议本身并没有高下之分，这种分类只是帮助我们探讨影像传播的规律和思考未来“中国故事”影像制作的可能。

---

① 根据Box Office Mojo的数据，《狼图腾》的中国大陆票房占其全球总票房的87.8%，中国大陆票房是法国票房的12.5倍。来源：https：//www.boxofficemojo.com/title/tt2909116/，2020-05-20。

（一）目光契合：获得国际国内一致好评

20世纪二三十年代中国民族电影产业确立成熟之际，正是中国处于最为危难的时刻，在外国帝国主义和国内反动力量的夹缝中，左翼电影人蔡楚生在1934年完成了不朽名作《渔光曲》。这个渔民家庭的悲惨故事，正是身处半殖民地半封建社会的贫苦人民在“三座大山”压迫下的日常生活。由于编导准确的捕捉和演员们到位的表演，这个最符合当时时代氛围的“中国故事”，于1934年6月一经上映，便连映84天之久，打破了当时国产片在上海的放映纪录。1935年2月更在31个国家的代表和影片参加的莫斯科国际电影节上获得了“荣誉奖”，成了中国第一部获得国际奖项的影片。①

20世纪50—70年代由于特殊的政治环境，中国香港电影在内地电影之外发展出了一条自己的道路，其中以邵氏、嘉禾为代表的香港武侠片不但在香港本地获得了热烈欢迎，更辐射到东南亚乃至欧美，在很大程度上彻底改变了全球动作片的拍摄方式。而以李小龙（包括后来的成龙等人）为标识的“中国功夫”也成了“中国故事”的重要组成部分。从胡金铨、张彻到吴宇森、徐克，其讲述的“中国故事”都产生了世界性的影响。袁和平为《黑客帝国》等好莱坞大片进行动作设计，欧美导演对中国香港电影的反复致敬，都是这一影响的具体例证。

而这也是2000年上映的《卧虎藏龙》风靡中国香港、中国台湾、中国内地和欧美地区的潜在背景。这部由李安执导，周润发、杨紫琼、章子怡、张震主演的影片以细腻繁复的方式通过“江湖”这一载体讲述了中国人的情感和欲望，成为迄今为止传播最广的“中国故事”影像之一。作为中美合拍片，影片上映之后不但在香港电影金像奖、华语电影传媒大奖获得无数奖项，更席卷英国电影学院奖、金球奖和奥斯卡金像奖，至今仍是唯一获得奥斯卡最佳外语片的华语电影。2000年之后，伴随中国电影产业改革的加速，各种武侠“中国故事”以古装巨片的形式出现，一度在中国内外都广受欢迎。其中以“第五代”的代表性导演张艺谋2002年拍摄的《英雄》传播效果最好，这部由陈道明、李连杰、梁朝伟、张曼玉、章子怡和甄子丹主演的影片，以战国时代的“刺秦”为背景，通过“六国”与“天下”的辩证，创造了一种新的权力逻辑和文化实践下的国家叙事，在国内获得了当时破纪录的超2亿

① 程季华．中国电影发展史：第一卷［M］．北京：中国电影出版社，1963：334-338.

元票房。[①] 与此同时，该片也借助好莱坞的发行渠道，成为当年全球性的热门大片，收获无数国内外奖项和提名，至今仍是海外票房最高的中国电影之一。

稍加总结，我们会发现中国人拍摄的"中国故事"要在国内外都获得良好的传播效果，不但需要具有普适性的题材——让人共情的贫苦家庭的情节剧或是易于调动感官和想象的武侠动作片，还需要有欧美尤其是好莱坞大公司的加盟，只有通过他们在全球建立的院线网络，中国影像才能抵达更多的外国观众。

当然，近年来这一情况也在发生改变，随着万达收购AMC院线等一系列海外并购的发生，"中国故事"影像的海外传播有了更多的直接通道。而随着移动互联网的发展，更多的影视创作者也可以通过网络平台直接抵达外国观众，YouTube上的"李子柒现象"，抖音国际版（TikTok）在海外的风靡都是这一新现象的例证。

（二）视差之见：国外评价高于国内评价

由于冷战结束前特殊的国际政治环境，中国人拍摄的"中国故事"长期主要在国内传播（偶尔以特例的方式在国外放映），到改革开放初期这一情形也没有得到根本改变。20世纪80年代初，当北京电影学院的毕业生进入创作时，国营电影制片厂仍在提供完全市场化后难以想象的宽松条件，这些后来被称为"第五代"的青年人结合80年代的文化思潮进行了大胆创作，这批影片也进入了欧洲国际电影节的视野。从获得洛迦诺国际电影节银豹奖的《黄土地》到获得柏林国际电影节金熊奖的《红高粱》，以陈凯歌、张艺谋为代表的创作者为国际影坛提供了一个个有关中国的民族寓言。在今天的回顾中，"第五代"的这些创作已然是电影史上经典的"中国故事"，但当时还是有一些批评声音将其指认为向西方"贩卖贫穷愚昧"。这种批评不是类似围绕"东方主义""自我东方化"的学院讨论，而是更多地展现了当时部分国内观众和"第五代"想要达成的美学创新和突破的心理距离。

相比"第五代"，90年代开始创作的"第六代"电影人则面对更加困难的处境，制片环境的变化、国内电影市场的萎缩，都使得他们用影像讲述的"中国故事"在一定时间内无法直接到达中国观众。以王小帅、娄烨、贾樟柯等人为代表的一批创作者采取了欧洲国际电影节路线，通过在国际上参展、获奖让影像得以在国外传

① 戴锦华．昨日之岛：戴锦华电影文章自选集［M］．北京：北京大学出版社，2015：327-350.

播，并在国内获得一定的知名度。“第六代”一些比较青涩的作品也在这一时期大量获奖。从这些青涩的“中国故事”出发，贾樟柯、娄烨、王小帅等人也在创作中不断成长，在中国电影院线制改革之后，他们拍摄的更加成熟、更具深度的“中国故事”则有了和中国观众在影院中相遇的机会。

“第五代”“第六代”早期创作更多在国外传播的现象，既是中国特定历史时期客观因素造成的结果，也和欧洲国际电影节掌握着不断生产电影艺术等级的话语权有关。国际电影节作为艺术电影全球流通传播、新人导演崭露头角的场域，对于“中国故事”的影像生产有着非常重要的意义。随着中西文化交流的深入，冷战逻辑的日渐退场，外国电影节也不再和中国国内市场分离，而是形成了更加有机的互动。上海国际电影节等本土电影节影响力的不断扩大，也在另一个层面上改变着原有的电影传播格局。

（三）国家/民族建构：国内反响远超国外反响

自中国的民族电影产业形成以来，中国人拍摄的“中国故事”大多都在国内有着更好的传播。这看起来是一个天然而顺理成章的事情——民族影像服务于本民族。然而以欧洲为例，大多数国家的电影工业都可以被归纳为“小国电影”模式，即本国的电影拍摄和传播都是在更大的区域中完成并服务于更大的区域市场的。中国电影人之所以可以在中国内部讲述传播“中国故事”，一方面是因为中国是一个超大型国家，内部需求就能够满足本国影像创作者，另一方面则是因为中国人拍摄的“中国故事”在不同历史时期都深刻地参与了中国/中国人的主体形塑和国家/民族建构。

20世纪50—70年代，作为新中国主要的社会娱乐方式，由国营电影制片厂摄制的人民电影每年都能召唤上百亿观影人次，1979年时更达到创纪录的293亿人次，堪称世界电影史上的奇迹。可以说，这一时期每部在全国公映的影片都深刻地参与了时代氛围和人民记忆的建构。作为“中国故事”，它们是几代人的生命经验和内在知识。80—90年代，伴随大的电影产业改革和媒介变革，到90年代末，国内电影市场极度萎缩，中国电影一度面临“冰海沉船”的险境。[①]然而在21世纪初启动院线制改革后，近十几年来，中国电影票房经历了指数级增长，2019年全国票房已经突破600亿元。如果不是新冠肺炎疫情对全球电影市场的扰乱，中国很可能会在最

① 戴锦华. 冰海沉船：中国电影1998年[J]. 花城，1999（3）：188-196.

近一两年超过北美成为世界第一大电影票仓。

在这一时代背景下，中国人拍摄的异常丰富的“中国故事”在国内都获得了很好的传播效果。仅最近两三年来说，在国内达到现象级传播的就包括《我和我的祖国》这样使用商业片程式的新主流大片，《战狼2》这类“中国崛起”背景下的英雄主义叙事，《哪吒之魔童降世》这样将中国神话和“我命由我不由天”的现代精神结合的动画影像，还有《流浪地球》式的“人类命运共同体”视域下以中国为主体的科幻想象。其中《战狼2》（1.6亿人次）、《哪吒之魔童降世》（1.4亿人次）和《流浪地球》（1.05亿人次）是自院线制改革以来首度出现的观影人次破亿的影片，而这三部影片的热映都明确联系着中国身份、中国色彩、中国叙事，都是将传统或舶来的资源和当下中国的时代精神加以结合形成的新的“中国故事”。

与这些中国人拍摄的“中国故事”在国内的广泛传播形成鲜明对比的是，这些影片在国外传播方面大多未能取得耀眼的成绩。以《流浪地球》为例，在北美市场虽然也获得了588万美元的票房收入，但总体来看，全球票房的98.7%仍来自中国大陆。

这一方面是因为中国电影人更为本土和当下创作的“中国故事”在国外进行传播和接受时，不可避免地会遭遇“文化折扣”的问题，另一方面是因为好莱坞仍是今天唯一的世界电影霸主，至今全球电影票房前几百位仍基本由美国电影垄断。像中国这样已然拥有庞大电影市场的国家，如果想要在国外获得和本国相似规模的传播，只有结构性地取代好莱坞在全球电影市场中的位置才有可能。不过，如果将目光看向传统院线电影领域之外更为广阔的数字媒体空间，我们则会发现，在网络上传播的“中国故事”影像有着更为丰富的传播通道，一个“爆款”的视频也许能在国内和国外同样产生不可思议的传播效果。

结语

通过以上分类和对不同传播效果的分析，我们可以发现，外国人和中国人拍摄的“中国故事”有着相当不同的政治、文化和时代背景，在不同阶段的传播也有着多元的模式与可能。对于“中国故事”的影像制作重要的仍是在自身的框架内进行突破与创新，在国内、国外传播方面则要按照自身的特点和相关的发行渠道、传播网络进行结合，才有可能发挥自身蕴含的最大潜力。

近年来伴随“中国崛起”和国际关系的日益复杂，国际、国内民众的集体心理发生了多层次改变，外国人和中国人通过影像讲述“中国故事”的情况也变得更为丰富多元，而数字媒体和网络时代带来的全球即时互动进一步放大了各种差异。相比于此前不同“中国影像”、不同传播模式事件性的冲突，今天海量信息和海量影像的碰撞是更加常态化的。可以预见，在不同的传播情境里中外对于彼此拍摄的“中国故事”理解的错位情况仍将大量发生，这些误读也将始终是不同“中国故事”影像传播的有机组成。对于很多因为文化差异而造成的传播效果的偏差，当代中国观众可以采取更加包容的态度。中国毕竟已经告别了现代民族国家生成之际“通过对他者恶意的指认来确立自我”的时代。在不断的文化对话、“求同存异”中，我们可以既保持敏感，又适当“脱敏”，在更具历史纵深和全球视野的框架下理解当代中外不同的“中国故事”，助力中国人拍摄的“中国故事”获得更好的国际、国内传播。

第二节　中国电视节目传播主体的建构

在当前全球传媒的国际传播格局中，“西强我弱”的不平衡传播结构依然难以打破，我国传媒的国际传播力与我国政治、经济大国的国际地位很不相符，这极大地阻碍了中国文化“软实力”和综合国力的进一步提升。中国传媒需要在国际传播的实践当中，在与国际一流媒体的比照当中，在对国际传播历史演进的考察与辨析当中，不断积累有效经验、寻找发展短板，并最终获得理性而自觉的认知与判断，切实提高国际传播能力。

一、背景与问题：中国传媒国际传播力亟待提高

当下的中国，对外界而言像是一个巨人，体量庞大，让人赞叹，它吸引着外界向这个巨人拢近；但是，在拢近的过程中，外界逐渐发现这个巨人的脾气与秉性却并不为人所知，并且由于缺乏了解产生了恐慌与隔阂。由是，在拢近的过程中便出现了障碍，延缓了进程。这一比喻反映了如下矛盾：从全球环境来看，改革开放40多年来，中国的政治地位不断提升，经济上也已成为世界第二大经济体，中国在国

际社会的地位与影响力甚至紧逼美国，国际社会早有“G2”之说。但与此同时，面对快速发展的中国，国际社会对真实、深刻的中国形象感知度不高，多是停留在对一些中华文化与人种符号的浅层认知上，或是秉持中国政治、经济、军事、资源环境等“威胁论”。中国的国际传播远未在价值观、思维方式、生活方式等方面参与对异质文化的影响。从很大程度上讲，国际传播从策划，到传播过程，再到效果达成与反馈，多是由一国传媒来具体承担的，因而我国传媒的国际传播力不高是造成上述“不符”的重要原因。

根据中国国际传播领域研究人员对比中国与世界主要国家的传媒实力进行的量化统计：中国的传媒实力位居世界第二位，超过日本、英国、德国等西方发达国家。从动态变化的情况看，中国传媒实力在过去20多年里发生了巨大变化。不过，上述成就主要反映在“量”的方面，就“质”的方面而言，中国的国内传播实力相对最强，相当于美国的89%，传播基础实力也相对较强，相当于美国的56%；但需要特别注意的是，中国的国际传播和传媒经济实力还十分羸弱，分别只相当于美国的14%和6.5%。①“世界上80%的书刊首先是用英语出版，一半以上的日报和电视节目是用英语刊登或播出，并不断被译成其他文字。”②“西方的四大主流通讯社——美联社、合众国际、路透社、法新社每天发出的新闻量占据了整个世界新闻发稿量的80%。传播于世界各地的新闻，90%以上由美国等西方国家垄断。西方50家媒体，跨国公司占据了世界95%的传媒市场……美国控制了全球75%的电视节目的生产和制作。”③长期以来，西方媒体凭借其在综合实力、技术装备、品牌人才等多方面的绝对优势，牢牢掌握了国际突发事件报道的话语权。有研究专家做过粗略统计，目前，国际新闻尤其是国际突发事件的报道和后续报道，大约90%来自西方媒体，其结果往往是是非颠倒，或者是非不分。④

面对上述问题与困境，我们必须放眼考察国际传播环境和结构，主动出击。正如美国学者托马斯·麦克费尔所言：“在传播领域内，对于全球大赢家来说，战略性计划就是‘全球性’计划而不是‘国家’计划。”⑤近几年，在提升我国传媒国际

① 胡鞍钢.中国是一个迅速崛起的传媒大国［EB/OL］.（2004-07-03）.http://news.xinhuanet.com/newmedia/2004-07/03/content_1565018_3.htm.

② 郭可.国际传播学导论［M］.上海：复旦大学出版社，2004：41.

③ 胡正荣，关娟娟.世界主要媒体的国际传播战略［M］.北京：中国传媒大学出版社，2011：208.

④ 王庚年.国际传播发展战略［M］.北京：中国传媒大学出版社，2011：132.

⑤ 明安香.传媒全球化与中国崛起［M］.北京：社会科学文献出版社，2008：17.

传播力方面，党和国家做了许多制度设计和政策指导，比如十八大报告中提出“构建和发展现代传播体系，提高传播能力”，十七届六中全会提出“提高社会主义先进文化辐射力和影响力，必须加快构建技术先进、传输快捷、覆盖广泛的现代传播体系。……加强国际传播能力建设，打造国际一流媒体，提高新闻信息原创率、首发率、落地率”。中央领导同志围绕现代传播体系也做了很多讲话和指示，提出了一些有针对性的政策和观点。

当然，这一问题不仅是政府层面的担忧，也是传媒业界、学界及社会各界的焦虑。而且这种“不符”与“担忧”、“焦虑”还将在相当长的一段时期内持续存在，影响我们国际交往、国内社会生活的方方面面；甚至造成我国文化交流中的“逆差”①，严重影响我国的“软实力”主权，给自身文化带来极大的被动并导致精神家园的萎缩。由此，如何提升中国传媒的国际传播力，已经成为摆在我们面前的重要课题。本节从主体、诉求、渠道、类型四重维度回应上述问题与困境。

二、“四重维度”的应对：提高中国传媒国际传播力的多元路径

（一）主体：淡化“硬”身份，打造“软”身份

不可否认，在世界传媒的国际传播史中，政府官方背景或身份曾一度成为传媒这一传播主体的首要标签，连英美等国际传播发达国家也概莫能外。但“二战”之后，特别是“冷战”结束以来，西方优质传媒在国际传播中越来越淡化甚至隐去传播主体的政府官方的“硬”背景与身份，而是让传媒富有民间、行业、专业的“软性”主体身份或形象，并配合外交领域“公共外交”的理念与实践。我们认为：传播主体身份或形象的从“一元”到“多元”、从“官方”到“民间”、从“政府”到“行业”、从“宣教”到“专业”，正是我国传媒未来提升国际传播力的必由之路。

1.“软”“硬”益彰：“官方→民间、政府→行业、宣教→专业”的跨越

世界上从来不存在与政府官方绝缘的传媒：“媒介不能脱离政治，政治无法离开政党与政府……就是最自由的最商业化的美国新闻事业，与政党政府的关系，更

① 段京肃．略论文化交流中的“逆差”现象［J］．国际新闻界，2001（2）：5-10.

是密切关联。政府透过公共关系，直接参与新闻媒介的运作……世界上任何形式的政党与政府，无论直接或间接，绝不可能完全退出新闻媒介。”①

但在当今世界，随着国际传播主体的传播手段更为高明、传播客体的媒介素养更为深厚，政府早已不应是国际传播中传媒的唯一背景，也不见得是最重要的主体身份。虽然就国际传播本身而言，大多是一国政府官方的“硬”诉求；但如今，“硬”诉求要用“软”身份来实现，“软”“硬”益彰，才能达到上佳的国际传播效果。特别是由于历史的、深刻的政府官方背景，以及长期的事业单位属性下的思维方式与行事方式，中国传媒在国际传播中向来为西方传媒与受众所过滤或拒绝。在国际传媒与受众的刻板印象里，我国传媒曾长久地被画了两个等号，即“中国传媒=政府官方=宣传”，这使得我们不得不在新的国际传播态势下，主动而智慧地隐去“硬”身份，凸显“软”身份。近年来，在一些国际传播实践中，体现我们主体身份的理念改变，值得探析。

第一，从“官方”到“民间”的身份与形象变换，其要义在于国际传播中，我们要巧妙地培育或容纳一部分媒体，这些媒体，或声音与官方保持一定距离，或以根植于社会与民众的“独立”低姿态身份出现。

就前者而言，近年来，如“财新传媒”等带有资本运作性质的中国媒体，其稿件在国外媒体的刊登率较高，并与国际大型媒体有密切合作；虽然如财新这样的传媒依然是我党领导下的媒体，但是它的资本运作，它的一贯作风是与官方声音有一点距离，这让西方媒体和受众感觉这类中国传媒是比较“民间”的，是“可信”的。②民间的面貌、适当的距离、通过市场进行资本运作，这是否应是未来中国政府官方矫正身份、切实提高传媒国际传播力的智慧所在？“在西方，媒介大多是民营性质，以独立自主和代表或维护民众的利益为荣，因此，始终扮演着监督、批判政府或社会的角色。……负责任的国际传播机构并不以一味地批评政府为乐，而是在报道具体问题的时候十分注意官方态度和民间态度的平衡。”③

就后者而言，我们注意到：中国政府官方主导制作的国家宣传片（人物篇），在纽约时代广场播放后并未收到预期效果；该片以美国人陌生的中国精英来代表中

① 李瞻．台湾电视危机与电视制度［M］．台北：台湾渤海堂文化公司，2007：196-197.

② 苗棣，刘文，胡智锋，等．道与法：中国传媒国际传播力提升的理念与路径——2013《现代传播》年度对话［J］．现代传播，2013，35（1）：5.

③ 陆地，高菲．如何从对外宣传走向国际传播［J］．杭州师范学院学报（社会科学版），2005（2）：56.

国形象，放弃了中国在更广阔层面的“人、景、物、文”温存而真实的风貌，这反而让西方受众感到中国人“生冷遥远”“不易接近”。根据英国广播公司全球扫描（BBC-GlobeScan）的调查显示，广告播出后，对中国持好感的美国人从29%上升至36%，上升了7个百分点；而对中国持负面看法者，则上升了10个百分点，达到51%。①与之相对照，具有“民间”身份的独立制片人孙书云潜心记录西藏百姓的日常生活，历经春、夏、秋、冬四季的观察拍摄，由此而成的纪录片作品《西藏一年》既未受到官方资助，也未有播出造势，却在BBC一年内播出3遍，并得到了美国、加拿大、法国、德国、西班牙、挪威、阿根廷、伊朗、沙特阿拉伯、以色列、南非、韩国以及覆盖整个非洲的非洲电视广播联合体、覆盖整个拉美的拉美电视广播联合体、覆盖整个亚洲的亚洲探索频道等40多个国家和地区的主流电视台订购与播放。②《泰晤士报》《卫报》《每日电讯报》《星期日独立报》《金融时报》《每日邮报》等英国各媒体都对该片进行了报道。英国《每日电讯》评论：“首次揭开神秘面纱，让人真正走入西藏。”英国《星期日独立报》评论：“第一次打开了一个真实的圣域。”③这部作品中看不到官方的意图与背景，而是充满“民间”记录的追求，却引发了西方社会广泛的正面反响：中国政府对西藏地区的扶持与建设，对西藏文化生态与自然生态的保护，通过西藏民众“不愿回到过去”的内心满足来体现，得到了国际受众的肯定。

第二，从“政府”到“行业”的身份与形象变换，其要义是传媒从直接承担强大的政治功能这一身份，退回到“传播”本身这一传媒行业职责，以行业的任务行事，以行业的做法达到国际传播效果。

这一点上，中国国际广播电台在2006年、2007年“中俄国家年”期间曾有不错的实践。“中俄国家年”是中国外交的重要活动，在配合这一政治任务时，国际台没有纯粹、直白地配合政府宣传，而是把握其传媒的“行业”特色，以传媒“传播”的本职来寻找国际传播的突破口。在2006年“俄罗斯年”期间，国际台策划组织了中俄10家主要媒体的40多名记者，驾驶13部越野车深入俄罗斯境内，行驶15000公里，对中俄沿途20多座城市进行了历时45天的联合采访。在2007年“中

① 国家形象片效果欠佳［EB/OL］.（2011-11-17）. http://news.ifeng.com/gundong/detail_2011_11/17/10717461_0.shtml?_from_ralated.

② 白瀛 . 纪录片“西藏一年”将在国内播出，BBC曾1年内连播3次［EB/OL］.（2009-07-16）. http://tibet.news.cn/gdbb/2009-07/16/content_17120637.htm.

③ 书云 . 西藏一年［M］. 北京：北京出版社出版集团，2009：后勒口 .

国年”期间，国际台同样邀请了12家俄罗斯主流媒体，驾车在中国26个省市采访报道，以外国媒体为载体，向目标国家的社会和民众传递中华文明和当代建设的图景，巧妙地配合了两国交流的政治活动。“中俄友谊之旅”采访，开创了中俄新闻交往史的先例，不仅得到了两国领导人的好评，也得到了俄罗斯传媒业界和民众的支持与接纳。[①]另如2013年3月，习近平以国家主席身份首次访俄，如《纽约时报》等级的欧美媒体，如《联合报》等级的中国港台媒体重点关注了彭丽媛作为主席夫人的亮相，并给予亮相以高度的评价，这符合国际传播中传媒与受众对“第一夫人”特别关注的传统；而《人民日报》在头版也与国际媒体互动，同样突出了“主席与夫人”的焦点，这是一种符合国际“行业”通用理念的做法，显示了我国主流媒体“行业”思维的回归，值得赞赏。

第三，从“宣教”到“专业”的身份与形象变换，其要义是在与海外传媒机构交流时，拥有相同的业务认知“前结构”，达到以“专业”对“专业”的身份形象与行事规则的对等；在与国际受众对话时，让“客观”“真实”“优质”“接近”的传媒专业品质满足受众的基本期待，补缺受众因信息不足而带来的“心理认知失衡”，降低受众对异域文化不确定性的“焦虑感”。

就对话海外传媒机构而言，我们注意到，中央电视台纪录频道自2011年1月1日开播之后，迅速得到海外传媒机构的广泛关注；特别是该频道以“CCTV-Documentary”这一“专业频道”的形象（而非国家电视台的形象）亮相各大专业节展，在国际合作、市场效益等方面不断取得突破，受到海外专业同行的认可。在海外交流中，央视纪录频道一改以往的国际交往行事风格，放平心态，以专业的风貌利用酒会、推介会等形式，提高了中国传媒与国际专业机构的对话能力。突出频道“专业”，也正是央视对纪录频道的整体定位。

就对话海外受众的成效而言，中国新闻社（以下简称“中新社”）60余年来的“专业”身份与形象定位，可做借鉴。1952年10月1日成立的中国新闻社，由中国新闻界和侨界知名人士发起成立。应华侨和华文报刊需要而成立的这一背景，为中新社的创建和发展提供了必要的前提条件和广阔的生存空间，特别是树立了其作为具有“专业”特征通讯社的形象。“中新社强调其新闻产品应贴近海外受众的需求

① 时任俄罗斯总统普京认为，“这是推动两国在人文和民间领域交流的一项重要努力”，时任中国国家主席胡锦涛表示，“相信这些活动将增进两国人民的相互了解，深化两国人民的友谊”。参见王庚年．国际传播发展战略［M］．北京：中国传媒大学出版社，2011：216.

和思维方式……在20世纪八九十年代，中新社电讯稿的采用率保持在80%以上……路透、美联、法新、共同、台湾‘中央社’等外电也大量转发中新社稿件……进入21世纪，随着互联网的崛起……通讯社电讯稿的传统媒体用户市场普遍萎缩，但中新社稿件的报刊采用率仍保持在70%的水平。”①

总之，无论是对于国际传媒机构还是受众而言，“具有侵犯性、试图改变其观点”的传播姿态，总是让人不愉快、不接受的，而民间、行业、专业的身份可以将概念化、符号化的“硬”内容，转换成受众易于感知、深感亲近的文本，再配合适当的仪式化修辞，便可以大大降低上述“不快”的发生。其实，淡化“硬”身份，打造“多元”身份与形象，不仅是传媒提升传播力的应有思维，对于整个国际传播而言，也是有益的。

2. 多元主体的合力，公共外交的理念

更进一步，随着全球化的推进与全媒体时代的到来，就整个国际传播而言，理想的状态也不应是官方的主体地位强势，其他主体的地位势弱，而是应由政府官方、传媒、（跨国）企业、非政府组织/民间社团以及公民个体等，共同组成国际传播的多元主体；整合外交、对外贸易、对外宣传等多方面的力量，同时巧妙利用目标国家的各方力量，合力塑造国家形象，实现国家利益。传播的内容也应从政治类信息独大，扩展到商业、教育、体育、文化、娱乐、艺术、服务、科技、军事等各个方面。国家形象并非单一、笼统的概念，它需要细分为上述多方面的政治、经济、社会、文化、艺术形象，并由这些图景共同组成。

哈佛大学肯尼迪政治学院国际关系学教授约瑟夫·奈曾指出，在对外传播中，“政府广播……其弱点在于无法对人们在不同的文化背景下如何接受信息施加影响。信息的发送者知道自己说什么，但却并不总是知道传播活动的对象听到什么。文化上的障碍往往使人们听到的东西变得扭曲……对于传达信息和兜售一种积极的形象来说，完成得最好的往往是公民个人。今天，采用软的一手进行推销可能会被证明比采用硬的一手更有效”②。在国际传播中，无论公民个体是否真的是最佳传播主体，但“软”“硬”兼施，多元传播主体的思维，的确是当前国际交往、国际传播中最主要、最有效的理念与实践。

① 胡正荣，关娟娟．世界主要媒体的国际传播战略［M］．北京：中国传媒大学出版社，2011：192，201-202.

② 约瑟夫·奈．网络时代“公民外交”的利弊［N］．纽约时报，2010-10-05.

这一点已被公共外交的成效和成功所证实。“公共外交既继承了传统外交工作的诸多特征，又倚重和借助大众传播，实现国家层面对国外大众的外交。其核心的本质区别就是通过传播来影响国际公众的态度，塑造本国形象。”①公共外交是当前国际社会盛行的外交理念与实践，虽然它的行为主体依然是政府，但是不同于古典外交，其行为对象是公众，而且强调扶植体制外的多种外交“利益集团”，并借助传媒，达到对他国政策制定以及涉外事务处理施加影响的目的。公共外交强调要赢得公众的支持，就必须具有稳定可靠的沟通手段。②显然，在全球化的媒介融合时代，如果依然放大传媒主体单一的政府背景、官方身份，便不能达成国际传播中“稳定可靠”的沟通结果。

（二）诉求：从“宣传”走向“传播”

在我国国际传播发展历程中，传媒曾长期秉持“以我为主”的对外宣传思维，严重无视“宣传”与“传播”的区别，也不了解对外“宣传”与国际“传播”的不同（见表8-1），造成了中国国际形象与传媒国际传播力长期落后的困局，并给日后的“提升”与“赶超”带来极大困难。因此，与前述传播主体“淡化‘硬’形象，打造‘软’形象”的要求相关联，在传播“诉求”维度上，中国传媒需要从以单一“宣传”目标为主导的诉求，逐步走向以“传播”目标为主导的诉求。

表 8-1　对外宣传与国际传播的区别③

对外宣传	国际传播
政府主管	公私兼营
冷战的产物	全球一体化的结晶
政治喉舌	社会媒介
单向传播	多向传播
国内题材为主	国内外题材并重
讲导向	重平衡
你听我说	你听他说

① 叶皓．公共外交与国际传播［J］．现代传播，2012，34（6）：11.

② 参见高飞．公共外交的界定、形成条件及其作用［J］．外交评论（外交学院学报），2005（3）：105-106.

③ 陆地，高菲．如何从对外宣传走向国际传播［J］．杭州师范学院学报（社会科学版），2005（2）：56.

续表

对外宣传	国际传播
主观性强	客观性强
按政治规则变化	随市场规律波动
是一种政治行为，讲政治效益	是一种经营行为，重经济效益
专题报道多	新闻信息多
强调报道时机	追求传播时效
强调友谊、友善、友爱	追求娱乐、新奇、刺激
具有战役性、阶段性	具有战争性、常规性
强调国家形象	注重媒体形象
直接反映国家或政府利益	间接反映国家或民族利益
显性	隐性
内宣的延伸	外交的延伸
受国内宣传纪律约束	遵循国际传播惯例

1. 中国气质，共通表达

从“以人为本”的提出，到十八大报告从国家、社会、个人三个层面提出“富强、民主、文明、和谐”“自由、平等、公正、法治”“爱国、敬业、诚信、友善”24字的社会主义核心价值观，中国共产党的执政思想不断过渡到充满多元、人本情怀的阶段。因此，中国传媒在国际传播过程中，要以中国气质为根基，并着力寻求人类共通的表达方式，增强具有亲近性的分享感、减少具有明显“试图改变对方”的凌厉感，这正是我们在国际传播中从“宣传”目标走向“传播”目标的应有思维。

“我国有关部门经常会花费大量资金做西藏文化展。有几个外国朋友曾经和我讲：‘我们原来都以为西藏是中国的，但当看完你们政府的大展之后，我们似乎认为西藏不是中国的。因为所有展览的文字和内容都告诉我们，如此奇特的景观、如此奇特的山川、如此独特的生活风尚、如此独特的宗教与民俗习惯，与中国其他地方差异太大！’”[①] 与一味追求“宣传”目标的实现形成鲜明对比的，是前述独立制作人纪录片《西藏一年》的向“传播”理念找诉求。为了创作该片，独立制作人在

① 胡智锋在北京师范大学“世界文化格局与中国文化机遇”国际研讨会“中国文化有效性传播”论坛的发言，2012年12月20日。

西藏古镇江孜与片中8位普通的藏族人生活了一年有余，片中选择的记录对象都是普通人，如农村巫师、医生、农民、寺院喇嘛、基层干部、包工头；片中记录的场景都是普通的日常生活，如吃饭、看病、打工、婚庆、算卦、打官司；片中体现的内涵却是多元而真实的，一方面改革开放之后西藏人民渴望现代，也走向了现代，另一方面他们又背负着沉重而封闭的千年文化传统，于是片中他们人生的喜怒哀乐、日常的举手投足都与时代的碰撞相关。该片通过人本的、情感的、真实的表达，将价值预设与猎奇心态降到最低，让西方受众感到这是在“传播”而非“宣传”，其达到的传播效果正如英国《卫报》的评论：“以罕见的深度、惊心动魄的力量，公正记录当今世界最有争议、最偏远地方人们的真实生活。”《泰晤士报》的评论：“轻扬如飞雪、深远如禅宗，见证了一个真实的神秘藏地。”[①]该片脉脉浸润着的正面中国形象，得到了国际社会的肯定。2008年3月6日，BBC第四台播出《西藏一年》第一集。播出前，BBC第四台台长骑着自行车赶到书云在伦敦的工作室审片，看完了《西藏一年》，他说了一句：“非常好，我不想动任何地方。”BBC播出第一集的几天后，西藏发生了拉萨“3·14”打砸抢烧事件，之后这个片子在西方得到了更多的关注。[②]该片在西方主流媒体的播出，恰好是对2008年北京奥运前后西方媒体“辱华”大潮的一次温润而有力的回击。

同样巧妙隐去并意在摒弃“宣传”目标，而思考如何实现并成功实现“传播”目标的，还有2012年度最热纪录片《舌尖上的中国》。该片不仅获得海外市场的高度评价，发行到东南亚、欧美等27个国家和地区，首轮海外销售即达到35万美元，创造了近年来中国纪录片海外发行的最好成绩[③]，更突破了纪录片专业领域，引领了社会话题和风尚，在海外引发了一股“中国热”，成为国际传播中经典的文化事件。《舌尖上的中国》的上佳，在于对中国吃食的精心网罗与诱人呈现，也在于对吃食背后中国人生存故事的低姿态表述，更在于它似乎在寻找一些线索，寻找许多属于中国人，也属于全人类通用的温情传递、道德规约、远年告知，让现代人不至于过于多元放肆、过于无所畏忌。无论这些食物是相似，还是不同，它们的制作中都融

① 荣守俊．纪录片《西藏一年》在西藏受到广泛好评［EB/OL］．（2009-10-21）．http://tibet.news.cn/jrxz/2009-10/21/content_18008846.htm；书云．西藏一年［M］．北京：北京出版社出版集团，2009：封四．

② 王尧．《西藏一年》从BBC到CCTV的幕后［N］．中国青年报，2009-07-31（007）．

③ 白瀛，左元峰．普通人的生活、共同的兴趣——中国纪录片迈进国际市场［EB/OL］．（2013-01-15）．http://news.xinhuanet.com/fortune/2013-01/15/c_114377592.htm.

入了中国人的生态与性格：顺天顺形的乐天适应，也刚也柔的形气变幻，放眼量取的苍翠传递，质品探幽的悠长品察。[①]而这些，也是西方人、西方价值观所认同和亲近的，国际观众也会从中体悟到对亲人的情感、对朋友的情感、对家乡的情感、对民族的情感、对一方土地的情感……这些都是人类共通的情感。这种情感既是中国的，也是世界的；既是当下的，也是永恒的。在"传播"过程中，如果受众难以对信息进行"对抗式解码"，便会极大提高传播目标有效达成的可能；而"宣传"目标主导下的传播效果，却往往相反。

"一部影片的影响，超过100本书和100次讲演。"[②]《舌尖上的中国》与国家宣传片的效果相反，《西藏一年》与西藏展览的效果相反，可见，多元、人本、情感的价值呈现推助传播目标的达成，使中国的良好形象立体起来，而单一宣传至上的诉求往往会不断加深西方民众对中国模糊、负面的刻板印象。前者是"作品"与"产品"时代的国际"传播"应有思维，而后者是"宣传品"时代对外"宣传"的惯常心态。我们当下的传媒国际传播，早已越过"宣传品"阶段，历经"作品"时期，逐步走向"产品"时代。[③]虽然"产品"时代依然存在许多问题，但正是有了孜孜不倦的问寻，我国传媒国际传播能力才不断在反思中积累，最终得以提升。

总之，我们在传媒的国际传播中需要借助人类共通的语言，向人类共通的体验力找寻诉求，将灿烂的本土文化中某些元素提取、包装并转换为可供人类共享的文化，将千年中国传统文化的内核融入现代思考并转换为易于现代"地球村民"接受的文化，将无论是输出还是引进都"以我为主"的文化思维转换为双向融融、多向传播的文化[④]，以打造中国积极合作、富强进取的经济形象，文明现代、正义负责的政治大国形象，和平、友好的军事形象，坚持原则、灵活务实的外交形象，以及底蕴丰富、创新发展、兼容并蓄的文化形象。[⑤]

① 胡智锋，刘俊 . 2012 年中国电视文艺的几大亮点及几点思考［J］. 艺术百家，2013，29（1）：45.

② 杨猛 .《西藏一年》的真实镜像［J］. 南都周刊，2009（336）：49-53.

③ 参见胡智锋，周建新 . 从"宣传品"、"作品"到"产品"——中国电视 50 年节目创新的三个发展阶段［J］. 现代传播，2008（4）：1-6.

④ 黄培 . 中国电影海外推广的战略思考［G］// 北京广播电影电视研究中心 . 北京广播影视发展研究文集 . 北京：北京出版社，2011：287.

⑤ 胡晓明 . 国家形象［M］. 北京：人民出版社，2011：56-61.

2. 贴近不同受众的文化背景与接受习惯

对于处在国际传播范畴内的传媒而言，一方面，如上所述，我们需要充分理悟“中国声音、世界表达”的理念，从而向“传播”目标找诉求；另一方面，我们需要看到传播的对象——国际受众的复杂性和多元化存在，在传播中要区分不同文化背景、价值习惯和行为方式的传播对象，继而进行饱富贴近性与针对性的传播，即体悟传媒国际传播的“本土化”理念。

首先，国际传播的“本土化”理念需要我们研究并细分受众，以做到内容本土化。如前所述，我国传媒曾长期以单一的对外“宣传”目标为主导，极大地影响了我国国际传播事业的早期积淀。1981年，外文出版局编印一本名为《谈谈对外宣传的针对性》的小册子，时任局长的范敬宜为它写的一篇“代前言”中说：“针对性是对外宣传的灵魂……‘对外宣传的最大问题是外国人看不懂。’这真是一针见血的批评。”[①] 面对这一现象，最早提出“对外传播学”名词的我国国际传播领域前辈段连城先生[②]，早在1990年便提出“对外传播学九条述要”，直指彼时忽视传播对象的做法，这九条包括：①常照镜子（不断追踪我国国际形象在国外受众心中的状态）；②锻炼功力；③研究对象（在语言文字、生活方式、行为规范、风俗习惯、价值观念、审美情趣、思想意识等方面注意“内外有别”和“外外有别”）；④端正心态（拒绝庸俗宣传心态和盲目“骂国求宠”）；⑤解疑释惑（历史地、辩证地向国际受众告知）；⑥舆论一律又不一律（遵循国际受众对舆论多元化的习惯）；⑦清晰易懂（慎用或注意解释中国特殊的文史地名词、行话术语、政治口号、空洞辞藻、诗词楹联等并注意“去复杂语境化”）；⑧生动活泼（多讲故事并注意通过形象性、人情味、幽默感、妙语哲思等达到“移情”效果）；⑨尊重翻译（翻译时可根据前述要求对中文定稿进行加工和改写，注重解释性翻译）。[③]

我们不仅要注意根据上述要求贴近受众，降低受众“对抗式解码”的可能，还要注意细分受众：①有重点、有层次、有区别地将国际传播受众分为重点受众、次重点受众和一般受众；②每一层受众再细分为顺意受众、逆意受众和中立受众；③再从这些受众的最终行为趋向将其分为潜在受众（未明确正反态度）、知晓受众（未实施正反行为）、行为受众（心理定式固化并采取行动）。当前美国传媒已开

① 沈苏儒．对外传播的理论与实践［M］．北京：五洲传播出版社，2004：89.

② 沈苏儒．对外传播的理论与实践［M］．北京：五洲传播出版社，2004：229.

③ 段连城．对外传播学初探［M］．北京：五洲传播出版社，2004：148-157.

始更加具体地对受众市场进行细分，如美国国际广播将国际受众分为125个具体的“市场方向”，BBC也对其32种语言广播划分了13个主要的市场方向。[①]贴近受众、细分受众正是现代传播理念的关键性规则。此外，我们还要创造条件争取建设并完善全球受众调查网络。

其次，传媒国际传播的“本土化”理念需要我们实施好人才本土化与运营本土化战略。1992年，第一个欧洲迪士尼乐园在巴黎郊外建成营业，但旋即遭到了法国社会的抵制，法国民众将代表美国文化的迪士尼乐园视作“文化切尔诺贝利核电站”。为了扭转这一困局，迪士尼削减欧洲迪士尼管理层中的美国人数量，大量起用本土人才，淡化美国烙印，突出欧洲本土“在场”，以此逐渐战胜文化差异的阻碍，并最终成为法国最受欢迎的景点。[②]

在国际传播中，类似上述重视本土人才与运营的案例不胜枚举。一方面，传媒在国际传播中对本土人才的重视，可以：①以本土人才中外融通的人格魅力和个人能力，提高传媒和国家的国际化形象，增强我国传媒分支机构所在国对我们的信任感，以推动中国传媒同当地政府、社会、民众的深层交流；②避免因文化差异造成经营管理上的损失，快速开拓市场；③降低经营成本（如外派成本、培训成本、劳动力成本）；④保证传媒的海外分支机构人员的相对稳定；等等。另一方面，在本土化运营中，我们的传媒需要切实打造产品、研发、生产等多环节、全方位的本土化经营战略和模式，这是我国传媒企业和机构“彻底”贴近不同文化背景与接受习惯受众的直接路径，并以此锻造全面的传播能力与传播影响力。[③]

（三）渠道：从单一扁平的传播渠道走向多媒体渠道融合的立体传播

美国马萨诸塞州理工大学的浦尔教授最早提出“媒介融合”概念时，恐怕不会想到日后的世界会如此迅速而深刻地走向数字化生存、全媒体生存。虽然海外国际一流媒体早已瞄准新的传播技术与传播思维，但较之于我们在依靠传统媒体进行国

① 王庚年．国际传播发展战略［M］．北京：中国传媒大学出版社，2011：39-40，69.

② 参见张金海，梅明丽．世界十大传媒集团产业发展报告［M］．武汉：武汉大学出版社，2007．转引自王庚年．国际传播发展战略［M］．北京：中国传媒大学出版社，2011：76.

③ 参见刘俊．理念·人才·渠道——基于《东非野生动物大迁徙》的国际化报道策略分析［J］．电视研究，2012（9）：17；王庚年．国际传播发展战略［M］．北京：中国传媒大学出版社，2011：79-81.

际传播时代的劣势，媒介融合时代或许是我们抢占国际传播高地的机遇。中国传媒一方面要在“全媒体时代”打造多元的“传播渠道”，另一方面要不断摸索国际传播中的“市场产业渠道”，以同时提高传播的覆盖力和渗透力，深入、立体地传播中国形象。

1. 在新的媒介环境中打造多元传播渠道，提高传播覆盖力

以互联网为代表的新媒体，凭借其高度的信息扩散能力和多向互动的全通性特征，已经并会越来越成为基于意识形态和国家利益之争的政治博弈平台。美国奥巴马政府曾大力打造国务院的“E外交”、白宫的“Web2. 0时代”、五角大楼的“网络司令部”三位一体的新媒体外交。美国政府投入7000万美元，以期打造一个“地下互联网”和“移动电话通信网”，来帮助一些国家的反对派绕开所在国的主干网络和网络监控，实现与外界的“自由联络”。甚至，外交界出现了一个新名词“微博外交”。目前全球至少有62位首脑使用类似微博的网络平台进行互动。[①]

在“媒介融合”时代，中国传媒在国际传播中需要打造网络、手机、广播电视、报纸杂志、通讯社等多种传媒传播形式，配合影剧院传播、户外传播等多种实体传播形式，进行立体传播，提高传播的覆盖力。特别是，在运用传统媒体进行国际传播时，西方国家的绝对优势地位短期难以被撼动；不过，进入信息时代，在新兴媒体领域，如果处理得当、利用充分、重视加强，发展中国家可以具有新媒体传播的后发优势。这是发展中国家打破不平衡的国际传播秩序的机遇。

这是一个人人拥有传播载体、人人都是传播载体的“全民塑造形象”的时代。新媒体传播是当前及未来世界最热络、最具潜力、饱富渗透力的传播手段，需要我们格外关注。在发达国家及相当数量的发展中国家，中青年人普遍进入“网络社交媒体生存”的时代，社交媒体的影响力正逐步超越报纸、电影、电视等传播手段。这提示我们：在国际传播中需要特别利用好新兴的社交媒体进行中国形象传播，重点利用好Facebook、Twitter、YouTube等社交或视频分享网站。我们需要有意识地将叙事巧妙、制作精良、视角平衡、价值融合的新闻和文艺作品推送到这些网站，并通过多种手段提高其分享与转发的数量，配合适当的线下活动传播，以提高传播的抵达率。

其实，我国国内社会对于互联网深层次的使用素养、应用需求和接受能力已经

---

① 叶皓 . 公共外交与国际传播［J］. 现代传播，2012，34（6）：12.

大幅提高，这是我们通过网络新媒体进行国际传播的有力基础。根据《第31次中国互联网络发展状况统计报告》显示，截至2012年12月底，我国网民数量达到5.64亿人，包含手机网民规模达到4.2亿人，居世界第一。此外，网民中的微博用户比例达到54.7%，手机微博用户规模2.02亿人，占所有微博用户的65.6%，接近总体人数的2/3。中国的市场规模、人才储备、开放心态、强大的文化背景等都是我国互联网急速发展的重要基础。中国互联网的发展速度几乎与美国平行，许多美国较为成功的电商、视频、社交网站模式，在中国都能很快地成功出现。“互联网发展领域的‘G2’就是美国和中国。在英国、法国、德国、日本、俄罗斯、印度我们都没有见过真正像样的大型互联网公司……我们可以认为互联网是中华文明崛起的一个礼物。”①此外，由于使用新媒体的门槛越来越低，有助于国内民众通过互联网等方式参与国际传播，近年来我国国内舆论对国际传播的影响力越来越大，这把“双刃剑”值得动态关注。

不过，我们也需要清醒地认识到，就利用网络新媒体进行国际传播而言，当前我们的互联网传播效果还比较微弱。究其原因，一则，网络运作基本是商业资本运作，中国的国内市场较大，而且尚未开发完。中国大型网络公司频频在“海外”上市，也值得思考。二则，语言问题是一个关键的阻碍因素，我们的中文网站外国人基本看不懂，中国人创建的英文网络平台较少，质量也不高，远不如国内的中文网站平台。三则，这一现实缺失还需要政府的重视，而且应该有切实可行的举措；但现在无论是国家层面，还是经营者层面，都没有把这个问题真正提到议事日程上来，这是我们下一步亟须解决的。②

关于政府与网络新媒体传播手段的关系，我们需要认识到：“就公共外交的这一方略而言，政府应该倡导和参与这种跨境网络，而不是对此加以控制。事实上，过多的政府管制，甚至仅仅是管制的表面形式，都可能会破坏这些网络本应产生的可信度。在公民外交的互联世界中，政府要想获得成功，就必须学会放弃很多控制权。但这带来的风险是，公民社会参与者们的目标和信息往往与政府的政策不一致。”③

① 见原凤凰卫视中文台执行台长、现搜狐网副总裁刘春在中国传媒大学的演讲，2013年3月22日。

② 参见苗棣，刘文，胡智锋．道与法：中国传媒国际传播力提升的理念与路径［J］．现代传播，2013（1）：6.

③ 约瑟夫·奈．网络时代“公民外交”的利弊［N］．纽约时报，2010-10-05.

此外，国际大型传媒在“媒介融合”时代的发展模式，可供我们借鉴。这些多元模式大致分为三种：一是不同传媒产品形态之间的融合，如“纸质报+电子报”；二是不同介质的媒体之间的融合，如“电视+网络+移动媒体”；三是传媒产业链上不同运营商之间的融合，如“内容提供商+渠道运营商”①。可以预见，针对智能手机、平板电脑的相关应用程序的研发，是未来传媒发展的新增长点。

最后需要说明的是，不仅传媒的“媒介传播渠道”需要认真规划，“实地实物传播渠道”也需仔细思考。中国国家宣传片选择在纽约时代广场播放，就是一个失败的案例。播放国家宣传片的纽约时代广场三角地，是一个商业广告极为密集的地段，大量化妆品、鞋帽、箱包、服饰、时尚用品、帅哥美女的商业形象密布。就在这种“密布”当中，一个中国水墨画似的小屏幕，夹在口红、大腿和皮鞋中间，播放我国国家形象片，是十分格格不入的。况且宣传片的内容连中国人也要仔细听才能听懂，仔细看才能看懂。试问，我们的国家宣传片在商业广告的环境中播放传播，内容与形式的意识形态色彩太浓，对传播对象的心理把握又不准确，如此，有多少美国人会发现这个宣传片的存在？他们是以什么样的心态和心情去看这些东西？他们到底看到了什么？我们的国家形象宣传片在什么时候、什么场合播放最为合适，是不是经过充分论证了？真正的国家形象是否在那里得到了传播？这些巨额的制作成本背后，究竟是谁得了利？

2. 摸索市场与产业渠道，提高国际传播渗透力

多媒体传播渠道并举，有助于提高传播的目标人群覆盖；而切实将我国传媒的传播产品融于目标社会的传播体系中，还需要不断磨砺我国国际传播市场化、产业化的能力，以提高传播的渗透力。

现代社会，各国传媒在提升国际传播力时，各种要素如果不能构建为一种产业化的组合方式和市场化的运作模式，必然在很大程度上缺乏内在的生命活力。这是因为：①市场原则是西方国家商业交往中成熟且至上的规则，这有利于我们规避风险；规则的保障也是初来者、外来者快速融入对方的利器。所有这些都有助于我们在“规避”与“融入”中追求最好的传播效果。②让传播产品在海外市场中磨砺，不仅可以大浪淘沙，更可以使我们日后在创作中更加有的放矢，提高产品质量，扩展运作思维，提升传播效果。③传播产品在市场中赢得好评，目标国家的传媒机构

① 王庚年．国际传播发展战略［M］．北京：中国传媒大学出版社，2011：64.

出资购买了这些产品，才会保证其播出。海外播出，特别是海外主流媒体播出，这是我们国际传播效果达成的基本保障。④投资海外作品也是提升传媒国际传播力的有效途径。近年来欧美经济不景气，各大机构和文化基金对以纪录片为代表的文化产品投资缩水，而中国政府与传媒机构的资金雄厚，这是我们通过市场化、产业化进行国际传播的优势。通过海外投资，把中国相关传媒或机构变成如BBC这种国际传媒的联合制作方，甚至真正参与作品创作，当成片在这些频道播出时，也就间接扩大了中国文化产品的影响力。

在实际操作中，我国传媒还需要注意实行不同的经营体制，有条件的媒体应在境外设立经营性文化公司，并参与国际传媒机构的收购、兼并、参股控股，以此影响部分海外传媒或形成一些有竞争力的市场主体。相关媒体还要逐步拓展多元化经营、注重产品整合营销、加快资本运作，并在条件允许的情况下注意在电影推介、电视节目推广、有线与卫星电视运营、图书出版、影剧院业务、户外业务等方面着力。

（四）类型：从“一驾马车”走向“三驾马车”

电视节目传播依然是当前国际传播的主要样式，即便是通过网络等新媒体渠道传播的内容，在相当大程度上也是电视节目或电视元素的新媒体呈现。所以，在讨论了上述传播渠道之后，本节再重点聚焦于电视节目传播。

在新的国际传播阶段，面对前述的国际传播态势新变化，我们的节目传播亟待从“盒带式专题节目”（风情山水片、综艺晚会、带有政治色彩的宣传片、主旋律纪录片）打包推送这“一驾马车”，走向纪录片、电视剧、电视新闻“三驾马车”并举的格局。

1. 巩固纪录片的国际传播“排头兵”地位，提升纪录片的国际传播力

纪录片是一种具有跨文化、跨时空传播属性的媒介形态，担负着记录社会、传播国家形象、交流国际文化和历史文化解释权等重要使命，关系到国家文化战略。[①] 在传媒影视节目国际传播的“三驾马车”中，相对于电视剧传播范围的有限和电视新闻的意识形态桎梏，国际受众对我国纪录片作品认可度最高。在国家层面，依据“精心打造中华民族文化品牌，提高中国文化产业国际竞争力，推动中华文化走向

---

① 张同道，胡智锋 . 中国纪录片发展研究报告［M］. 北京：科学出版社，2012：前言 .

世界”的需求，纪录片塑造国家形象的作用不断受到重视和强调。特别是自2010年秋国家广播电影电视总局发布了《关于加快纪录片产业发展的若干意见》之后，这一国家管理部门第一次对中国纪录片发展提出的整体性指导意见有力地推动了我国纪录片领域的发展和其国际传播效果的提升。

在这一大背景下，中央广播电视总台中央电视台纪录频道在开播以来迅速成长，2012年收益达4亿元；近年来该频道推出了一系列有重大影响力的作品，不断探索纪录片国际市场化之路，有力地提升了中国电视节目的品质与品位，有效地提升了中国传媒的国际竞争力，值得以该频道为例分析中国纪录片国际传播的理念。首先，该频道成立后一直坚持一个策略：以外促内，即首先在国际上打出影响，再促进国内的纪录片发展。近两年，该频道在世界各大影视、纪录片节展，包括戛纳、东京、中国香港、北美节展以及几大专业节展上，都取得了良好的效果，获得了国际纪录片界的认可、尊重与合作机会。

其次，中央广播电视总台中央电视台纪录频道的频道标识是一个蓝色“立方体”，这体现了其国际传播的理念：追求“立体”的国际传播效果，“把国际世界还没有了解到的、中国各方面的内容呈现出去，最后让国际观众来判断中国到底是什么样的。国际传播中‘先入为主’的因素特别重要，你首先看到什么就容易相信什么。固然不能说之前国际观众看到的中国影像是不真实的，但我给你看到的中国除了白色、黑色，还有黄色、蓝色。我们希望通过纪录片，展示中国更多的颜色和中国更多的‘面’，以供国际观众判断。把更多的、真实的方面展示出来，就会稀释掉许多国际观众原先对我们的偏颇印象”①。

最后，如前所述，该频道的纪录片海外传播坚持走市场化途径，以此来快速融入、优胜劣汰、有的放矢、提高能力、保证播出。近年来纪录频道拍摄的《南海一号》《故宫》《舌尖上的中国》《超级工程》等10余部纪录片，已经在超过60个国家和地区实现销售，并不断刷新发行成绩，这也是央视纪录片第一次以集群的方式发展。这些作品或多或少展示出的从容大气的文化风度和兼容并包的国际视野，值得后续作品借鉴。

当然，目前我国纪录片在国际传播方面还存在不少问题。一是市场主流品牌产

---

① 苗棣，刘文，胡智锋，等．道与法：中国传媒国际传播力提升的理念与路径——2013《现代传播》年度对话［J］．现代传播，2013，35（1）：2.

品尚未成型，品牌类型与层次不够丰富[①]；二是市场动力微弱，资本运作不畅，产业链不够完整；三是纪录片行业标准混乱，低端制作与无效传播恶性循环。解决好这些问题，是提高纪录片国际传播力的重要保障。

2. 解决好中国电视剧的价值观吸引力问题

中国是世界电视剧生产数量最多的国家，但数量的极致并不完全带来传播效果的广博，中国电视剧难以涉足世界2/3的电视剧市场。中国电视剧目前似乎只适合在东亚、东南亚等相邻的国家和地区播出，虽然不少电视剧能够在这些国家和地区热播，却无法打开西方国家的市场，甚至也不容易开启非洲等第三世界国家的市场。因此，中国电视剧的国际传播在取得一定成效的同时，也受到较大的限制。

造成上述现象的原因是多方面的，解决这一问题也需要多维度合力推进，如增强我国电视剧的专业化品质、注重制作与传播的针对性、提高作品的国际市场化水平等。但笔者认为，现阶段，在我国电视剧，甚至包括电影作品的国际传播中，更亟须解决价值观吸引力的问题。我们一方面要去除政治意识形态宣传至上的价值取向，另一方面也要迫切思考：应当将中华文化哪些符合人类共通的精神，又明显带有特殊性的价值观向世界传递？

在中国影视剧作的制作水准、传播效能、接受程度远不及西方影视剧作的现状面前，中国影视作品的国际传播应注意从满足西方受众对中国的想象为突破点。面对中国的日益强大并越来越多地占据西方传媒版面，面对一个褒贬不一又神秘陌生的国度，西方受众对观看中国真实影像、得到中国真实信息、认知中国真实生态的欲望也越发强烈。鉴于此，我们的作品应在正反两辩地反映中国现状的同时，传递一些对世界有所贡献的中华文化特殊价值观，如以“大同之道”为处世宏旨，以“君子之道”为处世秩序，以“中庸之道”为处世方法的价值取向。[②]

一则，“大同之道”是儒家理想社会的最高追求，千年来一直是中国人的处世宏旨。“大同之道”在于兼济天下，也在于和而不同。在“大同之道”的思维下，宁可舍弃自己的某些利益，也要胸怀更大的时空广博，维护和谐生存，这一形象有“自由”的张弛，有“平等”的宽仁，有“博爱”的情感，最终追求有序社会的大

① 如纪录片种类不平衡，历史人文类纪录片在国际传播中优势明显，多由纪实性栏目和独立制作人承担的社会类纪录片中也尚充实，但自然类纪录片从数量和质量上讲都最为羸弱。

② 刘俊．理念·人才·渠道——基于《东非野生动物大迁徙》的国际化报道策略分析［J］．电视研究，2012（9）：16.

热闹。二则，“君子之道”是儒家理想人格的最高追求，这种理想的人格标准存于每个中国人的心中，构成“礼”在调整人际关系上有无所不及的包容性，自身利益便被置于由内心反省所激发的有效控制下；“君子”还要求一种自始至终的保持状态，这又使这一秩序有了长存往复的可能。三则，“中庸之道”的处世方法在于不极端、不单向度、执两端而用之中。《中庸》有言：“喜怒哀乐之未发，谓之中；发而皆中节，谓之和。中也者，天下之大本也；和也者，天下之达道也；致中和，天地位焉，万物育焉。”这是意在提高人的基本道德、精神修养以达到天人合一、太平融合、神圣境界的一套方法，是对西方凌厉突进式思维方式与处世原则的有效平衡。

在中国当下价值观迷乱的同时，西方同样陷入价值观层面的精神危机，这与西方后现代转向、科学精神对宗教的证伪、消费主义践行的愈演愈烈都有关系。此时，正是中华文化进行国际传播的机遇，中国影视作品的国际传播应当深刻理解和把握这一时机。当然，若想实现中国影视作品的价值观吸引力，必然需要“本土化”的特色与“国际化”的普遍相结合，不能偏废，一味堆砌中国元素或一味迎合西方口味都是糟糕的，这考验着中国政府和中国影视文化工作者的智慧。

2013年，中国国家主席习近平上任后的首次出访，在坦桑尼亚演讲时，特别提及中国电视剧《媳妇的美好时代》在坦桑尼亚热播，让该国百姓了解到了中国百姓的喜怒哀乐。可以预见，电视剧传播必将是未来中国国际传播中极具磅礴潜质的领域。

3. 打造新闻国际传播的“中国好视角”

由于中国传媒的官方背景与传媒管制等原因，西方媒体和受众对中国的新闻“发声”在很大程度上并不信任，并形成一套预警机制。在我国传媒体制无法在短时间内改变的情况下，提升中国新闻的国际传播力又有何技法?

新闻总是有视角的，这是被不断实践了的新闻学规律。在国际传播中，带有中国视角的新闻并非洪水猛兽；中国视角的新闻若想取得良好的传播效果，关键在于用何种方式表达“中国好视角”。

这种“好”一则需要加强内容建设，特别是提高新闻报道原创率、首发率和落地率，对信息进行整合和深度加工。在世界范围内，更多地在第一时间进行客观、真实的原创性“发声”，方能提高媒体在传播时效性和公信力方面的吸引力，从而提高媒体的地位和气质。这种“重大新闻第一时间客观首发”的做法，常常是传媒格局中弱势媒体机构异军突起的机会与捷径。“我们要么是直接从国外媒体那里获取，要么就是对海外媒体资源进行‘来料加工’……之前，中国媒体甚至文化传播习惯性喊出的口号是‘走向世界’……这一回，已经跨越到‘我在这里’的层次，以自己的方式、自己的角度向所有人提供视听素材，而且是‘主动出击’，留给世界一个‘主动在场’的姿态。”①我们要从日常性的信息发布的内容、形式、时机、数量等精心策划做起，在国际传播中“主动设置议程”，积极地、不断地使国际受众获得正向的“晕轮效应”。对于西方对中国的负面报道与言论指责，如果我们总是处于辩解、辟谣的被动地位，久而久之，我们就会给世界一个“被告”的刻板印象。

二则需要加强人才建设，人才建设是上述内容建设的保障。任何深刻的理念、宏大的目标，都需要人的因素去践行和实现。在媒体的国际化建设中，更需要优秀、适宜的人才沟通各个环节、各方利益。要达成一流的传播效果，需要一流的人才作为支撑；这类人才需要具有国际化视野和国际意识、跨文化交流和国际合作能力、创新意识和创新能力、高信息敏感度、人际关系和团队协调组织等素质，以及新闻理论学习和应用能力、新闻传播实践能力、外语和人文社会科学基础能力、多媒体和网络技术能力等国际化新闻人才能力。②好视角的新闻，需要优秀的国际传播人才，在对中西新闻操作思维与接受模式的深刻感知基础上，通过体现现场感、立体感、多维感、专业感的新闻呈现来实现。声音越真实、越具体、越是正反客观就越有利于传播，让国际受众听得到、听得懂、愿意听中国的“好声音”。当然，人才能力的发挥，还需体制与机制的保障；用以进行国际传播的新闻，需要给采制人才以选题、措辞、编辑等方面的自由度。此外，政策、资金、技术、设备的保障，都是提高中国新闻国际“发声”水准的必备基础。

结语：建设国际一流媒体

在本章的最后，我们需要指出，“建设国际一流媒体”是我国传媒提高国际传播力的重要目标。除了上述四个维度外，我们在发展的过程中还需要重视规划布局

① 王国平．世界奇观，中国讲述［N］．光明日报，2012-08-01（013）．

② 参见姜智彬，盛颖妍，房叶臣．国际化新闻传播人才培养模式的开发、实施与绩效分析教学成果总结报告［EB/OL］．（2009-12-15）．http://info.shisu.edu.cn/s/1/t/14/01/da/info474.htm.

与评价体系的重要地位。世界知名的麦肯锡咨询公司认为国际一流媒体有三个标准：①能很好地履行引导社会舆论、提供教育服务等公益责任，并在这方面具有较高的观众满意度；②具有较高的知名度和世界品牌；③有很好的经济效益。[1]我国学者也有相应研究："国际媒体……主要有三个标准：①信息传播活动具有跨国性；②信息传播的经营活动具有跨国性；③影响力具有国际性。"[2]"国际一流媒体大体上具有以下三个标准：第一，是强大国际影响力，包括品牌影响力、话语权、舆论引导力等要素。第二，是强大的运营能力，指国际媒体的经济收入水平、创收能力以及产出效益等经济财务指标，反映媒体的经营发展与运营管理水平。第三，是基础规模，指国际传媒机构作为一个信息制播平台存在的基础性指标，包括媒体的整体规模水平、国际覆盖能力、制作播出能力等，这是其他两类指标的基础，同时又深受其他两类指标的作用与影响。这三类指标互为条件、相互支撑、相互作用，构成了国际一流媒体的评价体系。"[3]本文结合国内部分学者的研究，将"传媒国际传播力评价框架"示意见图8–1[4]，以供政府、学界、业界在设计与评判时参照。

传媒国际传播力评价框架

- 1. 传播能力
  - 海外影响力
  - 国内基础影响力
  - 国际品牌形象（媒体知名度、媒体认可度）
  - 内容影响力（被转载总量、被转载内容比例）
- 2. 经营能力
  - 经营总量（资产总量、收入总量、主营收入、投资总量）
  - 经营结构（收入结构、支出结构）
  - 经营绩效（收入增长率、资产回报率、负债率）
- 3. 制播能力
  - 内容制作（内容产品构成、节目投入）
  - 采编力量（人员规模、采编队伍）
  - 海外采编能力（驻外机构、驻外记者数量、驻外记者管理）
  - 播出能力（国际频道、播出语种）
- 4. 新媒体发展能力（e.g.网站：网站综合排名、日均IP访问量、日均PV流量、海外访问量、内容吸引力和品牌潜力、收入情况）

图8–1　传媒国际传播力评价框架

半岛电视台的成功表明，在当今的全球传播格局中，一个国家的媒体或一个媒体机构在全球影响力的大小，并不一定完全受到国家大小、国力强弱或媒体资历长

① 徐琴媛，等. 世界一流媒体研究［M］. 北京：中国广播电视出版社，2011：8.
② 郭可. 国际传播学导论［M］. 上海：复旦大学出版社，2004：95-96.
③ 刘笑盈. 打造国际一流媒体［J］. 对外传播，2009（2）：20.
④ 参见王庚年. 国际传播发展战略［M］. 北京：中国传媒大学出版社，2011：171-187.

短的制约，相反，往往主要取决于是否善于发现自身优势、是否善于充分发挥自身优势、是否善于运用符合国际新闻报道规律的理念和手法进行独树一帜的媒体运作。①

本章开始于问题与困境的存在，终结于一系列的对策与期待，我们深知当下我国传媒在国际传播方面存在的问题是多方面的，而对策是否能达成有效的传播效果，需要长期磨砺和考察。传媒的国际传播力的提升是一个系统工程，但正因为现状窘迫、过程艰难、未来不期，不懈而耐心、坚定而温润地完成这一长期而系统的工程才更加彰显中国前行的深刻价值、坚实步伐。

① 明安香.传媒全球化与中国崛起［M］.北京：社会科学文献出版社，2008：87.

第九章　模式：中国电视节目模式发展的思辨与进程

第一节　电视春节联欢晚会模式之思

关于春节联欢晚会的讨论，此起彼伏，众说纷纭。多年来，人们在赞扬它、企盼它的同时，也在不断地议论它的某些缺憾。在若干议论中，最引人注目的，也最近乎异口同声的，莫过于对它的“模式”抑或“模式化”问题的评论。

对春节联欢晚会“模式化”的批评，可以分为两个层面：理念层面的“模式化”和语态层面的“模式化”。所谓理念层面的“模式化”，指的是宏观的、整体的、理念上的“模式化”；所谓语态层面的“模式化”，指的是微观的、具体的、操作上的“模式化”。理念的“模式化”导致了语态的“模式化”，反过来，语态的“模式化”则更强化了理念的“模式化”。

一、解读“模式”

什么是“模式”？我们认为，“模式”在本义上，是一种成熟的、经过考验和验证的，有稳定的内在规定性与外在指向性的标准样板，是由特定的规则和套路组成的有机系统。“模式”的内在规定性由一系列的理念、程序、结构、规则等构成，是“模式”生发审美空间和艺术创造的内在张力。而其外在指向性则由时代精神、价值取向、生活变迁等构成，它们是“模式”与时代同行、与社会同步的外在动力。“模式”的内在规定性和外在指向性共同规约着“模式”的生命动力。

按照原型心理学的研究，集体无意识的“模式”源于一个民族、一个国家、一个群体等在长期历史中积淀形成的价值观念、思维方式、文化心理结构、习惯、习俗。具体到电视艺术中，体现在两个方面：一是电视艺术本体自身创作形成的集体无意识的“模式”；二是社会文化传统中历史积淀形成的集体无意识的“模式”。而且，集体无意识的“模式”的形成、存在与发展乃至繁荣，绝不是偶然的，一定是有其存在的社会依据。电视艺术创作中出现的各类、各种“模式”是其本体成熟的一种标志，能够成为“模式”而被广泛仿效并推广，证明它是有生命力的。有时一种“模式”也在曲折和变化中拓展、丰富，并不断获得新生命力。如果某种“模式”被证明已经没有必要存在的话，它也会自然而然地被淘汰。

近年来，电视业界、电视学界出现了这样一种倾向：“模式”称谓的泛滥化。如何理解？在实践中，为实现自己与众不同的形象，就将一点点小的探索，举凡某种手法、技巧、措施、内容、形式、办法等，笼而统之为“模式”。这种动辄即冠名为“模式”的做法，不仅消解和失却了“模式”本来的含义，也在泛滥化的使用中降低了“模式”的层次与水准。这种泛滥化的“模式”在内在规定性上，根本没有形成系统的规则与套路，缺乏应有的内在张力；在外在指向性上，浅显地展示出一些社会生活表象，而没有实现与社会脉搏的深层互动，缺乏有机的外在动力。这种做法是对“模式”本义的误读。

除了对“模式”的误读，还存在着将“模式”与“模式化”混为一谈的问题，有必要做一厘清。一种有机且成熟的“模式”，必然有其社会、历史、文化、传统及现实需求的种种依据与合理性。轻言“模式”，或简单地否定“模式”，或将所有延续某种“模式”的说法都冠之以“模式化”，从而加以批判，都是不正确的。正如前面所言，“模式”本身是一个中性词，无可厚非，而一种成熟的“模式”具有一定的生命力，适应时代发展和社会进步的需要。“模式化”是将“模式”中一些规则与套路进行固化、僵化、放大到极致的实施与处理，使“模式”丧失创造性和适应性，缺乏弹性和张力。一般而言，电视生产与创作既需要“模式”，也要避免“模式化”。“模式”与“模式化”二者存在着前因后果的关系，但也存在着明显的内涵意义的区别与差异。“模式”的形成、发展、成熟是电视生产与传播的推动力；“模式化”的出现与泛滥，则是电视生产与传播的巨大障碍。如果将二者混为一谈，显然也是错误的。

对于春节联欢晚会而言，我们的立场是张扬“模式”，反对“模式化”。之所以要张扬“模式”，在于当前春节联欢晚会实践中存在着一些令人担忧的现象：其一，一些编导在“创新”的旗号下，将一些应该坚守的“模式”精髓要素，像“泼洗澡水时将孩子一起泼掉”一样丢弃，忽视春节联欢晚会“模式”特定的内涵与意义。其二，一些编导忌言“模式”，好像一提“模式”，就要走向“模式化”，就认为是陈旧过时的老套路，不堪一用。这两种现象不是对“模式”的误读，就是将“模式”与“模式化”简单地画等号，都严重影响了春节联欢晚会成熟“模式”的形成。之所以反对“模式化”，在于防止春节联欢晚会生产与创作的惰性与可能的“克隆”，激发创作主体的想象力与创造力，以保持“模式”的弹性和张力，保持春节联欢晚会可持续发展的活力。

张扬“模式”和反对“模式化”的目的和意义，都在于使春节联欢晚会能够在稳定的“模式”中得到发展所需要的内外动力，从而实现春节联欢晚会的良性发展。

固然，春节联欢晚会的确拥有了一定的“模式”意义。30多年来尤其是前10年的探索，已经成功积累了一些较为成形的规则与套路。如在时机上以“春节”为切入点，在内容上以“小品+歌舞+相声+戏曲”为主体，在形态上以综艺晚会为表现形式，在基调氛围上以“喜庆”为整体追求，在传播方式上则以“电视直播”为基本手段，在具体操作上，如动情点营造、明星+新人的表演阵容、海外华人和驻外机构的恭贺新春、新年敲钟读秒倒计时及结束曲——《难忘今宵》等。这些规则与套路符合“春节”、“联欢”、“晚会”和“电视”的内在要求，同时加入了“模式”外在指向性所必需的时代内容。

然而，就此断定春节联欢晚会形成了成熟的“模式”，还为时尚早。实际上，春节联欢晚会仍处于“模式”的探索阶段，远没有形成一套既有充足的内在张力，又有充足的外在动力，并且二者形成良性互动的成熟“模式”。而这种“模式”正是春节联欢晚会未来发展的方向。

二、打造“模式”：坚守·改造·吸纳

对于春节联欢晚会而言，打造“模式”不在于打碎其“模式”或者另起炉灶重建“模式”，关键在于深入地辨析这一“模式”中最基本、最内在、最不可动摇、最具生命力和适应性的内在因素，并结合不断变动、变化的时代性因素，真正地激活这一“模式”的内外动力。打造春节联欢晚会“模式”，既要保持、坚守这一“模式”

的内在精髓，又要改造这一“模式”中不再适应当下观众需求的陈旧、过时、缺乏生命力的因素与元素，并且还要与时俱进地合理吸纳其他“模式”的营养和元素。

（一）坚守

坚守现有“模式”的内在精髓，是春节联欢晚会作为春节“新民俗”，其独具的庆典性、仪式性及其内在的文化意蕴所决定的。否则，春节联欢晚会将失去其存在的意义与基础。春节联欢晚会现有“模式”的内在精髓是什么？我们认为，至少有以下三点。

其一，“新民俗”。除夕时刻，举国欢腾，家人团圆，亲情流溢，共祝新春。“民俗”是一个民族约定俗成的某种传统习惯。之所以称春节联欢晚会为“新民俗”，因为它是由当代电视人创造的一种新型的民俗活动。“新民俗”的内涵与春节联欢晚会的特定时间、特定对象、特定载体有着密切关系。在时间上，“新民俗”是在“春节”的“除夕夜”这一特定时间，陪伴“生活流”中团圆的人们一起度过，离开这一特定时间，将失去“新民俗”的本义；在对象上，晚会将全球华人和全国各族人民连为一体，普天同庆，共享狂欢，体现出最具包容性的、最广泛的“联欢”；在载体上，以综合性、兼容性为特征的综艺晚会是最佳的选择，丰富的内容、多元的功能、多样的风格、综合的手段，可以尽可能多地承载“新民俗”的意义，可以传达和表现四海一家、普天同庆的节日气氛。所以，归纳“新民俗”的内涵就是“春节”、“联欢”和“晚会”，必须坚守这一点，不可改变，也正是基于这一点，春节联欢晚会即使“难办”，也要“年年办”。

其二，喜庆与祈福。喜庆与祈福是春节联欢晚会的主题性情感诉求。“喜庆”是正面表达人们对过去一年中取得的收获和进步的喜悦心情；“祈福”则在另一个侧面上表达人们对来年的真诚祈祷与祝福。对风调雨顺、五谷丰登，对国泰民安、政通人和，对健康平安、生活富足，对爱情甜蜜、家庭和美等的各种情感诉求，都要通过春节联欢晚会表现出来。归纳起来，“喜庆”和“祈福”是最集中的体现。因此，春节联欢晚会要全力营造喜庆和祈福的氛围和情调，将演播现场变成一个情感“场”，宏大的民族情感和细腻的个人情感都能在这一共通的“场”中得以表现。从文化渊源上考察，晚会作为古代人欢庆节日和丰收的重要形式，其中喜庆和祈福的情感诉求占据着非常重要的位置。延续到今天的电视上，晚会的这种功能仍是其主要特征，也是晚会“模式”中必须坚守的内在精髓之一。

其三，仪式性。春节联欢晚会的文化意义就在于将中华民族深层、普遍的节日心态同这一特定时刻结合起来，高度凝聚和无限放大悠久的历史文化传统赋予这一时刻的内涵与真谛，使千万个家庭、每一个电视观众都能在春节联欢晚会这个“节日仪式”中成为积极的参与者，都能尽情分享全球华人和全国各族人民共有的喜庆和狂欢。春节联欢晚会“仪式性”的内涵包括：一是民族的“庆典”。在中华民族的最重要的传统节日里，春节联欢晚会就是整个中华民族的“庆典仪式”：不论何地何处，全民族都要共同分享这一刻，每到零点，任何节目都要停顿下来，静候新年的钟声。二是集体的“狂欢”。春节是全体中华民族的“团圆节”，在春节联欢晚会上，各个阶层、各个领域、各种行业、各种职业、不同身份的人都会打破界限，驰骋胸怀，纵情“狂欢”。三是家庭的“交流场”。鉴于春节联欢晚会是以“家庭”为单元的集体观赏，晚会应以“团圆”为主体内容，因此在观赏过程中，家庭的每一位成员都能分享话题、平等交流，在“交流”中得到彼此认同，情感得到升华。强化春节联欢晚会“模式”中的“仪式性”元素，是春节联欢晚会成为每一个社会成员的“集体无意识”的前提，也是提高媒介影响力、增强必视性的基础。

（二）改造

打造春节联欢晚会“模式”，必须对现有“模式”中不适应当下观众需求的过时的、陈旧的、缺乏生命力的因素与元素加以改造，甚至剔除。

春节联欢晚会作为一种共时性的大众文化载体，承载了诸多历时性的矛盾和因素。如何适应时代发展的要求？唯有不断“图变求新”。因此，只有改造和剔除陈旧的、过时的元素，增添富于时代性的新营养，才能保持“模式”持久的生命力。这些需要改造的元素不仅存在于语态层面，更主要存在于理念层面。语态层面的陈旧元素在操作过程中就可以进行改造，而深潜于创作者创作习惯和思维深处的理念元素则比较根深蒂固，需要很长的时间才能改变，或者难以改造。如创办初期，晚会具有“文艺会演”的功能，在今天早已不合时宜，然而我们依稀还能看到晚会的这种追求，这都是要在晚会实践中注意并加以改造的对象。“破旧”才能“立新”，对于打造春节联欢晚会的“模式”而言，改造的力量依然重要。

（三）吸纳

打造春节联欢晚会“模式”，要从电视栏目、节目中吸纳宝贵经验，从世界范围内一些经典晚会中借鉴成功的元素，还要从其他艺术品种、其他社会领域中汲取对晚会实践有启发的营养。

电视小品作为春节联欢晚会独创的一种节目样式，就是融合了滑稽故事、民间戏曲、话剧与歌舞、音乐剧等多种艺术种类的有生命力的元素。小品《昨天·今天·明天》将家喻户晓的《实话实说》的栏目样式与喜剧性的情景相结合，创造了出乎意料的喜剧效果，成为很多人心目中的经典之作。新闻节目中的纪实性元素、娱乐节目中的时尚性元素、室外大型歌会的场面调度等，也是春节联欢晚会丰富“模式”内涵所吸纳的对象。在世界范围内，有许多已经形成成熟“模式”的经典晚会。如维也纳新年音乐会，其中有许多“仪式性”的设置，如舞曲设置的轻重缓急、《香槟波尔卡》后的举杯、《蓝色多瑙河》前的新年祝福、《拉德斯基进行曲》指挥与观众的互动等。这些“仪式性”内容都是春节联欢晚会所缺少的，值得借鉴。

与时代同进步，这是一种“模式”内外指向性的必然要求。出现“缺乏时代感、缺乏创新”的批评，只能说春节联欢晚会在吸纳其他艺术门类的营养上做得仍不够到位，或者在吸纳时代性内容的时候在技巧上还存在不足之处。

只有通过坚守、改造和吸纳，春节联欢晚会才能打造出有生命力的“模式”，三者相辅相成，缺一不可。不坚守，春节联欢晚会就会失去作为“新民俗”的本来意义，失去存在的价值；不改造和吸纳，将意味着春节联欢晚会必然走向“模式化”，失去生命活力，陷入死地。

成熟的春节联欢晚会“模式”，应该从理念层面到语态层面，既具有节目形态的内在张力，又具有时代精神的外在动力，是一种富于生命力的、有中国特色和民族风情的、符合电视生产与传播规律的经典“模式”。正如维也纳新年音乐会有着上百年的历史一样，历时才30余年的春节联欢晚会要打造一种成熟“模式”，还需要更多的时间。到真正形成“模式”的那一天，也许就是春节联欢晚会走出所谓“模式化”困境、走向新的境界的时候。

第二节　中国电视节目模式的引进与困境

电视节目模式是世界电视前进的一种潮流与趋势。电视节目模式引进在中国历经了“积累时期”与“爆发时期”两大阶段，极大地推动了中国电视综艺的进步与成熟。不过，在海外模式引进大盛的时代，原创力不足与本土性旁落，成为中国电视领域乃至中国社会文化的巨大困境。在这一问题上，合理地从海外引进走向原创输出，应该成为中国电视可持续发展的关键性选择。

一、引言：内容生产与产业发展因模式而相互依赖

电视节目模式通常意义上指将成功的电视节目的叙事方式（如故事表达、人物设置、流程推进、后期效果）和运营运作等进行归纳总结，从而固定下来的一种可供推广的模板。模式具有内在规定性和外在指向性：模式的内在规定性由一系列的理念、程序、结构、规则等构成，是模式生发审美空间和艺术创造的内在张力；而其外在指向性由时代精神、价值取向、生活变迁等构成，是模式实现与时代同行、与社会同步的外在动力。[①]从引进与输出的角度看，节目模式是一种未完成的、没有边界的、世界性流动的景观。然而，一个模式在全球进行改编的过程中常常发现本地节目通常会模仿原版节目的人物性格设定、故事转折甚至产生相似的结果。[②]全球电视节目发展历程，经历了由“偶发的节目→归纳的模式→成型的工业→成熟的产业”的流变和沿革。本节所探讨的中国电视节目模式，主要指涉电视综艺节目模式。

关于电视节目模式产业的起源及发展，近年在欧美学界多有讨论，有论者提出作为英美发明物的模式交易是当前模式产业的源头。长期关注电视节目模式的美国学者莫兰（Albert Moran）将电视节目模式产业发展分为四个阶段，并认为从1935年至1955年，电视节目模式产业已经开始践行。[③]就中国而言，业界践行和学界思考关于电视节目模式和产业的问题，大致始于20世纪末21世纪初，广义上说，中国电视节目从彼时开始进入“模式时代”；而大规模践行和思考这一问题，并使得电视节目模式和产业问题成为一种普遍性景观，则大致始于21世纪的第二个10年，狭义上说，中国电视节目从2010年前后进入“模式时代”。但“节目模式”对中国

① 胡智锋．电视节目策划学［M］．上海：复旦大学出版社，2009：98-99.

② MORAN A, AVEYARD K.The Place of Television Programme Formats［J］. Continuum：Journal of Media and Cultural Studies，2014，28（1）：18-27.

③ CHALABY J K. At the Origin of a Global Industry: The TV Format Trade as an Anglo-American Invention［J］. Media, Culture & Society，2012，34（1）：36-52.

来说终究是一种“舶来品”，所以我们也可以把这个时代称为“模式引进时代”。

“内容生产”和“产业发展”是讨论电视节目话题的两大重要的核心框架，是电视节目的一维两面，二者因为“模式”问题而相互依赖：一方面，内容生产因模式而依赖产业发展。从世界范围来看，无论是英美还是日韩，电视节目内容生产能够迅速发展，很大程度上因为电视节目模式的存在，批量复制、优质附加、规模运作、高性价比的工业化生产的节目模式，使得电视节目内容生产获得了新的产业化的“起跳点”，构成内容生产繁荣的表现形式和来源保障。另一方面，产业发展因模式而依赖内容生产。在电视产业发展进程中有两个里程碑式的阶段：第一个是广告模式阶段。通过广告时段的电视化潜入，电视媒体售卖广告时段获得经费来源，实现市场价值和诉求。第二个是节目模式阶段。基于电视节目模式的研发和推出，直接进行版权交流与交易，并在节目模式销售的同时形成上下产业链，这是世界范围内电视产业腾飞的成功商业模式。从这一点上讲，融入了节目模式的内容生产，对电视产业发展的推动具有重要价值。

总之，正是由于电视节目模式对于电视内容生产、产业发展乃至整个电视产业的重要发酵作用；也因自21世纪第二个10年以来，模式问题成为中国电视综艺耀眼的景观，引领中国电视综艺步入了一个新的阶段（以节目类型的爆发为标识）①；同时因为在当下的这个时代，特别是从2013年至今的数年间，在传媒艺术所有代表形态中②，电影与电视综艺成为中国传媒艺术景观中具有支撑作用的两大样态，所以站在当下这个10年中承前启后的节点，我们有必要对模式引进时代中国电视内容生产与产业发展进行一些回望和思考。

二、进程：模式引进时代拉动中国电视发展

从全球范围内来看，21世纪前后电视节目模式产业成为一种成型而重要的产业样态，进入成熟且稳定发展的阶段。1999年，蒙特卡洛电视节上设立了第一个电视节目模式市场。有学者对世界电视模式产业的发展流变进行了研究③，在

① 刘俊，胡智锋．多元类型的“井喷”：中国电视综艺节目内容生产的新景观［J］．中国电视，2015（2）：22-25.

② 胡智锋，刘俊．何谓传媒艺术［J］．现代传播，2014（1）：73.

③ 殷乐．电视模式产业发展的全球态势及中国对策［J］．现代传播，2014（7）：106-111.

2000年之后，世界电视模式产业经历了三个阶段：一是模式交易的全球酝酿期（2000—2005年）。电视模式逐渐成为全球电视制作、流通的重要部分。从产品价值来看，美国是最重要的单一模式市场；但从模式出口总量来看，欧洲媒体公司占据了较大比例。二是模式交易的蓬勃期（2005—2010年）。在该时期，非正规的模仿朝着正规的模式交易方向转变。模式输出主体亦有扩展，欧美保持引领地位的同时，模式开发和引进在亚洲也有渐发之势，尤其是日本开始崭露头角。在国际电视节目模式认证和保护协会（FRAPA）2009年发布的名为《电视节目模式走向世界》的报告中，研究者发现从2006年到2008年的3年时间里，世界上就有445个原版电视节目模式得以在海外销售播出，电视节目模式交易产生的交易额达到了93亿欧元。①三是模式产业的多元竞争期（2010年至今）。2010年以来，电视节目模式产业化发展特征更加鲜明，专业模式公司运作的商业化程度更高，市场进一步细分。一方面，越来越多的国家重视电视节目模式的出口，全球模式节目播出时间逐年增长，模式创造的价值也在不断提升；另一方面，欧美模式输出一头独大的局面开始改观，亚洲模式产业开始发展，模式交易市场更加多元化。

由此观之，中国电视节目的模式时代也有类似的时期对应关系。根据中国电视实践的阶段化特征，本节将中国电视节目的模式时代分为两个时期，恰好以10年为一个节点，21世纪前10年是模式化的“积累阶段”，从第二个10年开始进入模式化的“爆发阶段”。

（一）中国电视节目模式引进的“积累阶段”（2000—2010年）

中国电视产业化探索始于新千年前后。20世纪90年代中后期以来，电视传媒市场化程度不断加深，电视的内容与市场、与观众的收视日益紧密地结合在一起。产业化、集团化、市场、效益、效率、收视率、受众需求以及成本核算、营销、广告等影响着电视实践。②中国电视全面进入了以“产品”为主导的阶段，节目创新也是围绕着“产品”进行的。而作为“产品”，其评价标准就转换成它的市场价值的实现，比如较高的收视率、较强的广告拉动能力或者市场的回收能

① 王琴.我国电视节目模式版权交易现状思考[J].长江大学学报(社会科学版)，2013(3)：189-190.

② 黄升民.“媒介产业化”十年考[J].现代传播，2007(1)：101-107.

力、开发能力，能否形成产业链、创造市场价值等。所以，具备可观市场价值的大型电视选秀活动、电视栏目品牌的创造以及电视产品的后期开发音像制品、系列图书等被高度重视，而这一时期，电视创新的主要任务也自然而然地成了吸引观众的眼球、赢得观众的认可，提高收视率、增加广告额，获取最大的市场回报。

也正是在这一产业初勃的大背景下，电视节目模式在世界范围内对电视内容生产和产业发展的正向推动作用，使得中国电视在开始进行产业探索的进程中，在没有现成的本国本领域经验情况下，自然而然地将视野盯向世界前沿，在认同模式对产业的深刻影响力基础上，开启了海外模式引进的进程。这也是前述中我们称这个时代为“模式引进时代”的缘由。除了上述产业发展的视角之外，从内容生产的视角看，开启模式引进的探索，同样基于自觉需求。从“宣传品”走来的中国电视，其电视内容生产长期在计划经济背景下和宣传教育思维中展开；尽管在20世纪80年代有以“作品”为中心的探索[①]，但一则这种探索有明显的个人性、偶发性、不可持续性特征，二则彼时中国电视节目的研发、制作、运营等内容生产都远远不能适应产业化庞大的需求。打开国门之后，世界电视内容生产无论是形式还是内容，都令人眼花缭乱；而本国在产业化之初，内容生产的能力不足，缺乏标准化、市场化、产业化的储备，如果要使得我们的内容生产契合产业发展的需求，那么包括模式在内的“引进”就不可避免。因此，彼时开启模式引进时代是一种内在需求，也是契合全球电视内容生产潮流的必然选择。

在模式引进的起步阶段，中国电视荧屏引进的模式主要集中在游戏类、综艺类真人秀等少数样态，引进的数量也并不多。如果说引进，早在1998年，中央电视台就引进了法国电视台大型体育娱乐节目《城市之间》，这是中国首次正式从国外引进电视节目模式。中央电视台在同年购买了英国的博彩节目*GOBINGO*，这个节目在英国已有30多年历史，中央电视台引进版权一年后，剥离其博彩形式改编成《幸运52》，是国家级频道中娱乐节目本土化改造较为成功的案例。[②]此外还有一种更直接的泛模式引进，2000年8月，央视二套以译制片的成品形式播出了当时在美国引

① 参见胡智锋，周建新. 从“宣传品”、“作品”到“产品”——中国电视50年节目创新的三个发展阶段［J］. 现代传播，2008（4）：1-6.

② 周欣欣. 本土化与时代性：模式类节目的发展趋势［J］. 视听界，2012（2）：24.

起轰动的真人秀《幸存者》。[①]

虽然这一时期真正购买引进的海外节目模式数量并不多，不过出现了不少带有鲜明模仿痕迹的综艺娱乐节目，普遍处于一个“日韩模仿欧美，港台模仿日韩，内地模仿港台”的状态中。当然，之所以这一时期是以“模仿”为主，也部分因为购买模式的花费与电视机构的经济效益回收不相称，完整全套的模式尚不具备引进价值。不过，无论是模仿还是被模仿的内容，其根本来源终究是“节目模式”，大量的模仿也助推了节目模式魅力的展现；即便不是版本购买，而只是悄声模仿，中国电视人心中也终究是大致觉察到电视节目模式所具有的向心力。于是，下一个“模式引进爆发阶段”的到来，也便有了根基。

值得一提的是，虽然这一时期中国电视节目模式研发远远落后于世界同领域，海外电视节目模式引进也比较青涩，但同时期海外的四大典型模式类型——益智型的《谁想成为百万富翁》（*Who Wants to be a Millionaire?*）、生存型的《幸存者》（*Survivor*）、真人型的《老大哥》（*Big Brother*）和选秀型的《流行偶像》（*Idols*），在中国的电视荧屏上都有直接或被改造了的呈现。从与全球电视节目模式同步对话的角度说，这一时期的索求姿态也为下一时期奠定了基础。

（二）中国电视节目模式引进的“爆发阶段”（2010 年至今）

据不完全统计，中国在2002年到2005年间引进了4个模式，2006年到2009年间增长为10个模式，2010年以来则引进了近40个模式，其中还不包括非正式版权购买的“借鉴”类模式节目。2013年上半年排名靠前的卫视热播娱乐节目基本都是引进海外版权的模式节目；网媒关注前10名的卫视综艺节目中有8个是引进模式节目。[②]截至2013年上半年，国内主要上星频道播出的版权引进电视综艺节目已近30档。[③]

① 如果再往前追溯，1990 年开播的《正大综艺》也是特殊的引进个例，节目是由泰国正大集团旗下传媒公司制作，中方主持人只是在节目中进行串联，节目内容也只是经过中方的配音和编剪；类似情况还有《动物世界》等。自然，这种购买仅仅是一种“节目的引进”，而不是“模式的引进”。

② 殷乐．电视模式产业发展的全球态势及中国对策［J］．现代传播，2014（7）：109-110.

③ 陈莹峰，丛芳君．借船出海：中国电视综艺节目发展的新思路［J］．现代传播，2013（10）：163-164.

据不完全统计，这一年共有49个引进模式节目登陆荧屏。①

上面的数字，呈现出这一时期的两个重要时间点。第一个重要的时间点是2010年。不少学者认为，2010年模式引进节目《中国达人秀》的“现象级”火爆与成功，第一次“响亮”地宣告了正版模式引进在电视呈现、商业收效上的双维成功，并以此引发了中国电视在海外节目模式引进方面的实践与思考，也使得2010年成为开启狭义的“模式引进时代”的标志。更重要的是，正是在2010年前后，“模式”的概念和理念被显要地放大起来，成为电视业界和学界的一种话语方式。其后的2011年，在中国电视综艺荧屏上，版本与模式引进的节目开始成气候，业界与学界也开始对其习以为常，一些我们至今耳熟能详的节目都是模式引进的范例，如东方卫视的《我心唱响》、浙江卫视的《中国梦想秀》、深圳卫视的《年代秀》、辽宁卫视的《激情唱响》、湖南卫视的《最高档》等。

第二个重要的时间点是2013年。“进入新世纪的前五年，湖南卫视《超级女声》的出现，让中国电视综艺节目的内容生产开始摆脱初级阶段而整体进入‘选秀时代’，同时，对综艺节目的类型化发展也有了一种新的认识……不过，随后的近十年里，中国电视综艺节目的类型并不丰富，一段时间内基本上是单一类型或少数类型节目的大热，像歌唱类（含歌词类）、婚恋类、达人类等，如2004—2006年的《超级女声》，2007—2009年的《星光大道》，2010—2012年的《非诚勿扰》《中国好声音》等，这些节目和它们所代表的类型曾在很多年份里‘独大’地占据着综艺节目的荧屏。而2013—2014这两年间，突然有约30种新出现的综艺节目类型，呈‘井喷式’地活跃在电视荧屏上，如果算上之前长期存在的经典类型，这两年活跃的综艺节目类型超过40种。不少新类型节目还成长为‘现象级’节目，实现了对综艺娱乐风潮和社会文化话题的双重引领。”②以中国电视史角度观之，2013年作为中国电视节目类型最重要的突破之年，标志着中国电视综艺节目进入一个新的阶段，必然也是中国电视节目模式发展的标识年。这一时期不仅引进的模式与类型数量“井喷”，原版节目模式与类型的来源国也十分多元，既包括美国、英国、荷兰、韩国等主要的模式引进来源国，也包括瑞典、以色列、德国、澳大利亚、爱尔兰、西班牙、比利时、日本等诸多国家。

① 马若晨．“走出去”与“请进来”：中国内地电视节目模式引进现象研究［D］．重庆：西南大学，2014：13-16.

② 刘俊，胡智锋．多元类型的“井喷”：中国电视综艺节目内容生产的新景观［J］．中国电视，2015（2）：23.

总之，无论是海外还是中国，电视节目模式的大盛背后体现的是电视内容生产走向工业化、电视产业发展走向规模化的表征和趋势。

三、困境：模式引进时代下中国电视内容生产与产业发展的待解问题

（一）从电视领域内部来看，“原创力不足”成为模式大热下的最大难题

置身于模式引进时代的热潮之中，在“中国电视综艺节目”与“海外节目模式引进”的蜜月期里，无论我们是否有义务警惕与反驳，都无法否认“高收益”几乎与“洋版本”对等。从一般意义上说，电视综艺是一个高资本投入的“烧钱”领域，在巨大的经济压力下，普遍性地“逐一时之利”也有其合理性。

“电视节目创新都需要付出相当大的资金与人力投入，并且可能会面临着失败的风险。模式困惑进而强化了选择性恐惧，对失败的恐惧进一步压制了自主创新的勇气和信心，助长了模式复制与克隆的行为，从而形成了一个‘焦虑—迷惑—恐惧—复制’的创新怪圈。”[①] 于是，模式引进大盛的背后，一则，留给中国电视“内容生产”的一个重大困境，就是一种原创力惰性和随之而来的忧虑；二则，留给中国电视“产业发展”的一个重大困境，就是因原创力不足而带来的产业可持续性发展力不强的问题。

原创力不足，就容易出现“成于模式，败于模式”的问题，这考验着中国电视人的应变水准。对电视节目制作来说，模式显著的好处是有据可循、有本可参，能更方便地进行内容生产；但也正是模式下“说明书”“手册”“样例”“模板”的相对封闭，如果缺乏随时而变、随机而变的原创和变通，应有的变化不能及时跟进节目发展，必然会导致受众倦怠、注意力分散和转移，带来致命打击。况且，过度“闪转腾挪”地“追”模式，永远对某种、某些模式“蜂拥而至”，成为模式引进时代的一种常态。究其根本，这是一种“竭泽而渔”的行为。虽然同质化模式竞争并非洪水猛兽，同质化竞争对于刺激质量提升、价格下降有一定意义，但是，按照市

① 杨乘虎．电视节目创新的路径与模式［J］．现代传播，2012（6）：59.

场营销规律，同质化和差异化竞争各有利弊，需要同时存在。[①]一维张扬，另一维凋敝，带来的结果必然是内容与产业发展的可持续性不足，更是中国电视人锻造自身水准这一传媒与艺术责任的旁落。

对此，我们的观点是，一方面应以开放的姿态融入世界，通过“洋版本”的引进与世界进行对话；另一方面坚持民族文化主体立场，引进与借鉴绝不等于全盘抄袭，否则将迷失自我的主体性，荒弛原创的活力度。电视节目引进与原创是辩证统一的关系。电视节目引进与原创不是一种非此即彼的绝对敌对关系。没有节目引进不意味着我们本土节目就一定会有原创出现且取得成功，有了引进节目也不代表着我们本土节目就一定会失去原创能力。[②]如果不正确的模式引进方式会对我们民族电视内容生产的自主创新力、对我们本国电视产业发展的可持续性产生显著的损伤，那么我们过多把期望笃定地寄托在模式引进上，则必然令中国内容生产和产业发展的未来堪忧。有学者提出提升原创力的两个标准：首创性（强调首发）和引领性（在一个大环境或某一特定领域内形成一种前赴后继的整体创新氛围）。同时认为电视综艺节目的原创力提升，需要从以下四个维度思考：重视“人”的力量，满足原创力的精神需求；依托“物”的力量，满足原创力的物质需求；发挥政府力量，实行有效的政策法律；借助市场力量，实现原创力的效益价值。[③]这些观点值得参鉴。

（二）从电视领域外部来看，“本土性旁落”成为模式大热下的最大问题

电视节目模式引进产生的负面效应，不仅在电视领域内部发酵，也在更广阔的社会、文化乃至意识形态层面令人警惕。个中最大的问题是引进过程中本土价值观的确立问题，这需要在价值观层面问寻本民族安身立命的精神家园。

关于由模式引进而引发的“媚洋”问题，我们发现：近十余年来中国电视创

① 胡智锋，刘俊．电视综艺节目，需在引进与原创之间寻求平衡［J］．传媒评论，2014（2）：63.

② 胡智锋，刘俊．电视综艺节目，需在引进与原创之间寻求平衡［J］．传媒评论，2014（2）：64.

③ 邓文卿，张莹．对中国电视综艺节目原创力问题的思考［J］．中国电视，2015（12）：79-80.

造收视佳绩的创新节目，大多是模仿、复制、引进国外电视节目版式的产物。毋庸讳言，中国电视现已成为全球电视节目版式销售的最大市场。我们不反对引进，但不尊重中国客观实际、不注重本土化特色，一味媚洋式的所谓节目“创新”是危险的。如果中国电视只满足于扮演全球电视创意中国销售的“商贩”角色，其结果将是不仅在经济领域失去原创力和竞争力，更会在文化领域丧失优秀民族文化的创造力、传播力和影响力。

节目背后是模式，模式背后是价值。就本土化问题而言，这种价值分为两个层面：第一个层面更多因“创作”而引发，也即一元的西方学徒身份，容易让我们丧失对本土价值的追寻。电视节目模式一味引进的现象，辅证了中国社会百年来在诸多领域的“媚洋”心态。纵然电视节目问题只是中国社会文化领域体量不大的一隅，但电视作为长期占据大众传媒影响力首位的媒体，我们不得不思考与之相关的问题。我们可以做西方的学徒，但如果学徒身份成为我们的唯一身份，我们倾尽全力去学习与模仿最终只是为了博得西方的一些笑容和肯定，因为获得西方的一些施舍而欢呼雀跃，那就是中国本土文化影响力与引领力的莫大悲凉。

第二个层面更多因“接受”而引发，也即一元的西方价值散播，容易让我们丧失对本土价值的追寻。“模式输出方以规则的制定掌控对话的主导权，并间接实现文化渗透和观念重塑。”[①]一味地引进洋版本，特别是不加批判、消化、改造地引进背后，是“洋价值观”的一元引进与呈现，是对电视艺术接受者一味导向西方价值的“鼓励”。类比中国台湾，台湾有线电视利润丰厚，但竞争激烈，台湾本土幅员过小，“开放天空”政策下雨后春笋般发展之后，台湾本土小型公司由于财力有限，无力制作大量节目，所以独立的小型公司必然走上被合并的道路，以致主要节目由非台湾本土的大财团把控。[②]“尤其节目来源，主要来自‘外商’公司，它们财力雄厚，技术优异，享有特权。而独立的小型公司，必然走上被合并的命运，最后只剩3—5家财团与‘外资’的大型公司，台湾的电视事业完全由这些公司所控制”，台湾学者担忧：这实为传媒、社会与文化的大危机。[③]对此，我们同样需要参鉴。

---

① 殷乐．电视模式的全球流通：麦当劳化的商业逻辑与文化策略［J］．现代传播，2005（4）：84-87.

② 刘俊．台湾电视民生消费新闻叙事分析［D］．济南：山东大学，2011：83-84.

③ 李瞻．台湾电视危机与电视制度［M］．台北：台湾渤海堂文化公司，2007：213.

结语：从引进到原创再到输出之途

近年来，在中国电视内容生产和产业发展中，具有较大市场覆盖和影响力的综艺娱乐节目大多来自海外，即所谓的引进海外产品和版权。这似乎带来如下“结论”：引进“洋版本”等于高收视率和高收益。但与此同时，反对上述现状的声浪也持续不断。引进“洋版本”成为业界、学界和社会的争议焦点。对于这一争议，有两种相反的观点和倾向：一种是“关门主义”，另一种是“西方至上主义”①。正确的态度，自然是引进与本土相结合，不可偏废。在引进中学习经验、培养水准，以反哺原创力的锻造；也即以培养可持续的独立创新能力为最终目标，以引进、吸纳、并包为实现这一目标的推动力。

不容否认的是，在当前中国电视节目模式引进铺天盖地席卷而来的同时，经本土化改造甚至本土化原创之后，反向输出的节目模式，数量还太少，质量也不容乐观。“引进”与“输出”的天平两端，依然深深地在“引进”一端重坠着。从几个中国电视节目反向输出的案例可以一观。如2009年世熙传媒协助湖南卫视完成《挑战麦克风》的模式改造，并得到了泰国正大集团下属电视机构True Visions购买，被称为中国首例销往海外的节目模式。2012年，经本土化改造的《中国梦想秀》受到该模式输出一方BBCW的关注，并表示考虑回购该模式，但后无下文。一年之后，以色列模式公司Armoza与江苏卫视《全能星战》签约负责该模式的海外发行，但未有国家确认引进该模式。此后，自2013年开始由模式引进等因素引发的中国电视综艺类型“大时代”中，我们的原创输出情况更是与海外引进的热浪远不相称，中国电视节目模式的原创成绩并未随着海外模式的引进而有同步进展，或许我们正处于原创成绩转化的发酵期。

当然，近年来一些中国电视节目模式输出或泛输出的案例，还是让我们抱有希望，有所期许。这至少提示着我们在引进“洋模式”中，也有自觉的意识进行自主研发，并注重研发后的逐渐外销。尽管这种输出规模不大，也是倒逼欧美的一种尝试与可能。

概括起来，我们既要看到世界的模式发展潮流，这是一股不可避免、不可回避

① 胡智锋．警惕节目模式引进中的关门主义和西方至上主义［J］．中国广播电视学刊，2013（11）：7.

的潮流，也要看到本土自主创新的迫切性。从全球角度看，中国电视尽管在产业运行和内容生产上和欧美发达国家的同领域相比依然落后，但从应然角度，无论从本土文化的资源体量上看，还是从一个大国的文化责任、政治责任上看，抑或是从庞大的十几亿人的生活需求和创造潜力上看，我们应该有雄心后来居上。我们应该有志向沿着本土化路线，在全球化语境中，成功实现中国电视自主模式的研发、生产与运营，成功摸索中国特色的节目模式理念和路径。中国对电视节目模式的需求与引进，对世界电视内容生产与产业发展无疑已经具有拉动作用，而要想实现对世界同领域的深度拉动、可持续拉动，原创力与本土化之路无疑是不二之选。

第十章　类型：中国电视节目类型生产的观察与思考

第一节　电视节目应对传统文化的理念

2017年初，观众就被中央电视台陆续开播的两档传统文化类电视节目《中国诗词大会》(第二季)、《朗读者》强力“圈粉”。从微博上的持续热搜、热议到微信朋友圈里的大量转发、推荐和点赞，都让我们清晰看到：新一波电视文化节目的异军突起，造就了整个春节档亮丽而独特的荧屏文化景观。在这两档被持续热捧的节目中，无论是身兼栏目制片人、主持人的董卿从容展现的知性与优雅，还是选手、嘉宾们真情表达的睿智与感怀，都让2017年的春天温暖升级。诚然，一首首诗词、一封封书信足以给予身处现代快节奏生活中的我们一种诗意的情怀和一份温暖的感动。

电视节目与传统文化二者在过去很长一段时间里被人们认为是不容易产生交集的，甚至是对立、对峙、不可融合的。因为自电视节目产生以来，无论是在理论上还是在实践上，人们对它的印象都是大众的、流行的、时尚的；而对传统文化的印象则是小众的、冷僻的、艰涩的、书斋气的，甚至是过时的。这些刻板印象的导引，使得以往的电视节目中鲜有传统文化的呈现。近年来，随着中国电视内外环境的深刻变化，走本土化之路的道路自觉、文化自信的意识日渐增强，人们开始打破这种将电视节目和传统文化二元对立的刻板印象，以传统文化为资源的电视文化节目，以超乎寻常的速度、广度和热度快速崛起，引发了全社会的广泛关注，掀起了电视文化节目的收视狂潮（见表10–1）。

表 10–1 2013—2017 年传统文化题材电视节目播出情况不完全汇总

首季首播时间	节目名称	节目类型	播出频道
2013.7	《汉字英雄》	汉字拼写竞赛	河南卫视
2013.8	《中国汉字听写大会》	汉字拼写竞赛	中央电视台
2013.10	《中华好诗词》	诗词知识竞赛	河北卫视
2013.11	《成语英雄》	成语趣味竞猜	河南卫视
2014.2	《中国谜语大会》	谜语知识竞赛	中央电视台
2014.4	《中国成语大会》	成语知识竞赛	中央电视台
2014.4	《最爱是中华》	文化益智竞技	贵州卫视
2014.4	《中华好民歌》	民族音乐演唱	河北卫视
2014.7	《挑战文化名人》	文化竞智答题	江西卫视
2014.8	《中华好故事》	经典故事益智	浙江卫视
2015.1	《茶道真兄弟》	人文旅行真人秀	东南卫视
2015.1	《中华好家风》	家族文化展示	河北卫视
2015.3	《叮咯咙咚呛》	曲艺文化演绎	中央电视台
2015.3	《唐诗风云会》	唐诗文化益智	陕西卫视
2015.5	《文学英雄》	文学户外真人秀	河南卫视
2015.6	《你贵姓》	姓氏解密脱口秀	山西卫视
2015.7	《我是先生》	师道宣导真人秀	山东卫视
2015.7	《咱们穿越吧》	历史体验真人秀	四川卫视
2015.10	《中华百家姓》	姓氏文化寻根	安徽卫视
2015.11	《传承者》	传统文化竞演	北京卫视
2016.2	《中国诗词大会》	诗词知识竞赛	中央电视台
2016.10	《中国民歌大会》	民歌演唱竞技	中央电视台
2016.12	《见字如面》	历史书信阅读	黑龙江卫视
2017.1	《天籁之声》	民族音乐竞演	东南卫视
2017.2	《朗读者》	诗文书信阅读	中央电视台
2017.2	《耳畔中国》	中国风音乐竞唱	安徽卫视

仅从21世纪第二个10年以来电视荧屏上出现的那些传统文化题材的电视文化节目来看：2011年湖南卫视率先发力，打造了一档以解读姓氏文化为主题的电视文化节目《非常靠谱》，在趣味互动之中为观众解读姓名深意，追溯家谱文化。但当时的传统文化类电视节目并未形成可观的体量，也未能引发人们对传统文化更大范

围、更深层次的持续关注。以传承和弘扬中华优秀传统文化为定位的各类文化节目真正成规模地在电视荧屏上陆续出现的时间节点应该是从2013年开始的。首先是2013年7月，河南卫视推出了一档旨在“体现汉字之美”的电视文化节目《汉字英雄》，从此打开了电视文化节目创作的新思路与新局面；紧接着同年8月，中央电视台也制作播出了同类题材的文化节目《中国汉字听写大会》，同样取得了骄人的成绩。

这两档以“汉字”为题材的文化节目所引发的收视热潮以及激荡起的全民文化热议，使得之后一段时间里，中央电视台及全国各大卫视纷纷将目光投向了“传统文化”这块电视文化节目取材的富矿，并持续发力，掀起了一波又一波的电视文化节目热潮。这些文化节目在题材上广泛涉猎汉字、成语、谜语、诗词、姓氏、典故、书信、礼仪、习俗、戏曲、民歌、民乐以及特定的文化群落和文化系统等传统文化样本，可谓网罗广阔、定位精深。直到2017年开春之际，电视媒体凭借“诗词”和“书信”的文化魅力重新引燃了人们对优秀传统文化的关注与热情。

对此，一方面我们为电视文化类节目找到传统文化这一富矿感到欣喜，另一方面又对传统文化资源可能被过度开采感到担忧。电视文化节目应以怎样的姿态、方法与方式来挖掘、再现、表现传统文化？本节的核心命题就此提出：电视怎样应对传统文化？围绕这一命题，本节提出电视节目应对传统文化的三种理念：留存、体验、创造。

一、留存：电视节目对传统文化内容的探索与表达

所谓留存，即对传统文化的一种广普式的打捞寻迹、多层级的凝练提纯以及艺术化的精美再现。留存是为了更好地保护，这就警醒我们要以一种敬畏的态度去遴选传统文化当中的优秀样本，使其更加真实、自然、美好地呈现于电视荧屏之上。对传统文化的原生态与本真性的追求，实是要谨防我们在留存文化的实践过程中可能对传统文化进行的有意无意的内容歪曲、形象毁坏甚至是价值颠覆，使得传统文化丧失本真而变得面目全非。中华传统文化体量巨大、内涵丰厚，不仅包含了文学性的语言、文字及各种类型的文体创造，还有艺术性的书画、音乐、舞蹈、武术、曲艺等丰富内容，更有着人伦德行、世风规约、价值观念等源远深邃的思想性文本。如此庞大的传统文化体系历经千载仍得以传承留驻并不断扩容增义的一个充分必要条件就是：世人都会在历史与当下的对视中，持续地从历史中搜寻到能够对接

当下、启迪当下、激发当下的文化文本，并以此为基准创生新的文化样貌与机体，从而完善和焕新文化的图谱。因此，留存文化的实践路径中，我们要层层推进地对传统文化样本进行鉴别、甄选和诠释。

（一）精心发掘

对传统文化的精心发掘是十分需要洞察力的。然而面对如葳蕤大树般繁茂的文化文本时，我们往往困于从何处着眼入手。其实，我们可以明确三个传统文化发掘的基本定向：其一，从经典中采撷。经典之所以能被誉为经典，必定是在经历了岁月的淘洗后仍旧能够被人们接受、认可甚至是追捧。它体现的是“美”的穿透力，从文人诗词歌赋到名士琴棋书画，无不体现着“美”的通融与包孕。其二，在传统中探寻。传统并非意味着刻板与严肃，反而是一种灵动与亲善的存在。传统包含着经典的文化艺术品类，更重要的是它体现在对思想道德、风俗典范的规约上。它蕴含的是“善”的感染力，从美誉传说到佳节风气，皆传递着“善”的温暖与感念。其三，到生活中体察。“传统文化”之“传统”与现代生活并不是断然割裂的存在。在现代生活当中，我们既能观察到传统文化与当下潮流的融合，也会身临那些不断新生的文化样态之中。它显现的是“真”的生命力，这就需要我们从具体可感的社会生活中，以文化为主线去发现真切的情绪，探寻真诚的情感，见证真挚的情怀。以发掘民歌为例，这种凭借口口相传的方式延续至今的非物质文化遗产，既依靠从传统文化的富矿中去找寻成体量的民歌曲目，又依赖寻迹经典中的记载来填补对它的认知，还需要我们从生活中发现它与歌者的踪影来完善对它的感悟。

（二）精细过滤

对传统文化的精细过滤是非常考验判断力的。在对传统文化文本进行精心发掘的基础之上，需要我们进一步对其去粗取精、过滤提纯以及推陈出新。首先是去粗取精，传统文化源于历史也行于历史，而历史的局限性也必然会带来传统文化泥沙俱下的客观存在状态，这就要求我们要对传统文化样本有最基本的价值判断。而判断的标准即它是否与我们当下的行为规范相贴近，是否与我们当代的价值观念相符合。陈旧的、落后的、封建的、迷信的文化糟粕皆应排除在电视文化节目的选题之外，这不单单是为了净化电视生态，更是在守护我们的精神家园。其次是过滤提纯，这就要求我们对传统文化采取更加精细和精准的归纳总结、凝练提升。把相对松散和抽象的传统文化样本进行精练概括，留取其中最闪光、最动人、最出彩的部分。最后就是推陈出新，这其实是将传统文化进行精简之后的再次增容，意在结合当下现实而对传统文化精华进行大力发挥和完善。从简明化到“点”的传统文化内核出发，接着以“点”连“线”地关联到当下生活的相关议题中，终以“线”铺“面”地将传统文化进行系统化的再锻造，重新建构一套引领潮流、典范当下的文化体系和精神图谱，从而真正实现文化的激活与革新。

（三）精美呈现

对传统文化的精美呈现是极其需要调动想象力的，这也是电视应对传统文化的关键一环，它不仅需要电视人的智慧和才情，更需要其打开丰富的文化想象。类型和性质迥异的各种不同文化文本，如何在体量有限的电视节目中以最舒展的姿态进行表达和呈现，这是需要我们认真打磨和精准对位的。电视对“精美”的追求一方面体现在传统文化本身所呈现出来的美学气质，另一方面体现在其努力地对趣味性的精巧节目设置进行不断探索的各种尝试。如果过于偏重文化的知识性、艺术性传达，趣味性、娱乐性就会略显短缺，节目就会缺少更大范围调动全民关注和参与文化实践的能力。2013年至今的历次电视文化节目热潮中，最重要的一点就是实现了传统文化的轻娱乐化表达。从表10–1汇总的文化节目信息来看，这些富含娱乐性的电视文化节目大致可以分为三大类型：以《中国诗词大会》为代表的“求知”属性的知识竞赛类，以《叮咯咙咚呛》为代表的“求美”属性的演绎竞艺类，以《咱们穿越吧》为代表的“求真”属性的体验竞技类。一个“竞”字，其实包含了知识性、趣味性和戏剧性在内的诸多精彩的节目表现形式，实现了传统文化在电视节目中的精美呈现。

二、体验：电视节目对传统文化意涵的认知与感悟

所谓体验，即对传统文化的一种临场式的观摩体察、多元化的亲历体味以及友好性的分享传播。体验是为了更好地传承，肤浅的、表层的体验是远远不够的，我们只有带着情感和温度对传统文化进行切身感受和深入体会才能更有效地对传统文化进行传承。在体验的探寻中，实质上是人在文化面前的一种参与与回归。在对传统文化文本进行深度发掘的基础上，我们要进行一场与传统文化之间的精神之旅，

以此来逐步深入对传统文化意涵的体认、领悟与探索之中。与对文化的“发掘”相比，这里的“体验”更注重人与文化接触过程中感性经验的获得与积累。在电视文化节目的创作过程中，要谨防创作者对文化文本的二度文化阅读甚至多手文化寻览。电视人必须走出“闭门造车”的文化创作桎梏，这就需要创作者们走近文化的源头去获取第一手的感性认知，丰富第一手的文化经验。只有这样，我们才能够在体验到文化真正的魅力与意涵的同时，将电视文化节目的文化地基夯实打牢，由此做出来的文化节目才会更有底气、更具风度。

（一）亲临触摸

文化并不都是抽象的，它也可以是具体可感的存在。电视文化节目的创作之初，特别需要我们走近传统文化的源头和原本，去与文化进行直接的静观对望。无论是观摩一幅古朴的画卷，聆听一首明快的民谣，品味一盏清冽的茗茶，还是打探一段非凡的传奇等，这些与传统文化的零距离“接触”都可以引起我们对文化最直接的感性认识。同时，这种以手、眼、耳、鼻、口等感官对传统文化进行直接接触所获得的即时感性认知，也是激发电视文艺创作创新灵感的不竭源泉。在黑龙江卫视播出的《见字如面》节目中，每一封跨越古今的书信被诵读的背后，都是节目创作者从通过各路渠道收集的成千上万封历史信件中经过反复研读、判别而最终甄选出来的。更有文化学者在节目中担任“拆信人”的角色设置来为观众畅聊解读每一封信件背后的传奇故事与历史脉络。同样是文字信息，通过对信件原件的笔迹、墨迹、修痕、纸张等的直接览阅，就会得到丰沛的“触感”，那么在嘉宾诵读和解说的时候就会更加合情合景、入境入心。

（二）亲身感受

如果说对传统文化的亲临触摸，是我们对文化文本深入了解的输入过程，那么亲身感受则是我们在吸收文化经验之后对其进行输出过程中的真挚发挥和演绎。文化的体验者将自己对文化的理解和感受进行表达的过程中最关键的还是以情动人，也就是将自己对文化的丰沛的感触借助不同的艺术表现形式传递给观者、闻者。这方面，在电视已播出的部分文化节目中是有诸多节目样本可供参考的：《艺术人生》的动情访谈、《百家讲坛》的真情讲座、《文化正午》的深情评论、《开讲啦》的激情演讲、《朗读者》的温情诵读、《传承者》的热情表演等，都在电视节目与文化结合的探索中树立起了各种典范模式。一个“情”字，不仅将肺腑之情的文化感念进行了抒发，同时还囊括了专业性、艺术性和美学性等在内的各种内容延伸。相信观众在屏外之端亦能够捕获来自传统文化的震撼心灵的魅力。

（三）亲切参与

电视文化节目的理想目标和追求永远都是让更多的观众通过收看文化节目，而受到心灵的陶冶、精神的洗礼，并持续关注和参与现实的文化实践。那么亲切参与，其实就是我们在将文化感受输出的过程之中，充分与观众分享和交流的实践。这种实践是为了让观众能够最大限度地互动其中，实现电视文化节目真正的全民关注和参与。亲切，强调的则是观众参与文化节目收视过程中的友好体验。比如在文化体验的环节设置上，文化节目就可以置换文化体验主体。将学者、艺人、传承人、主持人等角色的文化体验过程让位给普通大众进行体验，让观众、各行各业的普通人走进节目，走近文化，并用镜头记录他们的惊奇与动容。这种置换必定会更加贴合观众的收视期待，激发观众的收视热情，因此能够更加深入地产生经验共鸣和情感共鸣。《朗读者》首期节目里的6位朗读人当中就邀请了两位普通素人来诵读书信，他们用平凡的文字来解读自己有意义、充满正能量的人生和传奇故事，令观众领略到了普通人平凡中的不凡而倍受鼓舞和感动。

三、创造：电视节目对传统文化价值的拓展与再造

所谓创造，即对传统文化的一种动态化的定位立意、时尚化的重塑改造以及开拓化的融合创新。创造是为了更好地创新，我们不能仅仅满足于对传统文化的传承与保护，只有不断地创新才能持续地激发传统文化的活力。“文化”之“化”除了润物无声的“感化”“教化”“净化”，更有与时俱进的“优化”“变化”“进化”之意。文化总是在伴随着时代的车轮不断地更新和扩容，以适应和满足当下日常生活对文化的需求与期愿。这就需要我们在电视文化节目的创作过程中，要时刻保持对文化文本的当下定位、立意进行清晰的理解和判断。只有在此基础之上，我们才能够使文化的创造有的放矢、有章可循。在创造文化的理念设计中，有三个关键词是要准确把握的：日常化、现代化和开放化。

（一）日常化处理

文化对当下日常的关照总是文化最广泛意义上的价值所在。对传统文化的日常化处理有三个层面的释义：其一，是古为今用。传统文化是在古代的日常生活中形成的，并在历史的长河中持续积淀、传承和创新。历经几千年的诸多文化文本可谓浩浩汤汤，而今天我们所需要的文化必定是能够与日常生活发生关联的，并对日常生活有着启迪性和引领性作用的。因此，我们应当秉持电视文化节目关照当下日常生活的宗旨来对传统文化进行创造和表达。其二，是雅为俗用。电视文化节目要谨防文化的高谈阔论。电视是服务大众的艺术样态，因此对文化的表达要从精英视野走向大众范畴，着力将陌生化的、小众化的高雅艺术转化为日常化的、大众化的通俗认知。其三，是殊为常用。一些传统文化文本有着特殊的面貌和形式，对日常生活来说也是较为陌生化的存在。如原生态的歌唱形式，虽有充满原始生命力的野性美感但并不都是悦耳动听的，我们若用现代化的摇滚、古典、流行等音乐形式对其进行艺术化的演绎，将会使其重新回归到日常生活中来，再次走进普通大众的视野当中。另外，一个值得关注的现象是，近几年来，每逢春节这样一个特殊的节日时段，文化类的电视节目都会成小规模地集中呈现，聚力播出。令我们感到欣慰的是，这种借力传统节日的节目播出策略，确实能够在一定的单位时间内掀起不小的文化热潮，从而提振传统文化的传播度与接受度。但想要达到持续性的文化传播效果，还是需要以特殊性的节日节点来带动和活跃日常化的文化局面。

（二）现代化展示

文化的生命力在于认同。现代人对传统文化的接受是有很大程度上的主观判断的，没有流行外衣的文化内核是很难被广泛关注、认知和接受的。所以，电视文化节目在塑造传统文化文本的时候要借用最时尚的、最摩登的方式进行演绎，使其成为当下有机文化的一部分，甚至同样有可能转变为现代意义上的“流行文化”。2016年中央电视台猴年春晚上，歌手谭维维演唱的一首《华阴老腔一声喊》就是杂糅了传统的戏曲形式华阴老腔与现代流行音乐形式摇滚进行的生动演绎，给观众带来耳目一新的视听感受，同时也点燃了观众对传统曲艺剧种的关注与兴趣，不失为一次对传统艺术进行现代化展示的成功案例。北京卫视于2015年底推出的一档传统文化竞演类节目《传承者》中，有很多古老而传统的曲艺文化被搬上了电视舞台。在被重新编排和设计的同时，一些传统曲艺表演会被伴以美轮美奂的舞美灯光，搭配动感流行的背景音乐，为观众带来同样震撼的文化体验。这些节目案例足以说明传统文化与现代化艺术形式的适宜结合是文化传承与创新的一条可行路径。

（三）开放化对接

开放意味着广纳并存，这也是文化的一种自信的、包容性的姿态。追求文化的开放化，一是要将传统文化设定为一种多元的存在状态，让单一文化文本与其他多元的文化样态进行碰触、对接与融合，以产生新的文化样态、现象与景观。比如电视文化节目在内容创作上可把城市文化、青春文化、民族文化、“非遗”文化、亚文化等文化样态进行相互之间深度的对接、碰撞与糅合，这将会出现一种崭新的文化释读视角，以透视现代社会与现代人独特的文化气质，同时这种多元融合的文化创新也是作为主流媒体的一种文化引领姿态和倡议方式。二是传统文化的表达要力求开放和多元。如被誉为传统文化精髓的古诗词，除了文化节目中竞技性的背诵、默写、释义，还可以对接其他的文化艺术形式拓展出新颖独特的呈现方式，比如吟唱、戏剧化表演甚至是舞蹈演绎。只要以开放的心态大胆创新尝试，不断施展创意，就会有创造文化的新机遇和新领域。

总之，秉持“留存、体验、创造”三个层面的理念设计与路径实践，我们将深层开掘文化的标本价值，深度体验文化的灵动呈现，深刻思考文化的未来走向。更关键的是，我们若把“留存、体验、创造”三种理念进行深度衔接和组合，将会激发出新的文化视野，调动起新的文化活力，创造出新的文化价值。对电视人来说，文化节目应当是一种情怀式的创作。电视节目在应对传统文化的整个过程中，一定要厘清思路、稳扎稳打、下足功夫，秉持文化的可持续开发理念，并不断努力地使传统文化对观众具有持久的吸引力。切忌盲目跟风贴标签以及“媚雅”的文化创作心态，更要谨防不计后果的同质化淘金热潮的出现而造成对传统文化的过度消费。我们应当在传统文化的坚守与改造之中，与时俱进地去延展，心怀敬畏地去开拓，这样才能使电视节目在应对传统文化的过程之中具备更多的可能性。相信，在未来的电视荧屏上还会出现更多更加成熟、优秀的电视文化节目，带给观众精神享受的同时，更能够为我们开启无限的文化创意和想象空间。

第二节　电视文化类节目创新发展思考

近年来，电视文化类节目快速崛起，成为国内最具影响力、最受青睐的电视节目类型，《中国汉字听写大会》《汉字英雄》《成语英雄》《中国诗词大会》等一批节目不仅收获好口碑，而且也获得了较高收视与市场效益。

电视文化类节目在观众中、市场上的热烈反响，成为电视业界、节目生产领域追逐的热潮，许多节目都以贴上文化标签为时尚。一时间，带着文化类头衔的节目数量迅速膨胀。对此，一方面我们为电视文化类节目的崛起与繁荣而“点赞”，无论是对于匡正过去一段时间过度娱乐化的电视节目生态，还是对于塑造社会的正向价值能量，都有正面的意义。但另一方面，我们也须警醒，当电视文化类节目成为新的时尚时，会不会带来意想不到的负面问题？如，存在着一些诸如非电视文化类节目为了贴上文化的标签而滥竽充数的负面现象。

因此，以下问题需要深思：到底什么是电视文化类节目？电视文化类节目有怎样的功能与价值？如何予以发展创新？

一、电视文化类节目的内涵与外延

电视文化类节目主要是指以文化为核心内容的电视节目，在笔者看来，这类节目应当具有三种特性：知识性、情感性与价值性。

（一）知识性

文化与知识是不可分割的，文化的积累形成知识，而非知识性的内容不能归入文化的范畴，不管是自然的还是人文的，不管是现实的还是历史的，都要有一定的知识内涵与知识含量。电视文化类节目同样需要具有一定的知识性，或自然社会，或历史现实，或科技人文……总之，都应该以传播科学知识为前提。但当下有些节目为取得一定的“娱乐”效果，以歪曲、恶搞知识为手段，也宣称自己为文化类节目，这种节目实为对文化的亵渎。

（二）情感性

文化是人类社会的产物，与人的情感是分不开的。电视文化类节目一定要表达特定的情感，如时代情感、人类情感、民族情感，个人化的爱情、亲情、友情等。电视文化类节目是一种以情感为内蕴支撑的“润物细无声”的表达，能够让观众在感动和赏心悦目中获得情感共鸣与精神抚慰。

（三）价值性

价值是电视文化类节目的灵魂，也是与新闻节目、综艺节目、娱乐节目等其他节目类型相比更突出的特色。包括特定民族、区域、阶层、性别、职业、年龄所体现出的不同维度的价值、价值观与价值取向，构成了文化类节目丰富多彩的价值性特质。文化类节目应该有一种思想价值根植其中，通过价值性的表达来体现特定民族在某个时代的价值取向、价值观，给人们正面的、正向的价值引领。

知识性、情感性、价值性是电视文化类节目的基本特质，这三种特质有机结合、缺一不可，电视节目只有具备这三种特质，才可以纳入文化类节目的范畴。反之，不具有这些特质的，那种纯粹的娱乐、炫技、搞笑等一般性的娱乐节目，即使添加了一些所谓的文化元素，也不能归入文化类节目当中。还有的节目只强调了三种属性中的一种，如只强调知识性，而忽视了节目内容的情感性与价值性，这种节目只能称为科教类节目；有的只强调情感性而忽视了其他元素的展示，这种只能称为情感类节目；而只强调价值性则容易变成宣传片。电视文化类节目一定要做到寓教于乐，将知识性、情感性、价值性融于一体。

二、电视文化类节目的功能与价值

在当代，电视文化类节目应当承担怎样的功能与价值？

（一）从国家发展需求来看，文化类节目具有凝聚社会主义核心价值观、提升国家文化软实力的功能与价值

近年来，中国经济快速发展，迅速成长为世界第二大经济体，同时，国际政

治影响力也快速提升。但与政治经济大国地位相比，中国的文化软实力显然严重不足。对外，中国文化的影响力、传播力、引领力还相当薄弱；对内，文化供给不足成为“人民日益增长的美好生活需要和不平衡不充分的发展”这一主要矛盾形成的重要因素。源远流长的优秀传统文化是中华民族的集体“文化记忆”，沉淀着中华民族的精神品质，蕴含着中华民族的文化基因[①]，具有丰富性与多样性的特点，无论是对国内发展，还是对世界发展，都可以提供独特的智慧与经验。电视文化类节目通过挖掘中华文化资源，并予以形象化、艺术化的形式呈现，对于凝聚文化共识、提升国家文化软实力，都将发挥独特而重要的作用。

（二）从电视行业发展需求来看，电视文化类节目的发展对于提升中国电视原创力具有重要意义

近年来，中国电视对国外“洋”模式的依赖度很高，引进外来节目模式尽管对于丰富拓展中国电视的内容与形态有着重要的借鉴意义，但是对于国外节目模式的过度依赖，对我们的本土化自主原创造成的损伤与危害也是显而易见的。[②]崛起的电视文化类节目以中华文化为资源库，借助全新的制作理念与先进的媒介技术，注重类型融合，将文化内容和时尚元素相结合，开拓了一条有中国电视特色的本土原创道路，以《朗读者》《见字如面》《中国诗词大会》为代表的电视文化类节目，灌注中华优秀文化，探索中国电视本土原创道路，成为行业内最受关注、最具时代特质的电视景观。这些成功的探索不仅为电视文化类节目的发展提供了新的路径，也为中国电视行业打破对“洋”模式的迷信与依赖，增强中国电视原创力量注入更多的自信心。

从社会发展需求来看，电视文化类节目具有引领社会风气、满足社会情感需求的功能与价值。当下中国存在着多种意义主体、多种社会阶层纷繁交织的复杂状况，社会发展中各个阶层的人们在信仰、伦理、道德、情感等方面出现了前所未有的迷惘与困惑，信仰缺失、价值观混乱、道德滑坡等已经成为普遍的社会问题，也成为制约人们幸福感提升的重要因素。而融知识性、情感性、价值性于一体的电视

① 张爱凤．原创文化类节目对中国“文化记忆”的媒介重构与价值传播［J］．现代传播，2017，39（5）：85-90.

② 胡智锋，邓文卿．中国电视类型节目的新探索——以《朗读者》为例［J］．民族艺术研究，2017，30（4）：5-11.

文化类节目能够担当起价值引领、情感抚慰、心灵净化和知识滋养的功能，这也是电视文化类节目与新闻节目、一般性科教节目、娱乐节目所不同的功能。

三、电视文化类节目的发展与创新

面向未来，电视文化类节目如何发展创新？笔者认为，中国电视文化类节目的发展经历了三个阶段，而电视文化类节目的创新应该实现三个融合。

（一）中国电视文化类节目发展的三个阶段

电视文化类节目不是一成不变固化的状态，在其成长过程中，也经历着不断升级、更新、换代的过程，从20世纪末至今，中国电视文化类节目的发展创新大约经历了三个阶段。

第一个阶段，故事化讲述。以《百家讲坛》为代表，本阶段的电视文化类节目通过对中华传统经典的再加工，将中华传统文化中的文学、历史等经典著作转化成若干有趣、有意味的故事，予以通俗化、大众化的演绎，进而为百姓喜闻乐见。

第二个阶段，竞技化展示。以《汉字英雄》《中国汉字听写大会》《中华好诗词》《中国诗词大会》《最爱是中华》等节目为代表，本阶段的电视文化类节目主要借助“选秀”的方式，通过节目对选手对汉字、成语、诗词等中华文化知识的把握与掌握水平的展现，以及选手独特风采的呈现，展示出中华文化的独特魅力。

第三个阶段，综合化传播。将知识、情感、价值融为一体，打破了不同元素、不同类型之间的界限，新闻访谈、记录、综艺等不同类型、不同表现手法融合起来，形成了一种新的节目形态。这一阶段的电视文化类节目以《朗读者》《见字如面》为代表，这些节目不再用激烈赛制来控制节奏，而是通过一封信、一篇文章、一段故事让观众陷入真情实感当中，不管是家国情怀、历史命运还是人生变迁、真爱挚情，这些节目将文化的知识性、情感性、价值性融汇，既让观众了解到当事人所处的时代使命，也让观众在讲述、记录中感同身受，实现情感的宣泄、价值的引领。

（二）电视文化类节目的创新

新的时代环境下，文化类节目需要在遵循电视文化发展规律的基础上，根据国家需求、行业需求、观众需求与时俱进地拓展创新，做好三个方面的融合。

1. 内容融合

在内容上，我们的电视文化类节目不仅要深挖中华文化，也要参与全世界文化景观资源的开发。

对于中华文化，一方面，我们要“深入挖掘中华优秀传统文化蕴含的思想观念、人文精神、道德规范”，另一方面，我们也要“结合时代要求继承创新”，将中华优秀传统文化与当代中国新文化打通，“让中华文化展现出永久魅力和时代风采”。同时，当今世界已经进入新全球化时代，单一、传统的文化状态并不能完全适应新时代的需求，我们需要“坚守中华文化立场，立足当代中国现实，结合当今时代条件”[①]，从中国人创造中华文化，到全球参与创造中华文化，再到实现中华文化成为世界文化，既吸纳他国文化，也影响他国文化，创造人类文化命运共同体，实现我中有你、你中有我。我们的电视文化类节目的内容要更加拓展、更为丰富，要有全球化、国际化、多元多维化的特点。

2. 形态融合

从中国电视文化类节目发展的历程中，我们能够看出，电视文化类节目的发展创新很大程度上是一个不断融合的过程，特别是形态上的融合。创新不是无中生有的，将前人成功的元素进行有机融合调整，同样可以创造出新的形态与样式。电视文化类节目本身具有很强的开放性、包容性、融合性，只要能够坚守文化内涵，不失知识性、情感性、价值性的特质，就可以吸纳一切可适应的节目形态、节目模式、电视元素，如访谈与记录、纪实与表现、新闻性与娱乐性、专题与综艺，甚至竞技、表演、写实、写意等样式与形态。不能将文化类节目局限在“大雅”的范畴中，既要有雅，亦要有俗，只有在广泛吸收、融会贯通的基础上才有创新的可能。

3. 渠道融合

随着新兴媒体技术的大规模应用，媒体融合已经成为传媒领域内的“新常态”，在媒体融合的背景下，电视文化类节目要在传播渠道、创作理念上进行融合创新。

---

① 习近平 . 决胜全面建成小康社会　夺取新时代中国特色社会主义伟大胜利——在中国共产党第十九次全国代表大会上的报告［EB/OL］.（2017-10-28）. http://news.xinhuanet.com/mrdx/2017-10/28/c_136711274.htm.

在传播渠道上，单一的电视终端已经远远不够，要有更多的终端开发，要将手机、电脑、电视结合，将固化的屏幕与移动的屏幕结合，要推动台网融合、跨屏传播。此外，还要进一步挖掘节目的内容，在视频网站、头条号、自媒体等多种社会化媒体上采取不同的方式进行有效传播。在创作理念上，要考虑到当前的传媒行业接受主体已经重构，传统的观众已经转变为用户，原来的单向传播已经变为多向互动，在节目创作当中要将用户的主动性充分考虑进去，把制作播出的概念与用户参与的理念结合起来，要通过竞猜、选择、弹幕，甚至各种有奖的方式鼓励观众参与，让观众更方便、更喜闻乐见、更能获得激励地去参与，实现渠道的融合创新，提升文化类节目的传播力与影响力。

结语

电视文化类节目是中国特色社会主义文化建设的重要载体，具有鲜明的中国特质，是集知识性、情感性、价值性于一体的一种节目形态。推动文化类节目发展创新，对于提升我国的文化软实力，弘扬社会主义核心价值观，促进中国电视创新，满足百姓多方面的情感需求，具有重要的功能与作用。我们要在深挖中华优秀传统文化的同时，不断地进行内容融合、形态融合、渠道融合，“坚持创造性转化、创新性发展”，推动文化类节目的创新，“不断铸就中华文化新辉煌”①。

① 习近平．决胜全面建成小康社会　夺取新时代中国特色社会主义伟大胜利——在中国共产党第十九次全国代表大会上的报告［EB/OL］．（2017-10-28）．http://news.xinhuanet.com/mrdx/2017-10/28/c_136711274.htm.

第十一章　编创：中国电视节目编排创作的理念与创意

第一节　中国电视节目编排基本理念

“内容为王”这个短语也许是最近几年中国电视业界与学界使用频率最高的短语之一。但到底什么是“内容为王”，为什么要“内容为王”，内容何以为王，大家见仁见智，有许多不同的理解，在这里我们想对当前中国电视内容生产带有潮流意义的动向以及可能的趋势做出自己的表述。

一、“品”——中国电视内容生产的三个时代

中国电视60多年的发展历程从内容生产的角度看，大体经历了三个时代。与此相对应的，其电视内容具有较为鲜明的不同特征。以“品”字来划分，我们可以将它们划分为宣传品、作品和产品。

（一）“宣传品”（宣教时代）

从20世纪50年代末到80年代，电视内容主要是承载着党和政府主流价值的宣传以及对公众进行教育的功能，在新闻、社教、文艺以至体育、少儿、服务等若干领域都或多或少具有这样的特点。由于各个领域的内容都主动地承担了宣传教育的使命和功能，因此，这个时代的电视内容可以被称为“宣传品”。

（二）“作品”（创作时代）

从20世纪80年代到90年代中期，伴随着改革开放的逐渐深入，电视传媒从业者的个人职业化诉求和专业化追求得到了普遍的尊重和重视。一个非常显著的变化是，宣教时代作为宣传品的电视节目创作者模糊的个人形象，在这一时期得以凸显，他们的名字在电视节目的播出过程中经常被呈现，而每一个电视从业者也因此格外珍惜和重视自己的这份工作，因为他们可以把自己参与的节目内容视为自己的创作。也就在这个时期，一大批著名的制片人、编导、播音员、主持人以及其他电视制作环节的工作者为人们所尊重。在相对应的电视内容方面，尽管不可能完全摆脱宣传教育的色彩和功能，总体上看却已不再是“宣传品”，而成为“作品”。

（三）“产品”（生产与传播时代）

20世纪90年代中期以来，随着电视传媒市场化程度的不断加深，电视的内容和市场与观众的收视日益紧密地结合在一起，计划经济时代只算宣传账或只算创作账的观念和做法已经很难获得现实的市场支持。一些以往在主流电视媒体中不太提及的字眼，成了这些年来电视媒体从管理者到每个工种从业者所关注的焦点，如产业化、集团化、市场、效益、效率、收视率、受众需求以及成本核算、营销、广告等，并影响着他们的电视实践。这个时期的电视内容已经不再是宣传主管部门意志的简单呈现，也不再是电视从业者个人主观的个性表达，电视内容的存在更多体现了市场的需求和观众的选择，从电视内容的组织、策划、运行直到最终的价值实现，这一特征体现得日益明显。我们称这个时代为“电视生产与传播时代”，称这个时代的电视内容为电视“产品”。

显然，这三者的评价标准也各有倚重：对宣传品的评价标准主要是导向，即它是否实现了正确的导向和较好的宣传效果；对作品的评价标准主要看它的创新价值，比如它的独特性、原创性、个性；而作为产品，其评价标准就转换成它的市场价值的实现，比如较高的收视率、较强的广告拉动能力或者市场的回收能力、开发能力，能否形成产业链、创造市场价值等。中国电视内容生产从潮流和趋势看，已进入了一个以产品制造和生产为追求的时代，但同时来自主流媒体的宣传要求和来自职业电视人的专业要求，也就是来自宣传品和作品的要求，使电视从业者在三“品”之间的选择上不断地徘徊、游移，我们不得不在三“品”之间选择一个重心。

有抱负的电视从业者往往希望三“品”同时成功，但在现实情境中，这是一个非常艰难的目标。这恰恰是当今电视内容生产者面临的困境所在。

需要说明的是，中国电视在它的发展进程中，第一位的功能和使命始终是正确健康的宣传教育，这一点是不会动摇的。同时，电视的内容也不可能脱离高度的专业化和个人化创作基础，这也就意味着电视内容作为宣传品和作品的意义和价值在任何时期都是不可忽略的。另外需要指出的是，所谓中国电视三个时代的递进，只是从总体上呈现的趋势来划分的，不能简单理解为泾渭分明、互不搭界的三个阶段，而往往呈现出“你中有我、我中有你”的交叉状态。通过对中国电视内容生产演变轨迹的勾勒，我们不妨将宣传品、作品、产品的阶段性更迭作为横坐标，将“传者主体”到“受众主体”再到“传受互动”的主体性转换作为纵坐标，在一个新的坐标系里来定位、解读电视内容的传媒本质。

二、“时”——电视内容的传媒本质

在相当长的一段时间里，我们发现电视内容的两大部类，即以电视新闻为主的非虚构类内容和以电视剧为主的虚构类内容，构成了电视荧屏上的两大主干内容。当然，非虚构类内容还包括新闻性的各类节目，虚构类的内容还包括艺术性的若干节目，介于这两类内容之间的还有一大批兼具非虚构与虚构特质的内容，如一些纪录片、专题节目和各种形态的类型节目。由于这两大部类内容以及中间地带内容的复杂构成，使我们对电视内容的认识也经常产生困扰和混乱。尤其是最近十几年来，随着电视内容竞争的不断加剧，各种新形式、新形态、新样式、新方法层出不穷，在电视荧屏上不断地刮起了各种各样的新的潮流旋风。仅以样式和方式而言，最近几年颇为流行的就有“媒介选秀”“聊新闻”“真人秀”“电视读报”“益智博彩”等，不一而足。在令人眼花缭乱的各种新形式、新样式、新方式、新形态的相互克隆、相互模仿和相互追逐中，许多电视内容生产的从业者都希望引领潮流，至少追上潮流，而不希望被新的潮流所淘汰，并因此陷入困惑乃至迷失方向。

在这种情境中，我们不得不反思：电视内容的本质到底何在？我们认为，不论电视的样式、方式、形态等有多少新奇怪异的组合，电视内容作为传媒的本质永远是第一位的，而这一传媒本质又集中体现在一个“时”字上。由于电视内容的播出完全按照人们日常生活的自然时间流程进行设置和编排，因此电视内容与生俱来地拥有了作为人们日常生活伴生物的独特传媒性质，不论是非虚构类还是虚构类内容都无法脱离。日常生活伴生物的“电视传媒本质所谓即时性或时效性”。不仅仅是对信息类的新闻节目而言，从广阔的意义上来看，所有的电视内容都应当把握和体现日常生活伴生物的“即时性”和“时效性”。具体来说，电视内容的“时”至少体现在以下五个方面。

（一）时代

时代是电视内容所发生的最宏大的背景，如果电视内容能够体现足够的时代感和时代特色，它就会为人们所关注、所记忆。不论是多么动人、感人和有深度的电视内容，如果不能体现我们时代最富普遍意义的价值取向、精神气质和心理状态、情感状态，就很难受到观众的欢迎。

（二）时尚

时尚更多关注的是一个时期比较前沿、比较新锐的一种潮流和取向。由于电视内容不仅仅是传统意义上的宣传与创作，而是与电视媒体的产业和市场开发紧紧结合在一起的，因此是否具有时尚特质，往往意味着是否能引领大众消费，进而吸引大众的关注，形成相关的产业链。所以不管我们喜欢不喜欢，电视产业和市场开发的客观需求都要求电视内容具有时尚特质。

（三）时下

至少从电视内容的叙事层面来看，关注时下、关注当下，从现在进行时的问题现象和状态切入，是电视内容相当明显的叙事特征。我们发现，同样的内容如果按照从“盘古开天地”说起的方式展开叙事，往往会远离现在的观众；而从当下切入，从时下观众普遍熟悉甚至正在发生的某些现象、动态、问题切入，则能抓住观众的注意力。

（四）时机

这里主要指的是播出时机。电视内容传播效果如何，恰当播出时机的选择常常是关键性因素。若能准确地判断来自政治、市场、文化、社会心理等诸多方面的趋势，选择最合适的播出时机，来满足观众的期待和需求，往往会产生事半功倍的良好效果；反之，轻则事倍功半，重则出现偏差，甚至影响电视媒体的形象。

（五）时段

同样的电视内容选择什么样的时段进行播出大有讲究，特定电视内容与特定时段大多有着普遍的、规律性的对应关系。一般来说，常规工作的早间、日间、午间、晚间和深夜，每个时段观众收视大体都有相似的普遍需求，比如早间时段以信息总汇、高频度、短资讯、大信息量和一定服务功能为主要特点的内容可能适合大多数电视观众，尤其是上班族的需求；深夜时段也许心理访谈、情感谈话类内容或者深度新闻评论性节目更受欢迎；日间时段故事性的电视连续剧也许是一般观众普遍的需求。当然，由于国家与地区特定地域、特定年龄段以及职业、性别、生活方式等的不同，所带来的差异也是显而易见的，因此，不同媒体、不同内容的不同时段设计将是电视内容实现传播效果最大化极其重要的因素。

可见，无论是用“宣传品、作品、产品”对电视内容的不同特征进行描述，还是对于电视传媒本质的“时”展开分析，我们都能从电视内容的发展趋势和潮流中发现“多元共生”的电视文化的总体特征：“时代”元素的强调，是从媒介主体的“宣教”立场出发的，对应着电视内容作为“宣传品”的形态，强调了内容的环境定位；而“时尚”“时下”，更多地将诉求点放在受众的视角，突出了电视内容作为“产品”的特征，着眼于收视后针对受众的行为促发；至于“时机”“时段”，则显然是从媒介的立场出发，为追求传播效果最大化、实现电视“产品”的效益而采取的传播策略，意图在于效果强化。因此，环境定位、行为促发和效果强化的多重指向性使电视传媒本质的“时”较之传统的“时效观念”，具有了更为复杂、丰富和多义的内涵，也直接或间接地衍生出实际内容生产中需要灵活掌控的诸多关系。

三、内容何以为王——当前电视内容生产中应处理好的六大关系

在具体的电视内容生产过程中，可能会面临若干关系的处理。其中有六对关系

我们认为是特别需要注意并处理好的。

（一）必视性与可视性

在相当长的一个时期内，中国电视内容的评价标准经常围绕着“可视性”展开，简单地说就是要“好看”。“可视性”或“好看”对电视而言无疑是重要的，不能不强调。但是仅仅追求“可视性”或“好看”显然是不够的。在今天，若想使电视内容获得足够的传播效果，强调“必视性”也许更为重要。所谓“必视性”，简单地说就是“一定要看”。为什么天气预报常常在各种节目收视率的排行中名列前茅？这恰恰在于天气预报与人们的日常生活、工作安排密不可分，“不看是不行的”，天气预报因此拥有了“必视性”的特质。同样，一些重大的时事新闻、重大的体育赛事、重大的节庆庆典以及不同群体观众所特别感兴趣的内容都具有“必视性”，因此，电视内容的生产除了内容自身应当追求“可视性”外，还应当想办法通过导视或宣传预热等手段强化其“必视性”。

（二）相关性与悬念性

电视内容自身的结构、叙事应当充满悬念，令人期待，这一点在近几年的电视内容生产中得到了大家的普遍重视。各种类型的节目都在追求充满悬念的故事性，这一点无可厚非，自然也是重要的。但“相关性”的强调对于今天的电视内容或许更加重要。所谓“相关性”，就是内容与百姓观众之间的一种关联度：是不是百姓观众所迫切需要的？是不是与百姓观众紧密相关的？是不是百姓观众所高度关注的？这是判断内容是否具有相关性的重要标尺。好的电视内容应当是相关性与悬念性的有机结合。

（三）点与面

所谓“点”包括情节点、事件的转折点，也包括具体个别的细节点、兴趣点和高潮点等，是观众可以直接捕捉、直接感受的具体、生动的那些内容；所谓“面”则往往是相当宏观的，具有普遍性的那些内容。过去很长时间，电视的内容相对重视“面”而对“点”的捕捉和表现不足，给人留下宣教味、说教味、不生动、不具体的印象。近一个时期，一些优秀的电视内容非常重视“点”的选择、设计与表现，这固然是可喜的进步，但有时也会出现“只见树木不见森林”的问题。在高度重视具体、生动、细致的“点”的捕捉、设计与表现时，往往忽略了对普遍意义、典型性和本质性的开掘，有价值的电视内容应当体现点与面的有机结合。

（四）真与假

关于这一对关系，业界与学界已经探讨了若干年，我们认为在这一对关系中，至少可能出现四种情形：真的内容产生真的效果、假的内容产生假的效果、真的内容产生假的效果和假的内容产生真的效果。假的内容产生假的效果当然应该唾弃，这应是一个简单清晰的判断；假的内容产生真的效果尽管未必可取，但的确可以见出内容生产者的功力；真的内容产生真的效果当然是我们提倡的，而真的内容产生假的效果则是非常令人遗憾的，可是，恰恰是这种情形大量存在于我们的电视内容中。许多真实、真切、真诚的内容，被我们的内容生产者、制作者处理加工后在电视播出时却给人产生虚假、做作、矫情的效果。因此，如何避免把真的做假了，也许是我们目前所要解决的主要问题。

（五）情与理

情感与理智，感性与理性，感受与理解，这是电视内容生产中经常面临的一对关系，对这一对关系的理解，在认识上我们都懂得情理交融、寓情于理、寓理于情的道理，但真正做起来则难免有所偏颇。有的内容抓住了动情的素材，就一味地放大、放纵、泛滥情感的表达和表现，使得电视内容过度感性而失去控制，无法给观众留下足够的审美张力和空间。有的内容抓住了很有说服力的道理、哲理，就一味地强化、渲染，使得内容或过于说教或过于沉重和板滞，从而失去了电视内容应有的情感灵动的空间。

（六）深与浅

电视内容不论其原始素质如何，最终总要以特定的方式表述出来，而如何表述不可避免地就要面临深与浅的关系处理问题。在深与浅的关系上也至少有四种情形：浅入浅出、深入深出、深入浅出和浅入深出。“浅入浅出”，自然轻松、放松；“深入深出”，尽管从电视观众瞬间接受的特点来看不值得提倡，但也算可以为观众所理解；“深入浅出”当然是我们追求的很高境界与目标，能够把复杂、深厚的内容以浅白、浅显、明晰的方式让大多数观众接受，这是我们不仅要提倡也要永远追求的一个目标，当然，要达到这一目标是很不容易的。无论如何，我们坚决反对“浅入深出”的表述，原本简单明了的事件，由于缺乏清晰的逻辑、合理的结构或恰当的叙事，有时甚至是故弄玄虚从而导致简单的内容复杂化，给人或艰涩或迷惑的印象，这种状态和结果是我们必须避讳的。

对于当前电视内容生产的潮流与趋势的判断和认识，不同的从业者、不同的研究者都会有各自的看法和表述，我们这里所谈到的上述三个命题，有些可能是老生常谈，有些可能是近期特别突出的问题，有些可能是常说常新的话题，有些可能是当下亟须解决的命题。但是总的目标是明确的，就是电视内容的生产一定要立足于最佳传播效果的实现上，努力探索出符合国情、地情的本土化的生产思路与方式，以与时俱进的精神不断地满足广大电视观众多元化的、变化着的、日益提高着的精神需求。

第二节　电视节目编排的理念与策略

在电视市场化程度日益提高的今天，电视媒体的竞争愈演愈烈，“品牌战”“节目战”“营销战”一场接着一场。对于电视媒体而言，如果说电视节目的创作、制作是养兵、练兵的话，那么电视节目编排就是排兵布阵、穿插设计。能否在竞争大战中取胜，电视节目编排扮演着日益重要的角色。本节仅就电视节目编排的理念与策略问题做一探讨。

一、理念：电视节目编排的三要素——时间、节目、观众

从电视编排的过程来看，电视节目编排，就是将已经制作完成的电视节目，合理、优化地安排在电视播出的不同时间段上，所以，时间和节目就是电视节目编排首先要考量的两大要素。从电视节目编排的结果来看，电视节目编排的最终指向是观众，因此，电视节目编排还需要考虑观众因素。所以成功的电视节目编排至少要

考虑时间、节目、观众这三个要素。

第一，时间要素。电视传媒不仅包含影像空间概念，也蕴含时间概念。电视播出时间与人们日常生活的自然时间具有同步性，所以电视的传媒特质就是“日常生活伴生物”。这种特质体现为“时效性”或“及时性”，具体表现为时代性、时尚性、时下性、时机性、时段性。这五个“时”①的特性对电视节目编排的要求各不相同。“时代性”指的是电视节目的内容与形式都要有时代感。具体对电视节目编排的要求就是在内容组织、话语表达、叙事节奏、形象风格、表现手段上彰显时代气息。“时尚性”是指电视节目的内容与形式需要更多关注的是一个时期比较前沿、比较新锐的潮流和取向。对于电视节目编排来说，如何使节目内容、风格、色彩更具消费性、时尚感，传达最流行的时尚信息，代表最前沿的时尚气息，就成为重要的考量因素。“时下性”更多指的是电视的叙事内容要关注时下、关注当下，从时下观众普遍熟悉的，甚至正在发生的某些现象、动态、问题切入。它要求电视节目编排要充分体现“进行时”的特点，强调此时此刻。“时机性”主要指的是播出时机。电视内容传播效果如何，恰当的播出时机的选择常常是关键性因素，如何正确、及时、迅捷地捕捉时机播出节目是电视节目编排功能的重要体现。“时段性”指的是电视内容播出自然分出的一个个时间间隔和段落。同样的电视内容选择什么样的时段进行播出大有讲究，特定电视内容与特定时段大多有着普遍的、规律性的对应关系，节目编排的要领就是把所有的内容、节目，按照时间段区划进行创造性地安排和处理，以达到最好的播出效果。

第二，节目要素。我们强调电视节目编排的重要性，但这并不意味着否定电视节目内容本身的重要性。没有高质量的节目，编排再怎么设计也是“巧妇难为无米之炊”。相反，有了好的节目就有可能直接为电视节目编排带来便利，在竞争中轻松地抢占“制高点”，处于非常有利的“地形”，从而带来成功。事实上，电视节目编排和电视节目生产本身就有着密切的联系，电视节目编排就是对电视节目本身进行内容和形式处理的终端角色，意味着将电视节目各个要素最终融合在一起，变成电视节目成品的过程。因此，在电视节目生产的过程当中，要考虑到电视节目编排的需要，这不仅对电视节目内容生产本身有至关重要的意义，对于电视节目编排来

① 胡智锋，顾亚奇．中国电视内容生产的潮流与趋势［J］．中国广播电视学刊，2006（1）：23-25.

说也是不可或缺的。

第三，观众要素。人心向背是战争取胜的关键，对于电视节目编排而言，取得人心就是赢得观众的喜欢。无论电视节目编排采取什么样的措施，最终的目的还是要赢得观众，因此，观众的满意度是电视节目编排成功与否的衡量标准。电视节目编排必须考虑与电视观众要有“相关性”，在编排中设置“悬疑性”，从而达到“可视性”的要求，进而实现“必视性”的目标。这些基本的心理诉求特性对电视节目编排提出的要求也各不相同。

所谓“相关性”，就是“与我有关”，即与观众的经历、经验、背景、身份、学识、所处的环境，特别是心理诉求相关联。“萝卜青菜，各有所爱”，拥有不同生活背景的观众可能对节目的需求不一样，有的是重视电视节目提供的信息，有的是需要在电视节目中找到娱乐，有的是想要在电视节目中找到情感的慰藉，或者精神依托。这就要求电视节目编排在具体的操作过程当中，瞄准自己的目标受众，照顾到他们的需求，体现出“与他有关”的特点。

所谓“悬疑性”，就是节目内容一波三折，对电视节目编排的要求就是要设计出合情合理的悬念。我们注意到，过去很多电视节目编排比较注重理念呈现，刻板的概念、僵化的条规、毫无趣味的宣传较多。而近一时期，电视节目编排中的“故事化”越来越流行，节目故事化、栏目故事化、频道故事化；节目类型上，如纪录片故事化，甚至新闻纪实类节目也要“故事化”，大有谁不讲故事谁就落伍、不入流之势。中国人自古就对故事有一种由衷的喜好，喜欢听故事、说故事，在故事中游戏，在故事中放松自己并获得乐趣，而对于生活节奏、工作节奏日益加快的现代人来讲，更加需要“故事”来放松、娱乐、刺激。

所谓“可视性”，说到底就是电视节目要“好看”，不仅在影像上具备赏心悦目、清新可人、自然流畅等一些审美特点，而且在思想上也要健康、积极向上。打开电视荧屏，观众不希望看到趣味低级、语言粗俗、技术粗糙、毫无情调的节目。电视节目编排应该对观众负责，那么就理应充分运用各种电视技术和艺术手段来使电视节目更“好看”，而不是一味地追求感官上的刺激。

所谓“必视性”，就是电视节目拥有电视观众一定要看的元素。对于电视节目编排而言，就是要探究和寻找到各种方式来吸引电视观众的眼球，抓住观众的注意力。不同的观众在不同的时间、不同的地点有不同的收视习惯、收视需求。因此，电视节目编排也要据此来调整电视节目的内容，安排播出观众所必需的电视节目。

譬如，绝大多数人要在出行前收看天气预报，学历偏高的中青年更多关注新闻类节目，等等，都是观众的一种必需行为。

二、历程：竞争意识的凸显——缺失、自发、自觉

电视节目编排是一个量变的过程。科学、合理、有效地调整电视节目内部各个要素，充分发挥各个要素的最大优势，既是量变的方式之一，也是电视节目整体实力提升、最终产生质的飞跃的方式之一。在这一量变过程中，要实现电视节目编排的最优化，首先必须树立竞争意识。“物竞天择，适者生存”，电视节目编排不是孤芳自赏，在电视媒体市场化的今天，要学会在竞争中生存，但遗憾的是，由于种种原因，中国电视节目编排树立这种竞争意识还略显迟缓。从竞争意识的角度来看，中国电视节目编排大致经历了三个阶段：竞争意识缺失阶段、竞争意识自发阶段和竞争意识自觉阶段。

第一，竞争意识缺失阶段。这一时期，由于电视节目编排主要是以“宣传品”为主导进行的，因此导向正确与否成为组织编排的评价标准。在时段安排上，常常是按宣传色彩的浓度依次排序，宣传色彩最重的内容总是被放在黄金时段播出。对于电视节目编排而言，无须过多地考虑竞争，只要把导向做好、做足就是成功。

第二，竞争意识自发阶段。这一时期，由于电视节目编排基本上是以“作品”为主导进行的，因此节目编排的重心放在了本媒体自己投资生产、有原创意义的作品上。大量的自办节目、自制节目在编排时受到了特别的关照，优秀的制作人常常可以作为节目编排的主宰。由于电视节目生产的规模日渐扩大，媒体之间的竞争也较以前明显化、扩大化，为了更具竞争优势，电视媒体不约而同地采取规范化播出和栏目化播出形式，节目编排的随意性逐渐转向规范化，电视节目编排已由基本没有竞争意识到拥有自发的竞争意识。

第三，竞争意识自觉阶段。这一时期，由于电视节目编排主要是以“产品”为主导进行的，因此电视节目编排在激烈的市场竞争现实面前开始拥有自觉的竞争意识。在节目编排上，时段的市场价值的大小成为节目编排需要考量的关键因素；收视率的高低已经成为调整节目、栏目时段的重要标准。除此之外，其他的市场考量因素也都纷纷成为电视节目编排的依据。

三、策略：实践与理论相结合——经验、对策、关系

随着电视节目编排在电视媒体中的角色地位越来越突出，在电视节目生产、传播以及经营推广中的作用越来越大，如何做好电视节目编排在理论研究和具体实践上都是一个亟须思考和探索的命题。尤其是在具体的策略层面，各个国家、地区的不同的电视媒体都力图在这方面有所突破。我们在探寻电视节目编排的固有规律的基础之上，结合一些国家和地区的经验，提出如下几种对策。

第一，“无缝隙编排”。减少广告时间，在两个节目之间减少广告量，或者利用友好的提示信息，使观众专注于自己的节目、栏目或者频道。

第二，“周边效应编排”。利用自己强势的品牌节目、栏目或黄金时段播出的节目带动那些在此节目播出前或播出后的其他节目、栏目，使其产生“蝴蝶效应”，带动、提升其他节目、栏目的收视率，从而获得电视节目编排的最大收益。①

第三，“素材增值”②。就是用不同的角度、不同的思路、不同的方式从不同的层面重新整合、加工、改造已有的素材，以实现资源利用的最大化。对于各级电视媒体而言，现有的素材都是一笔宝贵的财富，如果能够合理地加以利用，不仅能使陈旧的材料和资源变废为宝，还可以收到意想不到的效果。令人欣喜的是，近些年，已有不少媒体在这方面积极探索，取得了一些宝贵的经验，如凤凰卫视等。

第四，“播出季”。美国电视剧是以“季”为单位来组织生产和播出的，这样做的好处，一是降低电视剧市场的投资风险，二是让观众产生强烈的收视期待。“播出季”虽然是从美国引进的电视节目编排理念与方式，但是由于它符合电视媒体的生产制作、编排播出、经营推广的基本规律，所以同样适用于我们。如CCTV-2和重庆卫视都曾针对暑假做了特殊的节目编排，获得了不俗的成绩。

第五，“求异”。标新立异，力图创新，做到“人无我有”。在同一时段安排与众不同的节目内容，以“新”“奇”“独”“特”吸引观众。能做到这样当然是最好的，因为这在一定程度上实现了节目的“必视性”，在节目收视上实现了“垄断”。但是必须注意到观众的收视习惯，企图改变观众已有的收视习惯来适应节目编排有很大风险性，也有太大的难度。

---

① 胡智锋. 电视传播艺术学［M］. 北京：北京大学出版社，2004：162.

② 胡智锋. 中国电视策划与设计［M］. 北京：中国广播电视出版社，2004：47.

第六，“求同存异”。如上所述，观众固有的收视习惯决定了我们节目编排不可能天马行空、为所欲为。再者，电视节目编排的趋同化速度非常快，也非常容易。这些都决定了电视节目编排“求同存异策略”的可行性和必要性。企图“人无我有”难度大，但是力求“人有我优，人优我特”还是有实践的可行性的。遵循规律，根据自身情况，实事求是，有所为，有所不为，对于大多数电视媒体来说，不失为上策。

第七，“求同不存异”。这是说在与其他媒体的竞争过程中，要正视现实，不畏困难，主动出击，安排与其相同或相似的节目，以形成竞争之势，争取受众分流，赢得一定量的目标受众。这种策略的运用就是“明知山有虎，偏向虎山行”。但需要慎重，做得好，将有利于自己品牌的形成或扩大；同时也有相当大的市场风险。实力一般的电视媒体还是避开锋芒，比较稳妥。

正是由于电视节目编排在电视生产各个环节之中处于一个十分敏感和关键的地位，同时对它的理论研究还显稚嫩，所以，在具体的电视节目编排实践中，应该全面、客观、辩证地看问题，这要求我们至少要处理好以下三个关系。

第一，电视节目编排和电视节目内容生产之间的关系。上面已经略有提及，电视节目编排与电视节目生产不应该是厚此薄彼、此是彼非的对立关系，而应该在具体的流程当中做到相互融洽、相得益彰、前后照应，达到共赢的目的。

第二，媒体责任和经济利益之间的关系。电视节目编排的目的是优化电视节目资源，收视率的高低只是电视节目编排成功与否的标准之一。如果电视节目编排唯收视率马首是瞻，为了提高收视率，孤注一掷、竭泽而渔、铤而走险的话，那么将会丢失掉电视媒体的信息传播与导向功能、宣传教育功能，无疑最终破坏的是整体的媒介生态环境。

第三，短期效应和长远利益之间的关系。电视节目编排艺术涉及长远的战略利益，而不仅仅是一个具体的战术问题。它不是一时一地的应景之作，也不是为应对燃眉之急、解决眼前某一个小问题而进行的优化、提升。电视节目编排艺术及其优化和提升具有稳固性、延续性和持久性特点，是电视媒体为提高影响力、美誉度，为建设品牌而应给予长期关注的战略问题。

第三节　中国电视剧创意话题性建构

电视剧是中国电视节目体系中的中流砥柱，从诞生至今的半个多世纪一直保持着旺盛而稳定的收视需求，尤其是21世纪以来，电视剧艺术更是异彩纷呈，不同类型、不同题材、不同风格的优秀作品每每引发全社会范围内的关注，并成为观众热议的话题。如果对中国电视剧的发展历程稍做梳理就会发现，产生与当时社会背景密切相关的具有普遍性与广泛性的社会话题，是每个时期具有较高社会影响力的优秀作品的共同特征：从《渴望》引发的万众皆哀刘慧芳到《北京人在纽约》引发的出国移民潮，从《牵手》引发的关于婚外恋的话题到《奋斗》引发的关于“80后”生存状态的话题，从《小儿难养》引发的育儿话题到《欢乐颂》引发的关于原生家庭对个人性格命运的影响话题……或许话题的传播形式已经从早期的茶余饭后或街谈巷议转变成互联网上的微博或热帖，或许话题的探讨内容从家长里短到职场政治再到国家反腐不一而足，但这些在不同时期具有代表性的优秀作品所表现出来的强烈的话题性特点却是一致的，尤其是《琅琊榜》《老九门》《青云志》《太子妃升职记》等网络剧的霸屏，在网络中形成的话题更成鼎沸之势。可见，话题性对于电视剧创作有着显而易见的重要作用，也理应是电视剧学术研究中值得深入探讨的命题，但在实际研究中却在很大程度上被忽视了。

本节试图从不同角度对中国电视剧的话题性进行研究，一方面，尝试从理论层面对电视剧话题性的内涵外延、类型特点进行界定和阐释；另一方面，希望深度探讨电视剧话题性形成的背后有着怎样的动因和逻辑，并探索其基本运作机制，为电视剧的产业化发展道路提供一定的参考。

一、电视剧话题性界定

（一）话题、话题性与话题意识

为了使后文的分析更加明确，在深入探讨电视剧话题性这一命题之前，笔者尝试对话题这一概念在语言学与大众传播学这两个领域中的不同内涵进行简要分析与区别，并对与之相关的话题性与话题意识两个不同的理论概念及其关系进行说明。

话题的思想萌芽于法国学者亨利·维尔（Henri Weil），他在《古代语言与现代语言的词序比较》一书中提出：“每一句话都包含一个出发点和讲话目标……”捷克斯洛伐克语言学家维伦·马泰休斯（Vilem Mathesius）与美国结构主义学者爱德华·萨丕尔（Edward Sapir）则将其进一步理论化，把这个朦胧的学术思想推进到结构主义话题研究的层面。美国语言学家查尔斯·弗朗西斯·霍凯特（Charles Francis Hockett）第一次正式将“话题”这个词语作为学术概念来使用：“主谓结构的最一般特点可以从它的直接成分的名称‘话题’（topic）和‘说明’（comment）两个术语来认识：说话人先宣布一个话题，然后就它做出说明。”①这一概念由赵元任先生首次引入汉语语言学领域：“在汉语里，把主语、谓语当作话题和说明来看待，比较合适。”②可见，在语言学领域中，“话题”是与“述题”相对而言的概念，属于“能指”的范畴。

而在大众传播学领域，话题则是指在一定时间、一定范围内，公众最为关心的热点问题，即主要是针对内容而言的，因此是属于“所指”的范畴，与语言学中的内涵有所不同。作为大众传播学领域的重要组成部分，电视剧的话题理所当然是属于“所指”的范畴，具体而言是指电视剧剧情中能够引发公众普遍关注，并引起持续探讨进而成为公共舆论热点的前提、来源和由头的社会性内容。后面的话题性与话题意识两个概念同样是在大众传播的语境中论及的。

话题性是指大众传播媒介以某种话题作为切入点并产生了话题效应的一种属性与特质。具体到电视剧艺术领域，话题性是指电视剧从某种话题切入，引起社会普遍关注并参与传播探讨，在一段时间内形成公众舆论的一种属性和特质。

话题意识是指大众传播的主体根据当下社会需求，积极主动进行预先规划设计，制造话题并驾驭话题以达到某种目的的主观能力。针对电视剧的创作主体而言，就是指把题材故事或人物角色等变成话题，并使其具有话题性进而达到提高收视率与扩大影响力的目的。

话题是话题性的前提，话题性作为一种属性和特质，其外在表现是能够凝聚相当规模的注意力并产生较大社会影响力的一种效果。话题本身不等同于话题性，话题是否具有话题性在于它能否在现实生活中发酵，产生切实的话题效应。电视剧的生产者和创作者只有具备了自觉制造话题并运用和驾驭话题以提升电视剧影响力的话题意识，才能根据时代特点和社会需要在电视剧文本中设置话题，从而在电视剧的接受过程中产生话题性效果。从传播学的角度来讲，话题意识、话题、话题性分别位于艺术系统的创作过程、作品文本、接受过程三个不同的环节和阶段，并形成一个完整的艺术循环系统。

① 霍凯特．现代语言学教程［M］．索振羽，叶蜚声，译．北京：北京大学出版社，2002.
② 赵元任．汉语口语语法［M］．吕叔湘，译．北京：商务印书馆，1979.

（二）话题性电视剧的话题类型与特点

电视剧能够引起观众注意并引发广泛讨论的话题多种多样，归纳起来大体可以分为三种：第一种是由题材内容引起的话题，这些电视剧直接选择当前社会共同关注的问题与热点作为表现对象，如育儿、婆媳关系、职场奋斗等，对当代人的生活与情感给予关注与表现；第二种是由人物角色引起的话题，优秀的电视剧都会注重典型人物角色的塑造，剧中往往会有一个或几个人物角色受到观众瞩目并引起热议；第三种是思想情感引起的话题，即由于作品传达出的思想情感、价值观念与当下观众的现状或需求有了本质上的契合与呼应，从而成为社会广泛话题。当然，这三种话题类型并非全然无关，对于很多优秀电视剧作品而言，同时在不同方面引发社会话题的现象并不鲜见，从早期的《渴望》到最近热播的《欢乐颂》，都是在题材内容、人物角色和思想感情等方面共同引发关注并形成社会话题的典型作品。

但是不论电视剧的话题属于哪种类型，或者同时兼具几种类型，能够引起社会广泛关注的电视剧话题都具有三个特点：公共性，即话题本身与公众的关注点高度一致；争议性，即话题能够让参与者从不同角度和立场得出不同结论；延展性，即话题具有一定的时间持续性和话题衍生能力。

二、电视剧话题性产生的多维动因

电视剧的话题性从最初的不自觉发展到当下的高度自觉状态，既有社会群体的心理动因作为深层理论依据，也是大众传播媒介在影响社会舆论方面扮演重要角色的一种反映，更是电视剧产业化发展的必然结果。

（一）社会认同的心理需求

著名社会学家安东尼·吉登斯（Anthony Giddens）在《现代性与自我认同：晚期现代中的自我与社会》中提出，个体为了消除本体性焦虑，寻求自身本体性安全，而有了社会认同的需求。社会认同既包含着个体或群体对各种社会现象、社会关系、宗教信仰、价值观念的认知，也包括个体根据这些因素厘定自己归属的过程，同时还包括个体在认同基础上体验群体给予自己的影响、吸引和根据所归属群体的价值观来建构自己的过程，即自我类化。[①]古斯塔夫·勒庞（Gustave Lebon）在《乌合之众：大众心理研究》中强调，一旦个体的感情和思想都在关注同一件事情，而个性消失，就会形成真正意义上的心理群体，虽然这种心理群体只是暂时的现象，但是也会表现出十分鲜明的普遍特性，其中之一便是传染，群体情绪的相互传染决定着群体行为选择的倾向。[②]美国传播学者文森特·普莱斯（Vincent Price）认为，社会认同模式是社会舆论形成的重要的心理动因，而大众传播媒介在利用社会认同过程影响舆论形成方面扮演着重要的角色。[③]

电视剧的话题性是社会认同模式在大众传播领域的具体表现之一。正是由于社会认同模式的存在，才为电视剧的话题性提供了存在的可能性、必要性与更大的成长空间。电视剧通过打造话题并利用大众传播媒介广泛宣传，建构起社会群体似乎共同关注的现象、问题或观念、认知，受众为了满足社会认同的心理需要，以使自己成为某个社会群体中的一员，就会自觉或不自觉地对这些话题给予关注，借此了解群体的情境，而在与其他成员的互动过程中，群体情绪观念相互传染，进而完成自我类化，即社会认同的过程。

（二）议程设置的传播效果

电视剧的话题效应其实是传播学中“议程设置”理论[④]的具体表现之一。1973年，美国传播学者芬克豪泽（G. Ray Funkhouser）通过研究发现，公众对某事件重要性的排序与媒介对该事件的报道数量存在强烈对应关系，尽管实际上媒介报道与事件本身的真实性并不能很好地吻合。[⑤]但是对以逐利为首要目标的电视剧产业而言，这一理论意味着要想捕捉公众的注意力，就要以恰当的方式构造一次事件，并使其成为媒体广泛参与报道的热点话题，哪怕这个热点话题与社会现实可能会有所

① 安东尼·吉登斯．现代性与自我认同：晚期现代中的自我与社会［M］．夏璐，译．北京：中国人民大学出版社，2016.

② 古斯塔夫·勒庞．乌合之众：大众心理研究［M］．戴光年，译．北京：新世界出版社，2010.

③ PRICE V. 传播概念：Public Opinion［M］．邵志择，译．上海：复旦大学出版社，2009.

④ “议程设置功能”作为一种理论假说，最早见于美国传播学家 M.E. 麦库姆斯和唐纳德·肖于 1972 年在《舆论季刊》上发表的一篇论文，题目是《大众传播的议程设置功能》，提出了“议程设置”理论，该理论认为大众传播往往不能决定人们对某一事件或意见的具体看法，但可以通过提供给信息和安排相关的议题来有效地左右人们关注哪些事实和意见及他们谈论的先后顺序。

⑤ 胡正荣，段鹏，张磊．传播学总论［M］．北京：清华大学出版社，2008.

出入。

1999年，麦库姆斯和肖进一步发展修正了“议程设置”理论，在《个人、团体和议题融合：社会分歧论》一文中提出了“议题融合论”，认为人们在使用和选择传播媒介与“议题”时是有意识、有目的的，因为个人具有强烈加入团体的愿望，只有充分了解和接受“团体议题”才能与其他成员发生联系，因此，人们会通过大众传播媒介寻求与自己的需求、认知一致的团体信息。这一理论与社会学中的社会认同理论殊途同归，把“议程设置”研究的大众传播媒介如何影响受众转向大众如何使用各类传播媒介。有鉴于此，电视剧制作方在设置话题时就必须深入了解和把握当前社会普遍关注的热点现象和问题，使话题传达的信息适应受众的需求，从而满足其成为团体一员的心理需求。

（三）产业发展的必然结果

电视剧产业化目前已发展较为成熟，盈利成为电视剧制作的第一目的。为了在激烈的竞争中胜出，制作方不得不使出浑身解数以提高收视率，保证投入产出。正是由于话题性在达到盈利这一商业目的方面具有举足轻重的作用，制作方的话题意识才从最初的不自觉发展到当前的高度自觉状态。

电视剧产生话题效应最直接的作用无疑是提高收视率，并扩大社会影响力。诺贝尔奖获得者赫伯特·西蒙在对当今经济发展趋势进行预测时指出：“随着信息的发展，有价值的不是信息，而是注意力。”对于电视媒体而言尤其如此，注意力就是收视率，就是社会影响力和经济效益。在中国电视剧市场竞争尤为激烈的情况下，公众注意力早已成为稀缺性资源。

话题性能够提供受众反馈。对电视剧话题的争论是参与者不同观点与态度的直接反映，而且在争论过程中往往会衍生出涉及更为广泛的领域，或是对作品内容，或是对表现形式，或是对传达出来的价值观念，甚或是对创作者、表演者等的意见与建议等。尤其是网络剧的互动反馈，更是即时呈现，每一集的点击率、每一部分的重复播放率、每天的评论与弹幕等信息都为制作方提供了最新的受众反应。与传统电视剧相比，网络剧的审核更为简单快捷，这就为网络剧提供了边做边播的便利，可以根据受众的喜好随时改变故事发展轨迹，甚至能够制作多个结局以满足不同观众的选择。另外，与受众的互动反馈还能提高传播速度、扩大传播范围，并全面降低传播成本，为作品带来更大的盈利空间。

话题性还能够培养目标受众。当前社会分层加剧，思想观念日益多元化，不同层次的受众愈加表现出迥异于其他人群的独特文化特征。由于受众通常倾向于选择与自己文化更为接近的媒体与节目，因此找准目标受众群体，并增强其对作品的忠诚度是电视剧保证收视率的要点之一。针对性较强的话题有助于后期的维护和信息反馈，有效提高资源利用率，为以后依托话题进行重复生产或延伸产业链条创造了条件。

三、电视剧话题性的运行

对电视剧话题性的巧妙运作能够引起广泛的话题效应，而话题效应对收视率与影响力的作用是直接且明显的，当电视剧制作者意识到其重要性后，就自觉地进行设计运作以物尽其用，因此，绞尽脑汁制造话题已经成为目前相当普遍的行业现象。要想有效提高话题性，话题性的运行就应自觉渗透到电视剧制作的每一个环节，并力争达到如盐化水、无迹可寻的理想效果，而不能生硬呆板地为话题而话题，否则会有强加之嫌，引起受众的反感和排斥。目前，最为火爆的网络剧市场正热衷于打造全产业链，即从产业链源头做起，充分重视和挖掘上、中、下游各个环节的价值，以实现整个产业的价值最大化。话题性的运行也就自然地贯穿于各个环节和层面中，并取得了不错的成效。

（一）前期筹划阶段：热点的捕捉与把握

根据社会认同理论与“议题融合”理论，找准目标受众的感情与思想指向，才能设置恰当的话题，有效吸引其注意，而社会热点反映的正是最广泛的普通民众当下的感情与思想指向。因此，无论电视剧作品的话题性是具体表现在哪一方面，把握社会热点的能力都是首要的，否则话题性就成了无根之木、无源之水。反映当下日常生活的家庭伦理剧是如此，远离现实的历史古装剧也同样应渗透出现代价值观念或具有借古讽今的现实意义。正是意识到改革开放初期打工群体与传统生活方式代表的截然不同的意义才有了《打工妹》，正是对全社会范围移民潮流的深刻认知才有了《北京人在纽约》，正是听到人们“育儿难、买房难、工作难、看病难、养老难”的无奈抱怨才有了《蜗居》《蚁族的奋斗》《老有所依》……网络剧对热点的追逐更为简单直接。网络小说转化为剧本是网络剧上游产业中最为关键的一环，精心挑选点击率高、具有良好口碑的网络小说并买断其版权是网络剧把握受众热点的主要方式。这些网络小说在进入电视剧制作流程之前就拥有大量的粉丝。粉丝作为一个亚文化概念，其经济属性却显而易见。粉丝经济是通过忠诚度极高的消费行为来实现的，粉丝们在对偶像的共同崇拜和追逐过程中找到认同感和归属感，在网络中，这种心灵共振的效果更是得到成倍放大。因此，找到一个具有较好粉丝基础的网络小说对其改编开发，无疑会得到事半功倍的效果。比如近几年最火爆的电视剧《甄嬛传》《琅琊榜》《花千骨》《云中歌》等都是改编自同类题材中处于巅峰位置的网络小说，在改编之前这些作品就已经坐拥粉丝无数，是网络中的热门话题。当然，要将这些话题变现为电视剧的高收视率与影响力，就需要电视剧制作方的精心运作与设计。

（二）中期制作阶段：话题的扩展与深化

前期筹划阶段对社会热点的捕捉与把握可以算是为电视剧的话题性埋下了种子，但是如何使种子开花结果，即将社会热点转化为受众热衷于关注和参与的话题，并持续扩展深化，使话题影响的范围足够广泛，参与的受众数量足够庞大，参与的程度更为深入，是电视剧在制作阶段应着力进行的关键内容。

把话题水到渠成地与作品结合起来是成功的关键。毕竟电视剧作为一种艺术形式，“是运用符号的方式把情感转变成诉诸人的知觉的东西，而不是一种征兆性的东西或是一种诉诸推理能力的东西”①。如果为了话题而话题，就只能是制作方生硬呆板的“王婆卖瓜”，而无法真正引起受众的兴趣。但是把话题融入艺术创作的能力却是当前电视剧从业者最为缺乏的专业能力之一，这直接导致了高水平话题的缺失，而拿明星隐私或丑闻进行的低级炒作却长盛不衰。低级的炒作或许能够暂时起到吸引眼球的作用，但受众的注意力是在作品上还是在丑闻上，或者是否能够产生观看作品的兴趣却不容乐观。

如前所述，电视剧的话题性主要分为与题材内容、人物角色、思想情感有关的三种类型，在对话题进行设置、扩展和深化时就可以从这样三个角度去思考设计：第一种是围绕当前普遍关注的社会问题展开话题运作，如育儿、家庭关系、职场奋斗等，比如电视剧《欢乐颂》引发众多网民参与讨论原生家庭问题；第二种是针对

① 苏珊·朗格．艺术问题［M］．滕守尧，译．南京：南京出版社，2006：28.

电视剧中的角色或演员设计话题，比如《琅琊榜》就借助主演胡歌早年的车祸经历设计话题，剧中角色与主演都是少年得志之时历经人生重大挫折，却以极大毅力坚守、包容并攀登至人生新高度，这种相似的人生经历传递出的正能量使众多观众“路转粉”，大大拓展了作品的传播效果；第三种则是在内容方面可能与现实生活并无直接关系，但作品中包含的思想情感、价值观念却能够与当下社会生活热点实现完美嫁接，最具代表性的就是前几年热播的《潜伏》，明明是抗日战争时期的谍战剧，却将其与当下职场中复杂的人际关系联系在一起，使其成为经典的“办公室政治”教科书。

（三）后期推广营销：依托话题再生产

追逐商业利益是电视剧市场的核心原则与最终目的。面对激烈竞争的市场环境，高效的推广营销必不可少，如何在全媒体时代充分提高话题的利用率以拓展盈利空间是电视剧制作方进行话题运作的终极目标。打破产业链中不同环节的交易壁垒，在全产业链的思维指导下形成上、中、下游的跨界合作，并依靠全媒体协作形成完整的产业生态链，是当前电视剧市场尤其是网络剧努力的趋势。如果将话题的运作置于完整的产业生态链中，扩展影响范围、延长影响时间，使更多受众在相对更长的时间内保持关注，制作方就能够依托话题所产生的影响尽量延伸产业链条，或进行重复生产。全媒体时代，受众的主体地位得到凸显，话题只有在具有广泛适应性的同时满足个性化的需求，才能延迟生命、扩展影响。鉴于此，目前网络剧对受众个性需求的分析既重视时效性又着力进行细化处理，利用大数据、云计算等信息技术对受众的消费习惯和个人偏好等信息进行收集、整理、挖掘、分析，根据受众的喜好进行话题的精准设计与运作。在话题传播的途径上也更加丰富多样，如微信、QQ、微博、App等，受众在各种移动智能终端上就能快捷方便地接触到当下热门话题，参与其中也更加简便易行。多种传播方式的复合叠加形成网状传播，传播速度成倍提高，传播效果也更为明显。

依托已有热门话题延伸产业链条、进行重复生产已成为当前较为普遍的现象。每一个引发火爆话题的热门电视剧都不再局限于在改编播出之后就止步不前，而是继续致力于多业态开发以延伸产业链条，比如影视、音乐、游戏、衍生品、IP授权等，如《琅琊榜》《花千骨》《青云志》等火爆电视剧都借着势头推出了同名网络游戏与手机游戏。借势重复生产也不鲜见，《甄嬛传》之后有《芈月传》，《琅琊榜》

之后有《琅琊榜2》。

从根本上来讲，电视剧话题性的运行很大程度上是粉丝经济模式的一种具体呈现方式。通过前期对热点的捕捉和把握，寻找一个具有较好粉丝基础的对象，开发新的平台渠道，通过话题设计，进一步提升粉丝的黏度，从而夯实、扩大粉丝基础，对于电视剧来说就会拥有越来越大的发挥空间和盈利空间，形成一呼百应的良性循环，因为"对于文化工业来说，粉丝已经成为一个额外的市场，他们不仅经常大量购买'衍生'产品，还提供许多宝贵而又免费的有关市场和偏好的反馈"①。

电视剧话题性不论是对制作方或出品方而言，还是仅仅针对作品本身或演员自身而言，都具有重要的价值和意义，正因如此，制造话题才成为目前业界推广营销时重视的灵丹妙药。但在话题被如此热炒的环境中，必须要清醒地认识到，话题的设置与运作绝非无底线炒作，而应遵循其自身规律，即寻找到宣传、艺术与市场之间的最佳平衡点。

当前社会"是由很多不同的社会群体和亚文化组成的，这些群体和文化被包容在社会关系网络中，最重要的因素就是权力的不同分布……一种文化商品要想流行，不仅要符合制作者的利益，还必须符合喜欢它的人们的各种不同利益"②。因此，电视剧的话题性要想达到预期效果，就应当是宣传者、艺术创作者与市场共谋的结果，必须在宣传、艺术与市场之间找到最佳平衡点。过于强调宣教的作用，必然使话题性消失在"一言堂"的灌输过程中，观众成为被动接受者，难以调动参与的积极性；单纯强调市场的经济效益，则容易为了迎合受众进行丧失原则的投其所好，结果只能成为毫无分量的谄媚讨好而难以形成争议性话题。唯有根据前期的调查与策划，设置受到普遍关注的公共议题，秉持开放理念并将其巧妙渗透到故事与角色之中，才能真正引起公众兴趣，从而积极参与话题的传播与讨论。

从市场的推广营销看，话题性是在激烈竞争中通过吸引公众注意力从而提高收视率以拓展盈利空间的有效手段；从媒体的宣传效果看，话题性是通过议程设置使受众有选择地关注客观生存环境的工具；从艺术的创作影响看，话题性能及时反馈受众需求，为创作提供方向和意见。电视剧作为市场性、媒体性与艺术性三者结合的产物，对话题性的要求也就成为一种必不可少的因素。冀望中国电视剧的话题性不断得到提高，多方面满足观众的娱乐需求、参与需求与自我提升需求。

① 约翰·费斯克．粉丝的文化经济［J］．陆道夫，译．杨玲，校．世界电影，2008（6）：165-179.

② 约翰·菲斯克．电视文化［M］．祁阿红，张鲲，译．北京：商务印书馆，2005：445-447.

参考文献

［1］黄会林.中国影视美学丛书（8种）［M］.北京：北京师范大学出版社，1998—2002.

［2］黄会林.艺苑论谭——放言影视戏剧艺术民族化［M］.北京：中国文联出版社，2002.

［3］黄会林.电视文本写作学［M］.北京：北京广播学院出版社，2000.

［4］仲呈祥.仲呈祥影视评论二集［M］.沈阳：春风文艺出版社，1995.

［5］仲呈祥.十评飞天奖［M］.天津：百花文艺出版社，1996.

［6］高鑫.电视艺术学［M］.北京：北京师范大学出版社，1998.

［7］高鑫.电视专题片创作［M］.北京：中国广播电视出版社，1993.

［8］高鑫.电视艺术美学［M］.北京：北京广播学院出版社，1998.

［9］张凤铸.电视声画艺术［M］.北京：北京广播学院出版社，1997.

［10］张凤铸，等.影视艺术新论［M］.北京：北京广播学院出版社，2000.

［11］张凤铸，黄式宪，胡智锋.全球化与中国影视的命运［M］.北京：北京广播学院出版社，2002.

［12］尹鸿.世纪转折时期的中国影视文化［M］.北京：北京出版社，1998.

［13］喻国明.媒介市场定位［M］.北京：北京广播学院出版社，2000.

［14］喻国明.嬗变的轨迹［M］.北京：中央编译出版社，1996.

［15］周星.中国影视艺术理论研究［M］.北京：中国电影出版社，2000.

［16］叶家铮.电视传播的艺术［M］.北京：北京广播学院出版社，1988.

［17］叶家铮.电视媒介研究［M］.北京：北京广播学院出版社，1997.

［18］田本相.电视文化学［M］.北京：文化艺术出版社，1990.

［19］朱羽君，王纪言，钟大年.中国应用电视学［M］.北京：北京师范大学出

版社，1993.

［20］朱羽君，殷乐.生活的重构——新时期电视纪实语言［M］.北京：北京广播学院出版社，1998.

［21］朱羽君，雷蔚真.电视采访学［M］.北京：中国人民大学出版社，1999.

［22］杨伟光.电视改革论集［M］.北京：人民出版社，1995.

［23］杨伟光.电视论集［M］.北京：中国文联出版社，2000.

［24］杨伟光.中国电视论纲［M］.北京：北京出版社，1998.

［25］张颂.朗读美学［M］.北京：北京广播学院出版社，2002.

［26］郭镇之.传播论稿［M］.北京：北京广播学院出版社，1997.

［27］郭镇之.北美传播研究［M］.北京：北京广播学院出版社，1997.

［28］胡正荣.传播学总论［M］.北京：北京广播学院出版社，1997.

［29］汪文斌，胡正荣.世界电视前沿（Ⅰ、Ⅱ、Ⅲ）［M］.北京：华艺出版社，2001.

［30］黄升民，丁俊杰.媒介经营与产业化研究［M］.北京：北京广播学院出版社，1997.

［31］黄升民，丁俊杰.中国广电媒介集团化研究［M］.北京：中国物价出版社，2001.

［32］陈力丹.舆论学——舆论导向研究［M］.北京：中国广播电视出版社，1999.

［33］时统宇.电视影响评析［M］.北京：新华出版社，1999.

［34］欧阳宏生.电视批评论［M］.北京：中国广播电视出版社，2000.

［35］苗棣.电视艺术哲学（上）［M］.北京：北京广播学院出版社，1997.

［36］苗棣，范钟离.电视文化学［M］.北京：北京广播学院出版社，1998.

［37］丁海宴.电视艺术的观念［M］.北京：北京广播学院出版社，1997.

［38］丁海宴.电视传播的哲学［M］.北京：北京广播学院出版社，2001.

［39］叶子（叶凤英）.电视新闻学［M］.北京：北京广播学院出版社，1997.

［40］叶子（叶凤英）.电视新闻节目研究［M］.北京：北京师范大学出版社，1999.

［41］王纪言.电视报道的艺术［M］.北京：北京广播学院出版社，1988.

［42］钟大年.纪录片创作论纲［M］.北京：北京广播学院出版社，1997.

［43］钟艺兵，黄望南.中国电视艺术发展史［M］.杭州：浙江人民出版社，1994.

［44］洪民生.我与电视［M］.北京：中国国际广播出版社，1990.

［45］石长顺.电视传播学［M］.武汉：华中理工大学出版社，2000.

［46］张君昌.论精品战略［M］.北京：中国国际广播出版社，1998.

［47］刘建明.宣传舆论学大辞典［M］.北京：经济日报出版社，1992.

［48］朱光烈.现代文化批判与新现代化道路［M］.北京：北京广播学院出版社，1994.

［49］崔文华.全能语言的文化时代［M］.北京：北京师范大学出版社，1998.

［50］刘炘.电视重构论［M］.北京：中国广播电视出版社，1999.

［51］王甫.电视新闻的视觉传播优势［M］.北京：中国广播电视出版社，1996.

［52］胡智锋.电视美的探寻［M］.北京：华中理工大学出版社，1998.

［53］胡智锋.中国电视观念论［M］.北京：北京师范大学出版社，2000.

［54］胡智锋.影视文化论稿［M］.北京：北京广播学院出版社，2001.

［55］中共中央马克思恩格斯列宁斯大林著作编译局.马克思恩格斯选集（第1—4卷）［M］.北京：人民出版社，1972.

［56］四川省社会科学院文学研究所.马克思主义文艺论著选［M］.成都：四川人民出版社，1983.

［57］伍蠡甫.西方文论选（上、下）［M］.上海：上海译文出版社，1979.

［58］蒋孔阳.二十世纪西方美学名著选（上、下）［M］.上海：复旦大学出版社，1987.

［59］龙耘，朱学东.走向21世纪的中国电视——台长、专家访谈录［M］.北京：北京广播学院出版社，1998.

［60］荣伟.现代美学新维度［M］.北京：北京大学出版社，1990.

［61］冯天瑜，何晓明，周积明.中华文化史（上、下）［M］.上海：上海人民出版社，1990.

［62］鲁迅.鲁迅全集：第6卷［M］.北京：人民出版社，1981.

［63］孔范今.二十世纪中国文学史［M］.济南：山东文艺出版社，1997.

［64］徐复观.中国艺术精神［M］.北京：春风文艺出版社，1987.

［65］朱光潜.西方美学史（上、下）［M］.北京：人民文学出版社，1979.

［66］宗白华.美学散步［M］.上海：上海人民出版社，1981.

［67］李泽厚.美的历程［M］.北京：中国社会科学出版社，1984.

［68］劳承万.审美中介论［M］.上海：上海文艺出版社，2001.

［69］张晶.审美之思——理的审美化存在［M］.北京：北京广播学院出版社，2002.

［70］易中天.艺术人类学［M］.上海：上海文艺出版社，2001.

［71］施旭升.艺术创造动力论［M］.北京：中国广播电视出版社，2002.

［72］郭绍虞.中国历代文论选［M］.上海：上海古籍出版社，1979.

［73］文艺美学丛书编辑委员会.美学向导［M］.北京：北京大学出版社，1982.

［74］汤一介.中国传统文化中的儒道释［M］.北京：中国和平出版社，1988.

［75］沙莲香.中国民族性（二）［M］.北京：中国人民大学出版社，1990.

［76］曾庆瑞.守望电视剧的精神家园［M］.北京：北京广播学院出版社，2002.

［77］杨伟光.中央电视台发展史［M］.北京：北京出版社，1998.

［78］张子扬.电视丛书（6种）［M］.北京：作家出版社，2000.

［79］汤因比，池田大作.展望二十一世纪：汤因比与池田大作对话录［M］.荀春生，朱继征，陈国梁，译.北京：国际文化出版公司，1985.

［80］丹尼尔·贝尔.资本主义文化矛盾［M］.赵一凡，蒲隆，任晓晋，译.北京：生活·读书·新知三联书店，1989.

［81］塞缪尔·亨廷顿，劳伦斯·哈里森.文化的重要作用——价值观如何影响人类进步［M］.程克雄，译.北京：新华出版社，2002.

［82］鲍列夫.美学［M］.乔修业，常谢枫，译.北京：中国文联出版公司，1986.

［83］鲁道夫·爱因汉姆.电影作为艺术［M］.杨跃，译.北京：中国电影出版社，1986.

［84］尼葛洛庞帝.数字化生存［M］.胡泳，范海燕，译.海口：海南出版社，1997.

［85］尼克·史蒂文森.认识媒介文化——社会理论与大众传播［M］.王文斌，译.北京：商务印书馆，2001.

［86］梅尔文·L.德弗勒，埃弗雷特·E.丹尼斯.大众传播通论［M］.颜建军，王怡红，张跃宏，等译.北京：华夏出版社，1989.

［87］藤竹晓.电视的冲击［M］.李江林，樊诗序，编译.北京：北京广播学院出版社，1989.

［88］戴维·波普诺.社会学（上、下）［M］.刘云德，王戈，译.沈阳：辽宁人民出版社，1987.

［89］阿瑟·阿萨·伯杰.通俗文化、媒介和日常生活中的叙事［M］.姚媛，译.南京：南京大学出版社，2000.

［90］艾·里斯，杰克·特劳特.定位［M］.王恩冕，等译.北京：中国财政经济出版社，2002.

［91］戴安娜·克兰.文化生产：媒体与都市艺术［M］.赵国新，译.南京：译林出版社，2001.

［92］阿芒·马特拉.世界传播与文化霸权：思想与战略的历史［M］.陈卫星，译.北京：中央编译出版社，2001.

［93］尼古拉斯·阿伯克龙比.电视与社会［M］.张永喜，鲍贵，陈光明，译.南京：南京大学出版社，2001.

［94］米歇尔·福柯.福柯集［M］.杜小真，译.上海：上海远东出版社，1998.

［95］哈拉尔德·米勒.文明的共存——对塞缪尔·亨廷顿“文明冲突论”的批判［M］.郦红，那滨，译.北京：新华出版社，2002.

［96］约翰·斯道雷.文化理论与通俗文化导论［M］.杨竹山，郭发勇，周辉，译.南京：南京大学出版社，2001.

［97］苏珊·朗格.艺术问题［M］.滕守尧，朱疆源，译.北京：中国社会科学出版社，1983.

［98］苏珊·朗格.情感与形式［M］.刘大基，傅志强，周发祥，译.北京：中国社会科学出版社，1986.

［99］克罗齐.美学原理　美学纲要［M］.朱光潜，韩邦凯，罗芃，译.北京：外国文学出版社，1983.

［100］卡尔文·斯·霍尔，等.弗洛伊德心理学与西方文学［M］.包华富，陈昭全，杨莘燊，编译.长沙：湖南文艺出版社，1986.

［101］罗宾·乔治·科林伍德.艺术原理［M］.王至元，陈华中，译.北京：中国社会科学出版社，1985.

［102］黑格尔.美学（第三卷）［M］.朱光潜，译.北京：商务印书馆，1979.

[103] 哈贝马斯.后形而上学思想[M].曹卫东，付德根，译.南京：译林出版社，2001.

[104] 恩斯特・卡西尔.人论[M].甘阳，译.上海：上海译文出版社，1985.

[105] 罗丹.罗丹艺术论[M].沈琪，译.北京：人民美术出版社，1987.

[106] 汤因比.历史研究（上、中、下）[M].曹未风，译.上海：上海人民出版社，1966.

[107] 赫・乔・韦尔斯.世界史纲——生物和人类的简明史[M].吴文藻，谢冰心，费孝通，等译.北京：人民出版社，1982.

[108] 特伦斯・霍克斯.结构主义和符号学[M].瞿铁鹏，译.上海：上海译文出版社，1987.

[109] 祖父江孝男.简明文化人类学[M].季红真，译.北京：作家出版社，1989.

[110] 绫部恒雄.文化人类学的十五种理论[M].周星，等译.北京：国际文化出版公司，1988.

[111] 皮亚杰.发生认识论原理[M].王宪钿，等译.北京：商务印书馆，1991.

[112] 费孝通.乡土中国　生育制度[M].北京：北京大学出版社，1998.

[113] 张岱年.中华的智慧[M].上海：上海人民出版社，1989.

[114] 成中英.论中西哲学精神[M].上海：东方出版中心，1991.

[115] 林毓生.中国传统的创造性转化[M].北京：生活・读书・新知三联书店，1988.

[116] 李泽厚.中国思想史论[M].合肥：安徽文艺出版社，1999.

[117] 陈刚.大众文化与当代乌托邦[M].北京：作家出版社，1996.

[118] 蔡念中，张宏源，庄克仁.传播媒介经营与管理[M].台北：台湾亚太图书出版社，1996.

[119] 初广志.加入WTO对中国新闻传播业的影响及对策[M].西安：陕西人民教育出版社，2001.

[120] 陈放.策划学[M].北京：中国商业出版社，1998.

[121] 雷鸣雏.顶尖策划——中国企业著名策划全案[M].北京：企业管理出版社，2000.

[122]《中国广播电视学刊》编辑部.运行中的思考《中国广播电视学刊》百期

文选［M］. 北京：中国广播电视出版社，1999.

［123］露丝·本尼迪克.文化模式［M］.何锡章，黄欢，译.北京：华夏出版社，1987.

［124］彼得·布鲁克.空的空间［M］.邢历，等译.北京：中国戏剧出版社，1988.

［125］理查德·沃林.文化批评的观念——法兰克福学派·存在主义和后结构主义［M］.张国清，译.北京：商务印书馆，2000.

［126］HOSKINS C，MCFADYEN S，FINN A. Global Television and Film：An Introduction to the Economics of the Business［M］.Oxford：Clarendon Press，1997.

［127］ALBARRAN A B. Management of Electronic Media［M］. Belmont：Wadsworth Publishing Company，1997.

［128］MORAN A.Copycat Television：Globalisation，Program Formats and Cultural Identity［M］.Luton：University of Luton Press，1998.

［129］WANG G，SERVAES J，GOONASEKERA A.The New Communication Landscape［M］. London & New York：Routledge Press，2000.

后 记

在“胡智锋影视理论书系”即将推出之际，作为作者感慨良多。这几部“旧作”从初版至今差不多已有二十年的时间跨度了，我知道这几部书稿——《电视美学大纲》(再版后名为《电视美学》)、《影视文化论稿》(再版后名为《影视文化学》)和《电视传播艺术学》自问世起，不断地被海内外同行和广大学子所关注，不少院校把它们列为专业学科必读书目或参考文献，也有一些院校把它们列为研究生考试的参考书目。其间诸多同行、朋友和学子通过各种方式向本人提出再版的需求(因为初版原书早已售罄)，很多学子通过网络或各种渠道搜索初版书稿。我也扪心自问：作为已经出版二十年左右的老书，有没有必要修订再版？经过综合考虑后，我还是决定花些精力打磨并集中推出。之所以下定决心把这几部“旧作”拿出来重新进行较大规模的调整和修订，一是可以把个人在影视理论领域研究的部分著作成果做较为集中的回顾和梳理，二是这一书系可以从某个侧面见证近二三十年间影视理论和学术研究的轨迹，三是更多考虑到满足诸多同仁与学子的研究和学习需求。

这几部书稿应当说都是应时而作、应需而出的，其中《电视美学大纲》可以追溯到20世纪80年代末90年代初。当时北京广播学院(现为中国传媒大学)电视系整合力量推出《中国应用电视学》，编委会向本人发出热情邀约。记得为撰写“电视美学”专章，我利用在北京燕山石化化工一厂下基层锻炼的间隙，较为系统地对中外美学研究、影视研究的代表性成果进行了学习，留下了大量的笔记，同时也结合正在崛起的中国电视发展的新成果、新景观，搭建了国内较为完整的第一个电视美学的理论框架。此后，我又在大量的电视艺术实践和学术活动中不断积累，在1998年完成了《电视美的探寻》这部关于电视美学的个人专著。后来又经过了几年的沉淀和梳理，我在2003年初完成并出版了《电视美学大纲》，此书也成为这一领域最有代表性的著作之一。

《影视文化论稿》同样起步于20世纪80年代末90年代初，起初主要是为各层次学生开设一门综合性的影视剧文化课程。我发现影视不仅是艺术和媒介，更是一种文化，单一地从影视艺术本身或者从传播视角观察，似乎都有所偏颇，而从文化的大视野、大框架中予以关注，似乎可以得到更完整、更深入的解读和阐释，也可以让影视的功能、意义和价值得到多维的洞悉。沿着这样的思路，我把影视放在艺术文化、媒介文化和大众文化的综合框架系统中进行解读，在影与视、艺术与传播、理论与实践、中国与世界等命题中，打开了全新的视野和思路。最终在2001年依托当时学校学科建设的需求，出版了这部书稿。

上述两部著作，后来在2013年受到台湾秀威出版社的邀约，得以在中国台湾及海外公开出版。这也从客观上扩大了这一研究在国内外的学术传播与影响。《影视文化论稿》后来被列入《中华学术外译指南》，被翻译成英文著作*Film and Television Culture in China*，得以在全球各大学术平台展示，也扩大了该领域研究在国际上的学术传播与影响。

《电视传播艺术学》与上述两部著作偏重于从理论框架搭建和演绎式的表达不同，更多的是基于个人从事电视传播与艺术实践的经验，并在此基础上进行新的学理建构。从业三十多年间，我有机会参与了从中央到地方各种媒体的多种类型节目的创意、策划、创作等活动，包括大型的电视剧、纪录片和综艺节目，也包括各大媒体平台的整体规划设计，还包括数以百计的电视栏目的创意策划和创新改进等工作。这些来自一线的实战经验，让我深刻地体会到中国电视的发展除了政治、技术、资本等多种背景因素外，电视传媒本身的竞争力和创造力的提升更多来自主体自身传播艺术的能力与水准；如何打造党和国家需要、人民群众喜闻乐见、专业同行公认的优质电视内容与景观，关键在于电视传播艺术能力与水准的提升。

1999—2002年在职攻读博士学位期间，我把这些直观的、感性的素材进行了系统的、学理化的梳理，这就有了《电视传播艺术学》这部著作的问世。此书也因此被学界同行和业界同仁视为这一领域的开创性著作。

在我看来，从艺术维度所做的电视美学研究、从文化维度所做的影视文化研究和从传媒传播维度延伸出来的传播艺术研究，恰恰从艺术、文化、媒介三个维度形成了影视文化理论的一个既有差异性，又相互印证、相互呼应的小小的框架系统，不论是对于该领域学术研究，抑或对学生进行这一领域的基础性辅导，或许都有些参考价值。

此次三部著作的修订，考虑到书系的整体性，对书稿的内容做了相当幅度的调整和修改，有些表述尽管时间跨度较长，但考虑到当时写作的背景和语境，基本保留了原来书稿的面目。也有相当篇幅的内容，包括数据、案例和表述等，因为与当下的语境环境已不相符合，所以做了较大幅度的调整，或撤换，或改写。在这一修订过程中，中国传媒大学《现代传播》编辑部主任刘俊博士做了大量的工作，在读博士生徐梁、胡雨晨也协助参与了部分修订工作，在此我要向他们表示衷心的感谢。由于年代的跨度较大，加之此次修订时间匆忙，难免存在各种各样的局限和问题，这些还望得到广大读者和学界、业界同仁朋友的批评指教。

最后，我要向对本书系出版付出心血的中国国际广播出版社领导，尤其是祝晔老师等表示特别感谢，没有他们的热情邀约、认真督促和辛勤付出，就没有这个小小书系的问世。

胡智锋

2021年12月3日

于北京电影学院